O ENTARDECER DO
CRISTIANISMO

Dados Internacionais de Catalogação na Publicação (CIP)
(Câmara Brasileira do Livro, SP, Brasil)

Halík, Tomáš
   O entardecer do cristianismo : a coragem de mudar / Tomáš Halík ; tradução de Karen Clavery Macedo. – Petrópolis, RJ : Vozes, 2023.

   Título original: The afternoon of christianity
   Bibliografia.

   1ª reimpressão, 2024.

   ISBN 978-85-326-6568-3

   1. Cristianismo 2. Conservadorismo 3. Igrejas – Mudanças 4. Secularização (Teologia) I. Título.

23-163022   CDD-261.1

Índices para catálogo sistemático:
1. Secularização : Igreja Católica e o mundo : Teologia social 261.1

Eliane de Freitas Leite – Bibliotecária – CRB 8/8415

Tomáš Halík

O ENTARDECER DO CRISTIANISMO

A coragem de mudar

Tradução de Karen Clavery Macedo

Petrópolis

Título original tcheco: *Odpoledne křesťanství*
© 2022 Tomáš Halík

Tradução do original em inglês intitulado
The Afternoon of Christianity. The courage to change

Direitos de publicação em língua portuguesa – Brasil:
2023, Editora Vozes Ltda.
Rua Frei Luís, 100
25689-900 Petrópolis, RJ
www.vozes.com.br
Brasil

Todos os direitos reservados. Nenhuma parte desta obra poderá ser reproduzida ou transmitida por qualquer forma e/ou quaisquer meios (eletrônico ou mecânico, incluindo fotocópia e gravação) ou arquivada em qualquer sistema ou banco de dados sem permissão escrita da editora.

CONSELHO EDITORIAL

Diretor
Volney J. Berkenbrock

Editores
Aline dos Santos Carneiro
Edrian Josué Pasini
Marilac Loraine Oleniki
Welder Lancieri Marchini

Conselheiros
Elói Dionísio Piva
Francisco Morás
Gilberto Gonçalves Garcia
Ludovico Garmus
Teobaldo Heidemann

Secretário executivo
Leonardo A.R.T. dos Santos

PRODUÇÃO EDITORIAL

Aline L.R. de Barros
Marcelo Telles
Mirela de Oliveira
Otaviano M. Cunha
Rafael de Oliveira
Samuel Rezende
Vanessa Luz
Verônica M. Guedes

Conselho de projetos editoriais
Isabelle Theodora R.S. Martins
Luísa Ramos M. Lorenzi
Natália França
Priscilla A.F. Alves

Diagramação: Raquel Nascimento
Revisão gráfica: Alessandra Karl
Capa: Estúdio 483

ISBN 978-85-326-6568-3 (Brasil)
ISBN 978-02682-0746-5 (República Tcheca)

Este livro foi composto e impresso pela Editora Vozes Ltda.

*Dedicado ao Papa Francisco
com reverência e gratidão*

"Eis que faço uma coisa nova! Já está despontando, não o percebeis? Sim, abro uma estrada no deserto, faço correr rios em terra árida" (Is 43,19).

Deus está em toda parte e temos de saber como encontrá-lo em todas as coisas [...]. Sim, nessa tentativa de procurar e encontrar Deus em todas as coisas ainda existe um campo de incerteza. Deve existir. Se uma pessoa diz que encontrou Deus com absoluta certeza e não é tocada por uma margem de incerteza, isso não é bom. Para mim, essa é uma questão importante. Se alguém tem as respostas para todas as perguntas – essa é a prova de que Deus não está com ele. Significa que ele é um falso profeta usando a religião para si mesmo. Os grandes líderes do povo de Deus, como Moisés, sempre deixaram espaço para dúvidas. Devemos deixar espaço para o Senhor, não para as nossas certezas; devemos ser humildes [...].

Abraão deixa a sua casa sem saber para onde ia, pela fé [...]. Nossa vida não nos é dada como um libreto de ópera, em que tudo está escrito; ao contrário, implica ir, andar, fazer, procurar, ver... Devemos entrar na aventura da busca do encontro com Deus; devemos levar Deus a nos buscar e a nos encontrar [...]. Tenho uma certeza dogmática: Deus está na vida de cada pessoa.

Papa Francisco
(Do livro de conversas com Antonio Spadaro SJ
My door is always open)

Sumário

Prefácio, 9
1 Fé em movimento, 13
2 A fé como experiência do mistério, 21
3 Leitura dos sinais dos tempos, 38
4 Mil anos como um dia, 57
5 Cristianismo religioso ou não religioso?, 71
6 Escuridão ao meio-dia, 98
7 Deus está voltando?, 128
8 Os herdeiros da religião moderna, 148
9 Da aldeia global à *civitas oecumenica*, 166
10 Um terceiro Iluminismo?, 182
11 A identidade do cristianismo, 194
12 Deus próximo e distante, 210
13 Espiritualidade como paixão da fé, 232
14 A fé dos não crentes e uma janela de esperança, 249
15 A comunidade do caminho, 279
16 Uma comunidade de escuta e compreensão, 298
Agradecimentos, 326
Referências, 327

Prefácio

"Esta era não é apenas uma época de mudança, mas uma mudança de época", fala o Papa Francisco. As formas das religiões e seus papéis em diferentes sociedades e culturas também estão mudando. A secularização não trouxe o fim da religião, mas a transformação. Enquanto algumas formas de religiões estão passando por grandes reviravoltas, outras estão tão vibrantes que transcenderam seus limites anteriores. As instituições religiosas tradicionais perderam o monopólio da religião. O processo culminante da globalização está encontrando resistência: manifestações de populismo, nacionalismo e fundamentalismo estão em ascensão. A comunidade mundial de cristãos não está unida – mas hoje as maiores diferenças não estão entre as igrejas, mas dentro delas. As diferenças na doutrina e nas atitudes religiosas e políticas muitas vezes têm raízes escondidas nas camadas mais profundas da vida intelectual e espiritual das pessoas. Às vezes as pessoas que recitam o mesmo credo no mesmo banco da igreja têm ideias muito diferentes sobre Deus. Entre as transformações do cenário espiritual atual está o desmoronamento do muro entre "crentes" e "não crentes"; minorias barulhentas de crentes dogmáticos e ateus militantes estão sendo marginalizados, enquanto há um número crescente daqueles em cujas mentes e corações a fé (no sentido de protofé) e a incredulidade (no sentido de duvidar do ceticismo) estão interligadas. Estou terminando este livro no meio de uma pandemia de coronavírus; ao meu redor muitos doentes morrem diariamente em hospitais superlotados, e muitos dos vivos e saudáveis estão escorregando para a insegurança existencial. As certezas do nosso mundo também estão abaladas por essa experiência. Para além da crise prolongada das certezas religiosas tradicionais, existe também uma crise das certezas seculares tradicionais, especialmente a crença no domínio do homem sobre a natureza e seu próprio destino. O estado da Igreja Católica atual se assemelha em muitos aspectos à situação existente pouco antes da Reforma. Quando um número insuspeito de casos de abuso sexual e psicológico foi exposto, a credibilidade da Igreja foi abalada e muitas questões foram levantadas sobre todo o sistema. Considerei as igrejas fechadas e vazias durante a pandemia do coronavírus como um sinal de aviso profético: esse pode ser em breve o estado da Igreja se não acontecer uma transformação. Certa inspiração pode ser encontrada na Reforma Católica, que foi levada adiante por místicos corajosos como João da Cruz, Teresa de Ávila, Inácio de Loyola e muitos outros que, por meio de suas experiências espirituais originais, enriqueceram tanto a reflexão teológica sobre a fé quanto a forma visível e prática da Igreja. Os atuais esforços de reforma não podem ficar limitados a mudanças em algumas estruturas institucionais e alguns parágrafos no Catecismo, no Código de Direito Canônico e nos manuais de moral. A fecundidade da reforma e a vitalidade futura da Igreja dependem de uma reconexão com a profunda dimensão espiritual e existencial da fé. Considero a crise atual como uma intersecção em que a possibilidade de avançar para uma nova época "do entardecer" na história do cristianismo é apresentada. Também por meio de suas experiências dolorosas, um cristianismo abalado pode – assim como um médico ferido – desencadear o potencial terapêutico da fé. Se as igrejas conseguirem resistir às tentações do egocentrismo, bem como do narcisismo coletivo, clericalismo, isolacionismo e provincialismo, podem dar uma contribuição significativa para um novo ecumenismo mais amplo e profundo. O novo ecumenismo é mais do que a unidade dos cristãos; a renovação da fé pode ser um passo para essa "fraternidade universal" que é o grande tema do pontificado do Papa Francisco. Pode ajudar a família humana a avançar não para um choque de civilizações, mas para a formação de uma *civitas oecumenica* – uma cultura de comunicação, partilha e respeito pela diversidade.

Na história, Deus se revela na fé, no amor e na esperança das pessoas, até mesmo das pessoas que estão à margem das igrejas e para além de seus limites visíveis. A busca de Deus "em todas as coisas" e em todas as situações históricas liberta nossa vida do egocentrismo monológico e a transforma em abertura dialógica. Nisso eu vejo um sinal dos tempos e uma luz de esperança mesmo em tempos difíceis. Essa é a esperança que este livro pretende trazer.

1
Fé em movimento

"Temos mãos e redes vazias, trabalhamos a noite toda e nada pescamos", disseram os cansados e frustrados pescadores galileus ao Pregador errante que se encontrava naquele lugar ao raiar de um novo dia.

Muitos cristãos em grande parte do nosso mundo ocidental têm sentimentos semelhantes neste momento. Igrejas, mosteiros e seminários estão esvaziando, e dezenas de milhares estão deixando a Igreja. As sombras escuras do passado recente estão privando as igrejas de credibilidade. Os cristãos estão divididos – hoje as diferenças não são principalmente entre as igrejas, mas dentro delas. A fé cristã já não enfrenta o ateísmo militante ou a dura perseguição que pode despertar e mobilizar os crentes, mas um perigo muito maior: a indiferença.

O Profeta de Nazaré escolheu esse momento de cansaço e frustração para se dirigir pela primeira vez aos seus futuros discípulos. Os pescadores desiludidos depois de uma noite sem dormir não eram o público mais bem disposto para o seu sermão sobre o reino vindouro. No entanto, eles manifestaram o que constitui a antecâmara e o portal da fé: a coragem de confiar. "Tentai novamente", foi o seu primeiro sermão, "faze-te ao largo, e lançai as redes para a pesca" (Lc 5,4).

Mesmo nesse momento de cansaço e frustração, precisamos dar outra chance ao cristianismo. Tentar novamente não significa fazer a mesma coisa outra vez, incluindo repetir antigos erros. Significa ir mais fundo, esperar atentamente e estar pronto para agir.

* * *

Este livro trata da transformação da fé na vida humana e na história. Pergunto quais transformações estão ocorrendo hoje e quais possíveis formas futuras de cristianismo já estão sendo sinalizadas em muitas das crises atuais. Como em todo período de mudança histórica significativa, a posição e o papel da fé na sociedade e as formas de sua autoexpressão na cultura estão mudando. Diante de tantas mudanças, devemos sempre questionar novamente a identidade de nossa fé. Em que consiste e o que revela seu caráter *cristão*? Este é um livro sobre a fé como uma jornada em *busca de Deus* em meio a um mundo em mudança, sobre a fé viva, o ato de fé, "como" acreditamos (*fides qua*) em vez de "em que" acreditamos (*fides quae*), o que é o "objeto" da fé. Por fé, entendo uma certa atitude de vida, uma orientação, um modo de estar no mundo e como o entendemos, e não meras "crenças religiosas" e opiniões; estou interessado na *fé* mais do que nas *crenças*.

Encontramos o conceito de fé (com o verbo hebraico *heemin*) nos profetas judeus da Era Axial (por volta do século V a.C.)[1]; contudo, o *fenômeno* da fé em si mesmo é mais antigo. Deixarei de lado o debate sobre se a fé no sentido de um ato de confiança, uma relação pessoal com o transcendente, é uma contribuição bíblica completamente original para a história espiritual da humanidade, ou se e em que medida a fé nesse sentido – ou fenômenos correspondentes – já fazem parte de religiões e espiritualidades pré-bíblicas, ou se a fé pode ser considerada como uma constante antropológica, uma parte essencial da humanidade enquanto tal. Meu foco está na vertente da história da fé que tem suas raízes no judaísmo e continua no cristianismo, ao mesmo tempo que transcende o cristianismo em sua forma eclesiástica tradicional[2].

À medida que a fé foi fazendo a sua passagem pela história, a Bíblia hebraica imprimiu-lhe duas características essenciais: a experiência do êxodo, o caminho da escravidão até a liberdade (a fé tem um *caráter peregrino*)

---

1. " Era Axial" foi um conceito criado por Karl Jaspers para se referir ao período entre o ano 800 e o ano 200 a.c., quando várias religiões que existem até hoje surgiram independentemente umas das outras, e as mais antigas foram transformadas com ênfase na transcendência e na ética (Jaspers, 1949).
2. Em certo sentido também está presente no humanismo secular, esse filho indesejado do cristianismo tradicional, e provavelmente também em várias formas de espiritualidades contemporâneas não tradicionais; nessas, porém, a fé é muitas vezes confundida com a gnose, uma orientação espiritual que tem sido sua concorrente durante séculos.

e a encarnação da fé na prática da justiça e da solidariedade; a manifestação da verdadeira fé, segundo os profetas, é "fazei justiça ao órfão, defendei a viúva" (cf. Is 1,17; Sl 82,3; Tg 1,27). O arquétipo do crente é Abraão, o "pai dos crentes" que diz ter partido para uma viagem sem saber para onde ia (Hb 11,8). A fé, especialmente a fé dos profetas, está em tensão não apenas com a magia, mas também com a religião do Templo dos sacerdotes e os rituais de sacrifício. Jesus inspira-se nessa linhagem profética: no centro de sua pregação está um apelo à transformação, à conversão (*metanoia*).

* * *

Martin Buber distinguia entre dois tipos de fé: a fé denotada pela palavra hebraica *emunah* (fé como confiança) e a fé expressa pela palavra grega *pistis* ("fé em", "fé com um objeto"). O primeiro tipo foi associado ao judaísmo e o segundo ao cristianismo, especialmente a fé do Apóstolo Paulo em Cristo (BUBER, 2011). Essa distinção entre dois tipos de fé é uma espécie de analogia com a distinção do latim entre *fides qua* e *fides quae*. Ao contrário de Buber, estou convencido de que, no cristianismo, a fé não perde sua natureza *emunah*, de que a fé em Cristo não tem de significar a sua objetificação. A fé cristã não é principalmente um culto de adoração à pessoa de Jesus, mas é *o caminho de seguimento de Cristo*. Seguir Cristo não significa imitar Jesus de Nazaré como um personagem histórico de um passado distante (como pode ser entendido o título original em latim do famoso manual devocional *Imitação de Cristo*, de Tomás de Kempis, *Imitatio Christi*). Pelo contrário, é uma jornada em direção a e com Jesus, aquele que declarou "eu sou o caminho" e prometeu aos discípulos que fariam obras ainda maiores do que as que Ele fez. A fé em Cristo é um caminho de confiança e coragem; de amor e fidelidade; é um movimento em direção ao futuro que Cristo inaugurou e ao qual Ele faz um convite.

Essa compreensão dinâmica do cristianismo pressupõe um certo tipo de cristologia, ou seja, uma concepção de Cristo como o alfa e o ômega do desenvolvimento de toda a criação[3].

Paulo realizou a primeira reforma radical do cristianismo primitivo: ele transformou o que era uma seita judaica em uma ecumene da Antiguidade. Considero que essa é a contribuição radical do cristianismo para a história da fé, nomeadamente a sua ênfase na sua missão universal. O cristianismo, nos termos de Paulo, transcende as fronteiras anteriormente intransponíveis entre religiões e culturas (não fazia diferença se alguém era judeu ou grego – um pagão), bem como não eram relevantes os limites da estratificação social (não importava se era uma

---

3. Essa percepção de Cristo baseia-se no Apocalipse de João, na teologia dos antigos Padres da Igreja, na espiritualidade do cristianismo oriental e na tradição franciscana medieval, e é reavivada na compreensão de Teilhard de Chardin sobre Cristo como o ponto ômega do desenvolvimento cósmico e na espiritualidade do Cristo cósmico desenvolvida hoje especialmente pelo franciscano americano Richard Rohr (Rohr, 2021; Teilhard de Chardin, 1965).

pessoa livre ou escravizada – uma "ferramenta falante" sem direitos no mundo romano), nem os limites de papéis de gênero claramente definidos (quer fosse homem ou mulher) (cf. Gl 3,28).

Vejo esse universalismo paulino como a missão permanente da Igreja na história. O cristianismo deve sempre valorizar e ampliar essa abertura radical. A forma atual desse universalismo é o ecumenismo, o oposto do arrogante imperialismo ideológico. Se o cristianismo quiser superar a crise de suas muitas manifestações anteriores e se tornar uma resposta inspiradora aos desafios deste tempo de grande mudança civilizatória, deve transcender corajosamente seus limites mentais e institucionais anteriores. É chegado o momento de o cristianismo *transcender a si mesmo*. Voltaremos a essa ideia repetidamente neste livro.

* * *

Se quisermos aprender algo essencial sobre a fé de outras pessoas, devemos desconsiderar se elas acreditam ou não em Deus, quais são suas opiniões sobre a existência de Deus ou qual é a sua Igreja ou afiliação religiosa. O que deve nos interessar é o papel que Deus desempenha na vida dessas pessoas, *como* elas acreditam, como vivem sua fé (em seu mundo interior e em seus relacionamentos), como sua fé é transformada durante a vida e como ela a modifica – e se, como e em que medida a fé transforma o mundo em que vivem. É apenas a prática da fé – envolvendo tanto a vida espiritual interior dos crentes quanto sua vida em sociedade – que nos diz em que tipo de Deus eles acreditam e não acreditam. Fé como *emunah*, como "protofé ontológica" não é um mero fideísmo emocional, um vago sentimento piedoso. Seria errado, evidentemente, subestimar o conteúdo da fé (*fides quae*) e separá-lo do ato de fé. No entanto, *o elemento existencial da fé*, o ato de fé incorporado na vida prática, tem precedência em vários aspectos sobre seu "conteúdo" e aspecto cognitivo.

O "objeto da fé" está, em certo sentido, implícito no ato de fé, na vida dos crentes. Portanto, a experiência de vida das pessoas por si só pode fornecer a chave hermenêutica para saber no que realmente acreditam, no que elas baseiam suas vidas e não apenas naquilo que professam verbalmente.

Essa compreensão da fé também nos permite falar da "fé dos incrédulos" (aqueles que afirmam não crer) e da "incredulidade dos crentes" (aqueles que afirmam crer). O conceito de fé implícita já estava presente no Novo Testamento – no Evangelho de Mateus e na Carta de Tiago: a fé contida, mesmo "anonimamente", na forma como se vive a própria vida. A fé pode ser mostrada por meio das obras, como lemos na Carta de Tiago (cf. Tg 2,18). Por vezes pode haver surpresa com a fé implícita nas próprias ações: de acordo com o Evangelho de Mateus, aqueles que cuidavam dos necessitados encontraram Cristo sem o conhecer (cf. Mt 25,31-46). O antigo autor Teófilo de Antioquia escreveu: "Se disseres: 'mostra-me o teu Deus', eu responderei: 'mostra-me tu mesmo, e mostrar-te-ei o meu Deus'" (1970, livro 1, 2,7).

O modo de ser humano de uma pessoa é a expressão mais autêntica de sua crença ou incredulidade. A vida de uma pessoa fala mais sobre sua fé do que aquilo que ela pensa ou diz sobre Deus. Mas quando falamos sobre o modo de vida das pessoas, devemos ter cuidado para não reduzir a totalidade da vida ao universo da moralidade, isto é, às virtudes e aos pecados; a maneira como as pessoas vivem, como são, inclui também sua riqueza emocional, sua imaginação e sua criatividade, seu senso de beleza e seu senso de humor, sua capacidade de empatia e uma série de outras qualidades. Como alguém cumpre a tarefa de ser humano diz muito sobre o tipo de pessoa que é e o tipo de fé que inspira e informa sua própria vida.

2
A fé como experiência do mistério

Tanto a fé quanto a falta de fé residem em uma dimensão muito mais profunda da pessoa do que a esfera consciente e racional; elas residem nas estruturas pré-conscientes e inconscientes da vida mental, as quais são o foco da psicologia profunda. A ideia de que a fé é algo que podemos compreender prontamente, algo que podemos facilmente categorizar e medir empiricamente, tem causado muitos mal-entendidos e equívocos. As respostas das pessoas às pesquisas de revistas e de opinião, ou os dados do censo, não nos dizem muito sobre sua fé. Para responder à pergunta se acreditam ou não em Deus, muitas pessoas hoje em dia sentem a necessidade de acrescentar um "mas"; eu também respondo a essa pergunta dizendo: "Sim – mas talvez não no Deus que você tem em mente".

A fé, tal como a entendo neste livro, encontra-se não apenas na vida das pessoas que se identificam como crentes religiosas, mas também de forma implícita e anônima na busca espiritual de homens e mulheres para além dos limites visíveis das doutrinas e instituições religiosas. A espiritualidade secular também pertence à história da fé[4]. No entanto, não pretendo com esse amplo entendimento de fé confundir o conceito de fé e torná-lo vago pela afirmação banal de que "todos acreditam em alguma coisa" e que mesmo um não crente é, em certo sentido, um crente. Trata-se da "descrença dos crentes" e da "crença dos descrentes"; contudo, ao reivindicar a fé dos não crentes, não pretendo colonizar arrogantemente o mundo dos não crentes, desrespeitar sua própria autocompreensão, impor-lhes algo que lhes é estranho. Quero apenas mostrar o contexto mais amplo do fenômeno da fé; o que é e o que não é a fé deve ser explorado repetidas vezes por meio de um estudo cuidadoso das várias formas de crença e descrença.

Crença e descrença não são "realidades objetivas" que existem independentemente do observador. São interpretações diferentes do mundo, e também são interpretadas de maneira diferente. Essas interpretações dependem principalmente do observador, dos seus "pré-entendimentos", que são determinados pela sua cultu-

---

4. O fundador da psicologia profunda, Carl Gustav Jung, cuja obra é uma das inspirações para este livro, gravou na porta de sua casa a seguinte frase: *Vocatus atque non vocatus, Deus aderit* – Deus, invocado ou não invocado, nomeado ou não, está presente. A fé tem suas formas manifestas e latentes; vive na consciência e inconsciência humanas. O manifesto e o oculto, o consciente e o inconsciente, as explícitas e as implícitas ("anônimas") formas de crença (e descrença) podem por vezes estar em tensão; consequentemente, em alguns casos, podemos falar da "crença dos descrentes" e da "descrença dos crentes".

ra, linguagem, experiência, ponto de vista e intenções (desconsideradas na sua maioria). A situação espiritual atual pode ser descrita de várias formas: como declínio da religião, crise da fé ou da Igreja, renascimento religioso e espiritual, "retorno da religião", transformação da religião em espiritualidade ou ideologias de identidade política, pluralização da religião ou individualização da fé ou oportunidade para uma nova evangelização. Para todas essas interpretações, podemos encontrar muitos argumentos e apoio em pesquisas empíricas. Essas interpretações tornam-se sérias quando motivam atitudes e ações práticas de quem as realiza. O fato de existir um conflito legítimo entre elas em um nível teórico não significa que todas as interpretações tenham o mesmo valor; seu valor só é plenamente revelado quando incorporado em ações humanas. Aqui se aplica o princípio bíblico: por seus frutos os conhecereis.

Crença e descrença não podem ser claramente diferenciadas e tratadas separadamente – particularmente nos dias de hoje, na cultura de um mundo globalizado, em que diferentes correntes e atitudes espirituais interagem constantemente – porque estão entrelaçadas nas mentes de muitas pessoas. Hoje em dia, o diálogo entre crença e incredulidade não acontece entre dois grupos estritamente separados, mas *dentro* das mentes e corações das pessoas individualmente.

À luz da transformação da fé é claramente necessário reavaliar muitas categorias tradicionais da sociologia e da psicologia da religião. As categorias de crença e descrença, de crentes e não crentes, como entendidas pelas gerações anteriores, não são mais capazes de abranger e refletir a diversidade e o dinamismo da vida espiritual de nosso tempo; os muros impenetráveis entre crentes e não crentes, e entre fé e ceticismo, caíram, juntamente com alguns muros aparentemente inabaláveis no cenário político e cultural. Se quisermos compreender nosso mundo multifacetado e em rápida mudança, devemos descartar muitas categorias indevidamente estáticas. A vida espiritual do indivíduo e da sociedade é um campo de energia dinâmico que está em constante mudança.

* * *

Em termos teológicos, a primeira fonte (o "sujeito") da fé é Deus: os seres humanos foram criados por Deus, à imagem de Deus e o desejo por Deus foi implantado na estrutura de nossa humanidade: a gravitação da imagem em direção ao seu modelo. Algumas escolas teológicas fazem uma distinção bastante rigorosa entre o desejo humano "natural" pelo absoluto e a resposta "sobrenatural" de Deus, o dom da graça. Outras sustentam que, dentro dos seres humanos, esse anseio atua como "graça", como energia divina que os torna receptivos e susceptíveis ao maior dom de todos: a doação de Deus.

Essa sede pelo absoluto é despertada nos indivíduos em graus variados de intensidade, em diferentes idades, em diversas circunstâncias; chega a eles de diversas maneiras. Pode manifestar-se como uma necessidade interior de busca espiritual, ou como uma busca de significado; pode ser estimulada pela educação e cultura. A busca espiritual às vezes se manifesta de formas aparentemente não religiosas, como o desejo de divindade, verdade e beleza (que são, evidentemente, atributos tradicionais de Deus), ou como amor e significado. Por vezes está trabalhando silenciosamente por um longo tempo nas profundezas do inconsciente antes de irromper em momentos descritos como iluminação, despertar ou conversão. Em seu desejo de profundidade, de sentido mais profundo da vida, as pessoas podem ouvir uma voz que as chama e as convoca – e elas a escutam ou não; elas a entendem e a interpretam de maneiras diferentes e a respondem de maneiras diferentes. Mas esse chamado e busca de sentido também podem ser relegados ao inconsciente ou passar despercebidos pelas pessoas em questão ou por aqueles que estão ao seu redor. Estou convencido de que Deus fala a todos; mas a cada um de uma forma diferente, adequada à sua capacidade de ouvir e compreender. No entanto, essa capacidade nos é dada apenas em forma embrionária. É necessário que a alimentemos. A cultura em que vivemos pode ou não facilitar esse processo. Algumas culturas consideram o *cuidado da alma* como sua principal tarefa e propósito, outras parecem indiferentes a essa dimensão da humanidade.

De acordo com a doutrina cristã tradicional, Deus vem pela palavra, pela Palavra da mensagem bíblica e pela Palavra encarnada na história – por Cristo e por meio da Igreja, que faz a intermediação da palavra para o homem de muitas maneiras. Mas a resposta de Deus também pode vir silenciosamente e de dentro, ainda que anonimamente. No ato de fé – especialmente no caso de fé na vida de uma determinada pessoa – apenas teoricamente é possível separar transcendência e imanência, Deus como aquele que é "totalmente outro" e completamente transcendente, e o Deus que é mais profundo dentro de nós do que o nosso próprio eu, o "eu do nosso eu". A livre--resposta humana ao chamado de Deus é a culminação do caráter dialógico da fé. Nossa resposta é nossa fé pessoal – tanto seu aspecto existencial, o ato de fé (*fides qua*), quanto a substância de nossa fé pessoal, sua articulação na forma de nossa crença (*fides quae*).

Fides qua e *fides quae*, o ato de fé e a substância da fé estão associados, mas enquanto o "objeto da fé" pode estar implícita e latentemente presente no ato de fé como "proto-fé ontológica", o inverso não acontece. A mera "crença religiosa" sem a fé como orientação existencial, como perspectiva de vida, não pode ser considerada fé no sentido bíblico e cristão.

Fides quae, "convicção", dá à fé, no sentido de *fides qua*, as palavras, a possibilidade de autoexpressão verbal e intelectual e de comunicação com os outros. *Fides qua* (fé) sem *fides quae* (crença) pode ser algo "mudo", mas esse "mutismo" não precisa indicar falta de substância; pode ser um silêncio assombrado e humilde diante do mistério.

Os místicos sempre souberam que o vazio interior é apenas outro aspecto da plenitude; talvez até seu aspecto mais autêntico.

Conforme Søren Kierkegaard, o ato de fé também pode assumir a forma de um salto para o paradoxo[5]. Pode assumir a forma de uma entrada mística na *nuvem do desconhecido*[6] ou de Abraão aventurando-se no desconhecido (cf. Hb 11,8). Tal fé não é objetificada (reificada), mas também não é desprovida de substância. Na Bíblia e nas tradições que surgem a partir dela encontramos tanto a frase "Sei em quem pus minha confiança" (cf. 2Tm 1,12) e profissões de fé muito articuladas quanto a proibição estrita de falar o nome de Deus e um silêncio místico sobre Ele. As tradições místicas sabem particularmente que Deus é "nada" (nenhuma "coisa" no mundo dos seres, coisas, objetos) e que a palavra *nada* talvez seja a expressão mais apropriada do modo de ser de Deus. A singularidade de Deus não deve ser perdida em um mundo de "coisas" diferentes, pois o Deus da fé bíblica não habita entre ídolos, nem deve tornar-se parte do mundo das ideias, desejos e fantasias religiosas humanas. No Areópago ateniense, São Paulo passou por todos os altares dos deuses conhecidos, e, somente diante do altar do deus desconhe-

---

5. Esse motivo permeia quase todos os escritos de Kierkegaard sobre a fé (2006).
6. *A nuvem do não saber* (Editora Vozes, 2013) é o título de um texto místico medieval inglês de um autor desconhecido.

cido, discerniu a presença do Deus de sua e de nossa fé (cf. At 17,22-23).

* * *

O ato de fé geralmente assume a forma de um relacionamento intencional com uma contraparte específica: alguém acredita em alguma coisa, confia em alguém ou em algo – isso, então, é *fides quae*. Assim, há um certo grau de especificidade no ato de fé, está centrado em algo, tem um objeto. A fonte original, o sujeito da fé, torna-se o objeto, o objeto da fé. Mas se o objeto da fé é um mistério abrangente, então pela sua própria natureza não pode tornar-se um objeto no sentido de "uma coisa entre outras coisas"; o mistério não pode ser "objetificado". O mistério absoluto, mesmo em sua autorrevelação, permanece um mistério: o que é evidente e compreensível nele faz alusão ao que não é evidente e ao incompreensível.

É impossível confinar o mistério absoluto dentro do mundo de nossas imaginações e palavras, um mundo restringido pela nossa subjetividade e pelas limitações do tempo e da cultura em que vivemos e pensamos. Portanto, enquanto a *fides qua*, a submissão existencial a Deus, se refere a Deus como tal, a nossa *fides quae*, a tentativa de articular e, por conseguinte, de certa forma, objetificar esse mistério, esbarra nos limites do conhecimento racional humano e nos apresenta apenas uma *imagem* de Deus limitada por nossa linguagem e cultura. Isso ocorre da mesma forma que um símbolo pode ser um caminho para Deus, mas não pode ser confundido com o mistério do absoluto em si. Esse mistério nos é dado de uma maneira que é plenamente suficiente para nossa salvação (se abrirmos nossas vidas a ele), mas permanece um mistério, ou seja, deixa espaço para nossa busca e amadurecimento na fé[7].

Perceber o divino como Pessoa não significa aceitar noções antropomórficas primitivas de Deus, tratá-lo com uma familiaridade superficial e deixar de percebê-lo como um mistério. Ao atribuir um caráter "pessoal" ao mistério absoluto, o cristianismo enfatiza que nossa relação com Ele é dialógica: não é apenas um ato de conhecimento e compreensão de nossa parte, mas um encontro no qual Deus nos recebe. Essa recepção mútua entre Deus e a humanidade não é um ato isolado; é uma história, uma história que está se desenrolando.

O Espírito de Deus conduz a Igreja cada vez mais a fundo na plenitude da verdade; devemos deixar-nos conduzir por Ele. Mas essa jornada não deve ser confundida com o progresso tal como entendido pela escatologia e pela ideologia seculares; ela não é uma viagem de ida e não termina em nenhuma situação ideal no meio da história, mas apenas na plenitude do tempo nos braços de Deus. Enquanto Santo Agostinho observava um menino

---

[7]. A teologia tomista tradicional ensina que Deus respeita os limites do conhecimento humano de Deus, mas existe uma relação de semelhança, uma analogia, entre os conceitos humanos e a misteriosa essência de Deus. O IV Concílio do Latrão acrescenta que a disparidade nessa relação excede infinitamente a semelhança.

brincar com uma concha na praia, percebeu que toda a nossa teologia, os catecismos e os manuais de teologia dogmática são apenas uma pequena concha quando comparados à plenitude do mistério de Deus. Usemos com gratidão todos os instrumentos de conhecimento que nos foram dados; mas não deixemos de nos maravilhar com a imensidão e a profundidade daquilo que os transcende infinitamente.

* * *

A compreensão existencial de fé que defendo neste livro é provavelmente mais próxima da noção de *espiritualidade* na linguagem religiosa e teológica, desde que não a vejamos muito estreitamente como simplesmente a vida interior ou o aspecto subjetivo da fé. A espiritualidade é "o estilo de vida da fé"; ela preenche praticamente todo o espaço da *fides qua*. É a seiva da árvore da fé, que nutre e anima ambas as dimensões da fé: tanto a vida espiritual, a experiência religiosa interior, a maneira como a fé é vivida e refletida, quanto a prática externa da fé, manifestada nas ações dos crentes na sociedade, na celebração comunitária, na incorporação da fé na cultura. Considero essa dimensão da fé crucial, especialmente no tempo vindouro, por isso dedicarei a ela um capítulo separado mais adiante.

Outro conceito inseparável dessa compreensão da fé é a *tradição* – uma corrente viva de transmissão criativa e testemunho. A tradição é um movimento de constante recontextualização e reinterpretação; estudar a tradição é procurar continuidade na descontinuidade, procurar identidade na pluralidade de fenômenos sempre novos que surgem no processo de desenvolvimento. Nesse processo de transmissão, a fé surge como um fenômeno dinâmico e mutável que não pode ser espremido nos limites de uma definição estreita.

Quando estudamos as formas de fé na história e no presente, encontramos muitos fenômenos surpreendentes que desafiam as definições existentes e vão além da estreiteza de nossas ideias e concepções. Assim como a biologia evolutiva demonstrou a insustentabilidade de uma compreensão estática da natureza, o estudo da antropologia cultural desafia concepções ingênuas a-históricas de uma natureza imutável – a existência humana é parte dinâmica de um processo histórico contínuo. Questões sobre Deus e a "essência do homem" exigem repetidamente respostas plausíveis, significativas e inteligíveis no contexto de uma determinada cultura e situação histórica. Aqui, a hermenêutica e a fenomenologia da fé são mais úteis do que a metafísica clássica.

A fé, como me refiro a ela neste livro, é algo mais substancial do que "o assentimento da razão aos artigos de fé apresentados pela autoridade eclesiástica". A metanoia exigida pelo Evangelho – conversão, aceitação da fé – não é apenas uma mudança de visão de mundo, mas uma reviravolta existencial e uma consequente *mudança de perspectiva*: uma nova maneira de ver e perceber; é mais como acordar e embarcar em uma jornada de uma nova vida. Tal despertar pode marcar o início de uma jornada de fé, ou pode ser uma experiência repetida, que abre uma nova etapa na jornada.

* * *

No Monte Tabor, os apóstolos provavelmente tiveram uma experiência semelhante (Mt 17,1-8). Os discípulos de Jesus já haviam seguido seu mestre: acreditaram nele quando Ele lhes disse onde lançar suas redes, quando ouviram seus sermões, quando viram seus sinais, quando deixaram suas casas e se juntaram a Ele em suas andanças. Mas a visão na montanha foi o passo seguinte na jornada da fé. Lá, eles experimentaram algo que mais tarde a teologia incorporaria em artigos dogmáticos sobre a natureza de Jesus e seu lugar na história da salvação (ao lado de Moisés e Elias). Lá, vislumbraram algo que ainda não tinham sido capazes de compreender em palavras; além disso, seus olhares estavam obscurecidos por uma nuvem. Eles não se tornaram sábios e perspicazes, uma elite esclarecida (gnósticos). Eles tiveram de abandonar seu desejo de viver naquela experiência de intimidade e luminosidade muito acima do vale do cotidiano ("levantarei aqui três tendas"); depois dessa *experiência de pico*[8], eles enfrentariam um caminho descendente e, com o tempo, a escuridão no Getsêmani. A "luz do Monte Tabor" não elimina a natureza do mistério, tornando-o assim um problema resolvido, nem isenta o crente da tarefa de

---

8. O termo experiência de pico para experiências místicas transformadoras é usado pela psicologia existencial, especialmente por Abraham H. Maslow (cf. Maslow, 1967).

continuar no caminho da busca de Deus, "buscando em todas as coisas".

A fé, tal como a entendo, é pela sua natureza uma peregrinação e tem um objetivo escatológico. Mesmo que reconheçamos o direito da autoridade eclesiástica de declarar certas expressões de fé como autênticas e obrigatórias, isso não significa que podemos fazer com que Deus se cale e deixar de perceber o fluxo contínuo do Espírito. Nenhuma experiência religiosa isolada, nenhuma compreensão e expressão de fé no curso da história pode esgotar a plenitude do mistério de Deus. A palavra "mistério" não é um aviso de "sinal de parada" em nosso caminho em busca de Deus por meio do pensamento, da oração e da meditação, mas sim um encorajamento para ter confiança nessas jornadas às profundezas inesgotáveis.

* * *

Deus permanece um mistério impenetrável, e sua ação nas profundezas do coração humano (no consciente) também é escondida. A vida interior de Deus é um mistério, que nossos sentidos, razão e imaginação não podem compreender, e que está além da percepção de nossos conceitos. Talvez não seja porque Deus é estranho e distante, mas precisamente porque Ele está tão incrivelmente próximo de nós: Deus está mais perto de nós do que nossos próprios corações, dizia Santo Agostinho. Precisamente por causa dessa proximidade, porque não estamos longe dele, não podemos transformá-lo em objeto ou coisa, e toda tentativa de objetificá-lo, faz de

Deus um ídolo. Não podemos ver Deus – assim como não podemos ver nosso próprio rosto; só podemos ver o reflexo do nosso rosto no espelho. Da mesma forma, como ensina o Apóstolo Paulo, vemos Deus apenas como um espelho, em pistas, em enigmas (1Cor 13,12). Deus é *non-aliud* ("não outro") como argumenta Nicolau de Cusa (Sokol, 1977).

A questão sobre "onde Deus está em si mesmo" é tão irrespondível quanto a questão a respeito de onde reside nosso eu; nem Deus nem o humano podem ser fixos e localizados – objetificados. Os místicos afirmam que o eu de Deus e o nosso eu humano estão intrinsecamente interconectados. Assim, também o encontro com Deus e a transformação existencial do nosso eu – a descoberta de Deus como o Eu do nosso eu – são duas realidades essencialmente interligadas. Na fé, nesse encontro existencial com o mistério que tudo permeia, revela-se a verdadeira natureza da existência humana: a sua *abertura*. A antropologia teológica, baseada na experiência mística, vê nessa abertura a própria essência da existência humana: *homo est capax Dei* (o homem é capaz de receber Deus).

A teologia cristã identifica a pessoa de Jesus Cristo como o ponto em que a mútua abertura humana e a divina se encontram. Mas Jesus – como lemos nos primeiros textos do Novo Testamento – não se apropriou dessa dignidade divina (Fl 2,6-11); por meio dele, com Ele e nele, toda a humanidade – cada ser humano – é convidada e atraída para o mistério natalício da Encarnação, a união do humano e do divino. Essa realização do significado de nossa humanidade não acontece apenas quando as pessoas dizem: "Senhor, Senhor" para Jesus, mas onde quer que vivam de uma maneira que cumpra a vontade de Deus (Mt 7,21).

Repito: se quisermos procurar alguma medida da autenticidade da fé, não a procuremos naquilo que as pessoas professam em palavras, mas no que a fé penetrou e transformou em suas existências e seus corações. Procuremos essa medida na forma como as pessoas se entendem, na sua relação vivida com o mundo, com a natureza e as pessoas, com a vida e a morte. A crença no Criador não é afirmada pelo que se *pensa* sobre a origem do mundo, mas pela forma como se *trata* a natureza; a crença em um Pai comum é afirmada ao aceitar outras pessoas como irmãos e irmãs; a crença na vida eterna é afirmada pela forma como se aceita a própria finitude. Quando os eclesiásticos julgaram a fé de outras pessoas pelo que essas pessoas *disseram* ou *escreveram* sobre sua compreensão da fé (muitas vezes queimando-as até a morte, ou até recentemente perseguindo-as ou admoestando-as de várias maneiras), falharam tragicamente em reconhecer que é Deus quem julgará a fé das pessoas – inclusive a fé daqueles inquisidores! – de acordo com a forma como se manifestaram em seus comportamentos e relacionamentos, o que sua experiência de vida disse sobre sua fé, sobre sua autenticidade ou perversidade, sobre sua *verdadeira* crença ou descrença. Podemos e devemos compartilhar nossas diferentes experiências de fé no diálogo fraterno; podemos ajudar, inspirar, complementar, corrigir e aprofundar as declarações de fé uns dos outros, mas sobre a porta da sala de tal encontro as palavras de Jesus devem ser claramente gravadas: "Não julgueis!" (Em minha amigável visita a um colega que trabalha na Congregação para a Doutrina da Fé, no Vaticano, não encontrei essa inscrição em nenhuma porta desse lugar que já foi sede da Santa Inquisição.)

A fé e a incredulidade dizem respeito à pessoa inteira e, portanto, somente Deus pode julgar sua autenticidade nas vidas de determinadas pessoas. No entanto, uma coisa podemos dizer com certeza: o fanatismo militante tende a ser a máscara favorita para a incredulidade.

* * *

Não subscrevo a ideia deísta de um Deus que mora em algum lugar fora da realidade do mundo, da natureza e da história, que está separado do mundo e intervém nele no máximo de fora como um deus *ex machina*. Acredito em um Deus que é a profundidade de toda a realidade, de toda a criação, que a engloba e ao mesmo tempo a transcende infinitamente; acredito no Deus sobre quem o Apóstolo Paulo diz: "é nele que vivemos, nos movemos e existimos" (At 17,28).

O Deus em quem acredito está presente em nosso mundo principalmente por meio da oração e do trabalho dos seres humanos (lembre-se do lema beneditino *ora et labora*), por meio das respostas humanas aos impulsos de Deus (tradicionalmente falando: a ação da graça) – por meio de uma vida de fé, esperança e amor. Teologicamente falando, fé, esperança e amor não são meras atitudes humanas, mas um lugar de encontro e conexão essencial (*perichoresis*) entre o divino e o humano, entre graça e liberdade, entre céu e terra. Nesse lugar, Deus e a sua vida estão abertos à nossa investigação. A teologia que subscrevo é uma fenomenologia da autorrevelação divina em atos de fé, acompanhados de amor e esperança.

3
Leitura dos sinais dos tempos

Dedico este capítulo principalmente a questões metodológicas; entre outras coisas, a relação da fé com a história e a cultura. Chamo a abordagem teológica adotada neste livro de *kairologia*. Uso essa palavra para denotar uma *hermenêutica teológica da experiência da fé na história*, especialmente em momentos de crise nas mudanças de paradigma social e cultural[9].

Considero a crise um momento de oportunidade, um momento oportuno (*kairos*). As duas palavras gregas referem-se a dois entendimentos diferentes de tempo. *Chronos* refere-se à quantidade de tempo, à sequência de horas, dias e anos, ao fluxo do tempo mensurável por nossos relógios e calendários. A palavra *kairos* indica a qualidade do tempo; *kairos* é um tempo de oportunidade, um tempo de fazer algo, um tempo de vinda, um tempo de visitação; é a chegada (advento) de momentos únicos e irrepetíveis, cujo significado deve ser compreendido, cujos desafios devem ser enfrentados e cumpridos; é o

---

9. Descobri posteriormente que esse termo já era usado na década de 1980 pelo teólogo pastoral vienense Paul Zulehner (1989).

momento de decidir, um momento decisivo que não pode ser perdido ou desperdiçado. Como diz a Escritura, "para tudo há um momento, há um tempo para cada coisa debaixo do céu. Tempo de nascer e tempo de morrer; tempo de plantar e tempo de arrancar a planta. Tempo de matar e tempo de curar; tempo de destruir e tempo de construir. Tempo de chorar e tempo de rir" (Ecl 3,1-8). Jesus começa sua pregação pública com as palavras: completou-se o tempo. Ele repreende seus contemporâneos por serem capazes de prever o clima do dia seguinte, mas incapazes de compreender os sinais dos tempos (Lc 12,54-56).

Discernir e interpretar os sinais dos tempos (*ta semeia tón kairón*) era o papel dos profetas na Bíblia e na tradição cristã. Os profetas bíblicos não eram oráculos, futurólogos, preditores do futuro, eram principalmente intérpretes dos acontecimentos presentes como pedagogia de Deus. A kairologia defende essa tarefa profética que Jesus legou à Igreja. Empreende-a utilizando os métodos disponíveis para a teologia a partir da filosofia contemporânea – especialmente a fenomenologia e a hermenêutica.

Estou convencido de que a teologia que opera dentro da estrutura da metafísica tradicional é incapaz de cumprir essa tarefa. A kairologia difere fundamentalmente da ontoteologia, da "ciência de Deus" metafísica que confunde o Deus bíblico da história com o primeiro motor imóvel proposto pela filosofia grega. Evito "totalmente" especulações sobre a existência, natureza e atributos de Deus ou evidências da existência de Deus. Sempre achei implausíveis os tratados teológicos intitulados "Deus e sua vida", a menos que tratasse da vida de Deus em nós, em nossas vidas e em nossa história.

No cristianismo, a adoração não pode ser separada do ministério humano, nem o conhecimento de Deus do conhecimento das pessoas e do mundo. Para que a teologia seja levada a sério como parte necessária para servir as pessoas, deve ser uma teologia contextual, refletindo a experiência de fé e sua presença na vida das pessoas e na sociedade. Deve refletir sobre a fé no contexto da cultura e da mudança histórica e, portanto, também no diálogo com as ciências que se ocupam do ser humano, da cultura, da sociedade e da história. A kairologia poderia ser descrita como socioteologia (a interseção da sociologia com a teologia) em vez de teologia "pura". Minha experiência de colaboração acadêmica interdisciplinar em pesquisas internacionais sobre religião convenceu-me de que o trabalho intelectual responsável pela teologia contemporânea deve ser acompanhado tanto por uma abordagem contemplativa da realidade quanto por um diálogo honesto com a filosofia contemporânea e as ciências sociais. O fenômeno complexo e mutável da religião não pode ser compreendido se as perspectivas da teologia e da sociologia permanecerem separadas e unilaterais. É necessário superar os preconceitos mútuos entre teólogos e sociólogos, aprender a entender a linguagem uns dos outros e, assim, ampliar nossa perspectiva e experiência com uma dimensão complementar do outro lado. No passado, os pontos cegos nas perspectivas de ambas as disciplinas sobre religião geraram uma série de teorias da religião superficiais e ideologicamente distorcidas[10].

Precisamos continuar nossos esforços para aproximar as perspectivas da teologia e das ciências sociais; a kairologia ainda precisa buscar estímulo e inspiração em disciplinas afins, tais como Teologia Política, Teologia da Libertação, Doutrina Social da Igreja e Teologia Social protestante. A teologia está a serviço da fé; mas a fé cristã está inserida na cultura e na sociedade, e se quisermos compreendê-la e utilizá-la, devemos vê-la no contexto e também estudar esse contexto.

* * *

Subscrevo a teologia de Michel de Certeau, que argumentou que a experiência humana e, portanto, a experiência histórica, é onde Deus é revelado (Certeau, 1956). A kairologia complementa as análises de sociólogos, historiadores, cientistas políticos, antropólogos culturais e psicólogos sociais com um diagnóstico espiritual dos tempos. Ela pergunta como a fé, a esperança e o amor estão presentes no clima cultural e moral da época – mesmo em formas pouco convencionais.

---

10. Seguramente poderíamos identificar P. L. Berger como um dos pioneiros dessa socioteologia, pois ele deu a seus trabalhos mais importantes, aqueles a respeito das mudanças contemporâneas na religião, a forma de ensaios em que análises sociológicas são intercaladas com reflexões teológicas. Tenho em mente, em particular, a trilogia solta de Berger (1969, 1979, 1992).

É necessário perceber que o cristianismo eclesial tradicional não tem mais o monopólio dessas "virtudes divinas". Afinal, a própria Igreja cristã ensinou e ensina que os dons de Deus são dados livre e irrestritamente. A fé, a esperança e o amor têm vida própria para além dos limites institucionais das igrejas, mas em um contexto não eclesial mudam muito e recebem novos nomes. A Igreja deve ver essa expansão e emancipação de seu tesouro mais precioso como algo positivo – ou deve ver essa perda de controle com preocupação, medo e frustração? Talvez o surgimento de "valores cristãos" transformados na cultura secular possa inspirar a teologia para uma nova eclesiologia, uma autocompreensão mais ampla e profunda da Igreja.

A concepção teológica da Igreja deve ser mais ampla do que a descrição sociológica da forma da Igreja já estabelecida no passado. Do ponto de vista teológico, a Igreja é mais do que apenas uma instituição social ou um grupo de interesses; é um sacramento, isto é, um símbolo e um sinal eficaz (*signum efficiens*) da unidade de toda a humanidade em Cristo. Deve apontar *efetivamente* para o que ainda não existe e para o que não pode ser esperado em plenitude no decorrer da história. A Igreja concebe a consumação prometida da história e o cumprimento do significado da sua existência como objetivo escatológico (ou seja, transcender o horizonte da história). A visão de uma "Igreja sem fronteiras" (uma Igreja verdadeiramente católica e universal) é, portanto, utópica, historicamente falando, no sentido de que não tem lugar (*topos*) dentro da história. No entanto, essa "utopia" pode ser importante e eficaz na medida em que se torna inspiração e motivo da ação cristã que, no âmbito do processo histórico, já estará caminhando para esse ponto ômega.

Essa visão, no entanto, deve ser acompanhada de um alerta e de uma crítica às ideologias que declaram que certa forma de Igreja e seu conhecimento (um certo estado e forma de teologia) são perfeitos, impedindo assim a possibilidade de desenvolvimento e reforma. Ao longo da história houve muitas tentativas infelizes de "ideologizar utopias", várias tentativas quiliásticas de construir o céu na terra – quer nas formas heréticas do cristianismo quer na ideologia secular do comunismo, que – nesse sentido – era também uma das heresias cristãs. Igualmente infelizes foram as já mencionadas tentativas do triunfalismo cristão de declarar um certo estado de Igreja e de teologia como definitivos. Nos meus livros anteriores, adverti como a omissão da distinção escatológica entre a Igreja terrena militante (*ecclesia militans*) e a Igreja celestial triunfante (*ecclesia triumphans*) pode levar ao triunfalismo e à religião militante (Halík, 2009a)[11]. Mais adiante, neste livro, tentarei oferecer outra maneira de alcançar gradualmente a "catolicidade do cristianismo" – nomeadamente, uma forma de ampliar e intensificar sua abertura ecumênica.

---

11. Também voltarei a essa ideia no capítulo 14.

* * *

Considero a kairologia como parte integrante da *teologia pública*. Por conseguinte, deve se expressar em uma linguagem que seja compreensível para além dos limites da academia teológica e da Igreja. A teologia pública considera o espaço público seja como objeto de investigação seja como destinatário de suas declarações; há muitos casos de teólogos públicos diretamente envolvidos em atividades sociais, iniciativas cívicas e movimentos de resistência[12]. O seu envolvimento social é motivado por sua fé, e isso se reflete em sua teologia. Os teólogos públicos se esforçam para comentar de forma competente, inteligível e confiável os acontecimentos da vida pública, da sociedade e da cultura. Inspirados pelos profetas bíblicos, percebem as mudanças no mundo como a autoexpressão de Deus na história.

A ênfase na história e na historicidade é absolutamente essencial para a teologia contemporânea. A teologia antiga referia-se a dois livros da revelação divina, a Bíblia e a natureza (criação): se você quiser encontrar Deus, leia sobre Ele na Bíblia e no livro da natureza. Considerando que, para as mitologias pré-bíblicas e religiões pagãs, a teofania – o lugar em que o sagrado é revelado – é

---

12. Basta lembrar de Dietrich Bonhoeffer e Alfred Delp, que estiveram envolvidos na resistência antinazista, bem como Martin Luther King, os bispos Desmond Tutu e Oscar Romero, Józef Tischner, o teólogo do movimento polonês Solidariedade e os dissidentes checos da era comunista, Josef Zverina e Jakub S. Trojan.

principalmente a natureza e seu caráter cíclico, o retorno perpétuo do assunto na Bíblia faz com que a teofania seja principalmente *história*. Mas será a história um "terceiro livro" ao lado da Bíblia e da natureza (criação)? *O Deus da Bíblia é o Criador do mundo e o Senhor da história. Natureza (criação) e história não podem ser separadas: a natureza é um processo de evolução constante, e a história humana é uma parte específica desse processo. A criação, essa "pregação" contínua de Deus, é o mundo, e, na percepção bíblica, o mundo histórico, o mundo em evolução e mudança. A criação é um processo contínuo,* creatio continua*, e a sociedade e a cultura humanas são elementos integrantes dela. O poema bíblico da criação no início do Livro do Gênesis já retrata a criação como uma história, como um evento no tempo, embora a linguagem mitopoética do texto bíblico atribua a esse acontecimento uma compreensão específica do tempo, justificando a instituição de um dia santificado para o descanso.*

Devemos a Darwin a ideia criativa – provavelmente inspirada em Hegel – de fazer história a partir da biologia, de projetar a história na biologia. Graças às teorias evolucionistas, passamos a compreender a natureza como um desenvolvimento dramático que se alimenta da história humana. Teilhard de Chardin e a teologia do processo ofereceram uma interpretação teológica da teoria evolucionista, mostrando seu significado inspirador para a teologia e a espiritualidade cristãs.

Assim como a natureza e a história não podem ser separadas, a Bíblia também não pode ser separada da história; a história não é algo paralelo à Bíblia. A Escritura é tanto a narrativa da história quanto o fruto da história. É ao mesmo tempo testemunha e cocriadora da história. Os relatos bíblicos vivem na memória cultural na história, oferecendo uma chave para compreender a história e assim cocriá-la. Eles também cocriam as histórias de vida dos indivíduos, a "história pessoal" do crente. A fé é a abertura pela qual as histórias bíblicas entram e transformam a vida de uma pessoa.

O Concílio de Trento identificou a Escritura e a tradição como as duas fontes de revelação divina. Mas a Bíblia faz parte da tradição e inclui não apenas a história de sua origem, mas, em certo sentido, a história contínua de sua interpretação, de sua vida na Igreja e na cultura.

Apenas nesse contexto a Bíblia é a palavra viva de Deus para nós.

O Deus da Bíblia é revelado principalmente nos eventos únicos da história – *e nas histórias que são contadas sobre esses eventos e interpretadas a partir deles*. YHWH, o Deus de Israel, *acontece* na história e se torna audível nos eventos que são a palavra de Deus para o povo de Deus – e também nas narrativas, as histórias que articulam e transmitem essa palavra. A história torna-se primeiro história humana nas narrativas que a interpretam, que transformam os acontecimentos e a transmissão de experiência – tradição – em cultura; a história sem narrativas interpretativas é muda.

O Deus da Bíblia não está "por trás da história", movendo as pessoas como marionetes nos bastidores. O Criador está presente na obra da criação, na natureza e na história, incorporado e integrado no corpo da história de várias maneiras – Deus também está presente na história e na cultura humanas. O cristianismo identifica a Encarnação como a forma suprema da presença de Deus na história – não apenas na história humana, mas em todo o processo da criação – isto é, a pessoa e a história de Jesus de Nazaré, "pois nele habita toda a plenitude da divindade em forma corporal" (Cl 2,9), que é o "sim e o amém" de Deus para os seres humanos e para o mundo, e o que realizou a obra de redenção, libertação e cura do gênero humano e da história humana. Jesus Cristo é mencionado nas Escrituras como "autor e consumador da fé" (Hb 12,2).

A fé, como livre "sim" das pessoas ao Criador e à sua ação, é a expressão da relação entre Deus e a humanidade, uma relação de aliança; portanto, podemos ver nisso a realização última da liberdade e da dignidade humanas. É isso que possibilita uma relação dialógica consciente e reflexiva com Deus, que é a totalidade e a profundidade de toda a realidade. Deus como um todo, um todo abrangente e onipresente, é o *contexto* que dá sentido à natureza e à história: pela fé, as pessoas descobrem esse contexto e, nele, chegam a uma nova compreensão do sentido de sua existência.

* * *

A teologia dos últimos séculos baseou-se principalmente em artigos de fé já definidos; atualmente a teologia tem outras ricas fontes disponíveis: a experiência viva da fé, da espiritualidade, do misticismo, da interpretação teológica da arte, que se desenvolve como uma importante expressão da vida espiritual. Foi dito que uma parte essencial da história humana é a cultura, ou seja, a busca das pessoas por um sentido e seu esforço para compreender a si mesmas e a história[13]. É a cultura que faz da história a história humana e faz da sociedade uma sociedade verdadeiramente humana. É por isso que a cultura é o lugar onde devemos sobretudo procurar os sinais dos tempos. Se a cultura é o meio de busca de significado, incluindo a Preocupação Suprema[14], então ela pode ser considerada um *locus theologicus*, um assunto legítimo de pesquisa teológica.

As pessoas são cocriadoras da história e do meio ambiente, não apenas quando cumprem o mandamento de Deus de transformar a terra, mas também por meio de todo o seu modo específico de estar na natureza e na

---

13. Acolho o conceito de cultura na Encíclica *Centesimus Annus* de João Paulo II: "A compreensão do homem torna-se mais exaustiva se o virmos enquadrado na esfera da cultura, através da linguagem, da história e das posições que ele adota diante dos acontecimentos fundamentais da existência, tais como o nascimento, o amor, o trabalho, a morte. No centro de cada cultura, está o comportamento que o homem assume diante do mistério maior: o mistério de Deus" (CA 24).
14. O conceito de Preocupação Suprema é particularmente usado por Paul Tillich.

história; sua vida espiritual é intrinsecamente parte dela. Por meio de sua busca de significado e sua compreensão de seu ser (ou seja, por meio de sua cultura), transcendem a si mesmas, descobrindo e realizando as oportunidades que gradualmente se abrem para elas. Por meio de sua criatividade, as pessoas cumprem a missão que lhes foi atribuída pelo Criador e dão expressão concreta à sua semelhança com Deus.

A arte e a interpretação de obras de arte podem ser tão favoráveis e inspiradoras para a teologia profunda[15] quanto a interpretação dos sonhos é para a psicologia profunda, pois é particularmente na arte que encontramos grandes sonhos, e neles e por meio deles os desejos e aspirações significativos (por vezes inconscientes e não reconhecidos) não apenas de indivíduos, mas de gerações inteiras. Esses grandes sonhos – como, por exemplo, o relato de Nietzsche do louco que anuncia a morte de Deus,

---

15. A expressão "teologia profunda" foi cunhada especialmente pelo filósofo da religião, judeu, Abraham Heschel, para denotar uma espécie de terreno comum pré-teológico da religião, ao qual se deve retornar no diálogo inter-religioso. Ele comparou a teologia e a teologia profunda de uma maneira que lembra a nossa distinção entre o ato de fé (*fides qua*) e o conteúdo ou objeto da fé (*fides quae*): "A teologia é como escultura, a teologia profunda é como música. A teologia está nos livros, a teologia profunda está nos corações. A primeira é doutrina, a segunda um acontecimento. As teologias nos dividem; a teologia profunda nos une" (Heschel, 1972). Minha compreensão e utilização desse termo diferem e implicam, por um lado, uma consideração da dimensão inconsciente da religiosidade individual (ou seja, também um diálogo constante com o trabalho de C.G. Jung), e, por outro lado, uma afinidade com o entendimento de Tillich de que Deus é a base do ser.

ou a releitura de Freud do mito de Édipo – atuaram como uma força motriz latente na cultura; eram as imagens poderosas que expressavam as forças que impeliam o pensamento e a ação das pessoas. Podemos ignorá-los se quisermos compreender, por exemplo, as raízes do ateísmo moderno? Podemos ignorar o testemunho da Bíblia (e de outras religiões) de que, por meio de sonhos, Deus fala com as pessoas?

Existe uma afinidade intrínseca entre fé, amor e criação artística: neles podemos encontrar a *passio* (paixão), a energia que anima o mundo. O Romantismo percebeu com razão o caráter sagrado do *eros* presente na paixão religiosa, amorosa e artística, o *mysterium tremendum et fascinans*. Na criação, assim como no amor e na fé, algo é dado, mas ao mesmo tempo recebido e aceito. Tanto a doação quanto a aceitação com discernimento de um dom, isto é, de algo *novo*, é meio de transcendência, de autoabertura.

Na medida em que a cultura, e principalmente a arte – em oposição ao *kitsch* consumista superficial, inclusive o religioso – é uma expressão da busca humana de sentido, então é nesse anseio, nessa abertura e na inquietação do coração (*inquietas cordis*) que Deus está presente, aqui mesmo na terra, ainda antes de essa inquietação divinamente despertada atingir (nas palavras de Agostinho) seu objetivo escatológico final. Acredito que Deus, plenamente manifestado na quênose (autoesvaziamento) de Jesus, é suficientemente humilde para estar presente anonimamente em expressões de abertura, desejo e esperança da humanidade, inclusive onde Ele não é reconhecido nem nomeado – isto é, na cultura secular, quando humanamente autêntica.

No que diz respeito à relação entre Deus e a cultura humana, pode-se também parafrasear Mestre Eckhart: o olho por meio do qual olhamos para Deus e o olho por meio do qual Deus olha para nós são um e o mesmo. Encontramos uma ideia semelhante na teologia ortodoxa dos ícones e na prática da meditação que deles se serve. Quando "escrevemos ícones" ou quando meditamos diante deles, estamos olhando para Deus por meio de nossa criação e por meio de seu fruto, a imagem, e podemos sentir ao mesmo tempo que Deus está olhando para nós – estando diante de uma imagem e tendo a impressão de que ela está olhando para nós – isso é a base para a teologia da oração de Nicolau de Cusa: na oração e na contemplação experimentamos o olhar bondoso de Deus, que repousa sobre todas as criaturas, mas sobretudo sobre o ser humano que questiona e contempla. À luz do olhar de Deus, entregamo-nos a Deus e tornamo-nos mais nós mesmos; Deus nos diz: "Sê o que é certo para ti, e eu serei o que é certo para ti". Assim se cumpre o mistério da aceitação da existência humana por parte de Deus e da aceitação humana da existência de Deus, "sem confusão nem divisão".

Os seres humanos são cocriadores da história e do seu ambiente, da natureza, não apenas pela sua atividade e pelo seu poder, que são amplificados pelas fascinantes possibilidades da ciência e da tecnologia, mas também pela sua abordagem contemplativa da vida e pela sua abertura ao mistério do absoluto. Da mesma forma, o leitor, o espectador e o ouvinte são cocriadores de uma obra de arte – literária, visual ou musical. Uma obra de arte não é apenas o produto do seu criador; é um *evento de encontro*, ao qual, além do autor, esses outros participantes – leitores, espectadores, ouvintes – pertencem inerentemente. Uma obra de arte vive e torna-se completa por meio da percepção daqueles que são afetados por ela, ajudando assim também a criá-la e a completá-la. Assim como o processo de criação continua e se completa na história humana, na liberdade das vidas humanas, assim também a obra de arte vive, acontece e se completa naqueles que a experimentam; a arte exige a capacidade de comunicação, e é ela própria interpretação e convite à interpretação.

Conforme já foi dito, a abordagem contemplativa da vida transforma a vida humana de um monólogo em um diálogo – trata-se de algo diferente da autoafirmação humana, da transformação técnica da natureza ou da manipulação da sociedade pelo poder, algo diferente de uma abordagem de engenharia do mundo e da história. Trata-se de estar em silêncio, de escutar, de tentar compreender, de perseverar na busca de uma resposta autêntica. Quando a abordagem técnica e manipuladora do mundo não é temperada por uma abordagem contemplativa, o mundo dos seres humanos está ameaçado.

No mundo humano, é a cultura que encarna a fé, a esperança e o amor; o que representa o cenário para a pericorese, a interpenetração do divino e do humano. Por meio dessas coisas, Deus está presente na cultura humana. No entanto, a interpretação teológica da cultura, especialmente da arte contemporânea, não deve esquecer de que Deus também pode estar presente em nosso mundo *sub contrario*, no oposto de Deus, se me permitem um termo emprestado da teologia da cruz de Lutero. Tanto o drama absurdo quanto alguns artefatos aparentemente blasfemos da arte contemporânea que principalmente provocam e ofendem fundamentalistas e puritanos cristãos merecem uma interpretação teológica perceptiva. Em certos momentos, é a experiência da ausência de Deus, a incompreensibilidade do mundo e a tragédia do destino humano que se tornam o motivo de esperar por Deus e de ter sede de Deus.

Deus desperta esse desejo e, de certa forma, o desejo já está presente; Deus vem até nós não apenas como uma resposta, mas também como uma pergunta. Ele vem no desejo de compreender, um desejo que transcende toda resposta parcial e o revisita constantemente com novas perguntas, instigando uma nova busca; Deus confere um caráter peregrino à nossa existência. O único a quem foi permitido dizer: Eu sou a verdade, disse também que é o caminho e a vida. A verdade que deixa de ser um caminho está morta. Pela fé, caminha-se eternamente para Deus, em quem o caminho e a meta não estão separados.

* * *

Se estamos buscando o significado dos acontecimentos históricos (os sinais dos tempos), podemos procurá-lo em uma dimensão mais profunda da cultura, especialmente nos sonhos proféticos na arte por meio dos quais esses eventos são anunciados ou reverberados. Os sonhos têm sua própria linguagem e sua própria lógica, e exigem uma abordagem hermenêutica apropriada; não podemos entrar no mundo dessa linguagem de Deus adotando os métodos da teologia pautada na metafísica clássica. O que aprendemos quando contemplamos imagens e *koans* no mundo da arte pode ser aplicado quando contemplamos paradoxos e enigmas cotidianos; pode nos ajudar a fazer um diagnóstico espiritual dos tempos. A estética teológica e a teologia da cultura, especialmente a teologia da arte (incluindo uma abordagem meditativa da ficção e do cinema contemporâneos), são uma parte importante da teologia ocidental contemporânea.

Ao contemplar repetidamente o capítulo acima mencionado sobre o louco em *A gaia ciência* (NIETZSCHE, 2018) (a cena em que se exprime a famosa declaração sobre a morte de Deus), recordei o comentário de Jung de que as tribos arcaicas faziam uma distinção entre sonhos pequenos e privados e grandes sonhos de significado para toda a tribo. A história de Nietzsche sobre o assassinato coletivo de Deus, relegada ao esquecimento, foi inegavelmente uma grande mensagem de sonho para toda a nossa tribo. Nietzsche estava bem consciente de que em seu tempo ainda não havia conhecimento para isso; no entanto, os acontecimentos dos séculos XX e XXI nos permitem compreendê-la e reinterpretá-la repetidas vezes.

A arte é um tesouro de sonhos proféticos com conteúdo religioso por vezes explícito, por vezes latente, que convida a uma interpretação teológica. É assim que percebo, por exemplo, a Lenda do Grande Inquisidor de Dostoiévski presente no livro *Irmãos Karamazov*, ou *O processo* de Kafka, ou a visão de Orwell sobre o Estado totalitarista no romance *1984* – bem como muitas outras obras de literatura, cinema e arte que podem se tornar objeto de análise teológica.

Northrop Fyre, um importante estudioso literário do século XX (que foi clérigo durante um tempo), escreveu que uma grande mudança na consciência humana ocorreu quando o drama nasceu a partir dos rituais dionisíacos na Grécia. "[...] A grande evolução do que hoje chamamos de literatura fora da mitologia teve uma guinada decisiva" (Frye, 1991). Talvez uma abordagem contemplativa dos símbolos na literatura e na arte em geral, juntamente com uma hermenêutica teológica das obras de arte, possa trazer uma mudança significativa em nossa relação com a religião, abrindo para as crianças de um mundo secularizado uma nova abordagem (pós-secular) para a compreensão da experiência religiosa.

* * *

Como podemos despertar o poder terapêutico da fé e transformar uma Igreja entorpecida e internamente dividida no hospital de campanha de que o Papa Francisco fala frequentemente, e torná-la a luz das nações? Como podemos resistir à tentação de transformar a Igreja e a religião em um gueto, em um bunquer fechado e fortificado, em um mausoléu de certezas de ontem ou em um jardim privado para os usuários de drogas calmantes e soporíferas? Pode o cristianismo, desacreditado pelos fundamentalistas e categoricamente rejeitado e descartado pela esquerda liberal, inspirar a formação de uma cultura política capaz de transformar uma polifonia caótica em um clima moral de respeito mútuo, comunicação e valores compartilhados?

É meu desejo que a kairologia não fique confinada à análise e ao diagnóstico não avaliativos. Como alguém que passa a maior parte do tempo lecionando e pastoreando estudantes universitários, gostaria de ajudar a responder à pergunta acima sobre o *tipo de fé* (não de religião) mais eficaz em ajudar a geração em ascensão a lidar com os desafios apresentados pela nova era emergente, e que tipo de transformação a Igreja, a teologia e a espiritualidade devem sofrer para abraçar a crise atual como uma oportunidade de ser um apoio para as pessoas naquilo que chamo neste livro de *entardecer do cristianismo*.

4
Mil anos como um dia

Ao nomear este livro como *O entardecer do cristianismo*, inspirei-me a usar a palavra "entardecer" pela metáfora escolhida por C.G. Jung, o fundador da psicologia analítica, para descrever a dinâmica de uma vida humana individual, comparando-a ao curso de um dia[16]. Tentei aplicar essa metáfora à história do cristianismo.

De acordo com Jung, *a manhã da vida* é a juventude e o início da idade adulta; o momento em que as pessoas estão desenvolvendo as características básicas de suas

---

16. "Nossa vida compara-se à trajetória do sol. De manhã o sol vai adquirindo cada vez mais força até atingir o brilho e o calor do apogeu do meio-dia. Depois vem a enantiodromia. Seu avançar constante não significa mais aumento e sim diminuição de força. Sendo assim, nosso papel junto ao jovem difere do que exercemos junto a uma pessoa mais amadurecida. No que se refere ao primeiro, basta afastar todos os obstáculos que dificultam sua expansão e ascensão. Quanto à última, porém, temos que incentivar tudo quanto sustente sua descida. Um jovem inexperiente pode pensar que os velhos podem ser abandonados, pois já não prestam para nada, uma vez que sua vida ficou para trás e só servem como escoras petrificadas do passado. É enorme o engano de supor que o sentido da vida esteja esgotado depois da fase juvenil de expansão, que uma mulher esteja 'liquidada' ao entrar na menopausa. O entardecer da vida humana é tão cheio de significação quanto o período da manhã. Só diferem quanto ao sentido e intenção" (Jung, 2011a, parag. 114) [N.E.].

personalidades, construindo as paredes externas e os pilares da casa da vida, arrumando suas casas, ocupando seus lugares na sociedade, escolhendo suas profissões, iniciando suas carreiras profissionais, casando-se e criando ambientes familiares. Elas criam uma imagem de si mesmas – uma ideia que querem que os outros tenham delas, uma máscara (uma *persona* de acordo com a terminologia junguiana[17]) que é a sua "face externa", que lhes empresta uma identidade e, ao mesmo tempo, protege-as externamente das intrusões prejudiciais de outros na esfera íntima do seu Si-mesmo. Jung argumenta que aqueles que querem embarcar em uma jornada de amadurecimento espiritual, em uma jornada até as profundezas, sem antes fincar raízes neste mundo de forma imprudente, correm o risco de danificar sua alma.

Então vem a crise do meio-dia. É um tempo de cansaço, de sonolência; as pessoas deixam de desfrutar de todas as coisas que costumavam satisfazê-las. Até os antigos eremitas conheciam as armadilhas do "demônio do meio-dia", a "flecha que voa de dia" (Sl 91,5). Eles alertaram contra o vício da *acedia*. A palavra significa mais do que preguiça, embora seja comumente traduzida como tal. Em vez disso, é uma perda de energia e entusiasmo pela vida, um mal-estar espiritual, uma apatia – hoje podemos até chegar a termos como depressão ou síndrome de

---

[17]. O conceito de *persona* (*prosópon*) provém do teatro da Antiguidade: o ator que desempenhava variados papéis sempre colocava uma máscara diferente para distinguir as identidades de cada pessoa.

burnout. É uma crise que pode afetar nossa saúde, nossas carreiras, nossos relacionamentos conjugais e familiares, nossa fé e vida espiritual.

Mas essa crise – assim como toda crise de acordo com Jung – é também uma oportunidade. É uma oportunidade de abordar uma parte do nosso ser que não desenvolvemos o suficiente, que negligenciamos ou mesmo subconsciente ou conscientemente suprimimos e empurramos para o inconsciente. A parte não reconhecida e não discernida do nosso eu – nossa sombra, nossas dívidas – faz-se sentida. Afinal, na tradição cristã, os pecados (dívidas) incluem não apenas maus atos, más palavras e pensamentos perversos, mas também a incapacidade de fazer o bem, o enterro dos talentos que nos foram confiados.

Somente quando se passa pelos testes da crise do meio-dia – por exemplo, quando se é capaz de aceitar e integrar o que não se queria saber sobre si mesmo e não se queria admitir para si mesmo – é possível embarcar na viagem do entardecer da vida. Mas essa nova etapa da vida pode ser desperdiçada, sendo preenchida com a mera continuação das atividades matinais, continuando acima de tudo a forjar a carreira e alcançar a segurança financeira, tirando o pó e melhorando a própria imagem aos olhos dos outros, perseguindo honras e aplausos, colocando cada vez mais ordens brilhantes no peito de alguém. A *persona* pode tornar-se tão inflada que eventualmente acaba por sufocar a vida interior da pessoa. Até mesmo o sucesso tem os seus perigos, e a carreira e a fortuna podem tornar-se uma armadilha.

Mas *o entardecer da vida* – a idade madura e a velhice – tem uma função diferente e mais importante do que a *manhã da vida* – uma viagem espiritual, uma descida às profundezas. O *entardecer da vida* é *kairos*, um tempo apropriado para o desenvolvimento da vida espiritual, uma oportunidade para completar o processo de amadurecimento ao longo da vida. Essa fase pode dar frutos valiosos: discernimento, sabedoria, paz, tolerância e a capacidade de gerenciar emoções e superar o egocentrismo. Superar o egocentrismo é um grande obstáculo no caminho do ego, o centro de nossa vida consciente, para um centro mais profundo, o eu interior (*das Selbst*). Com a passagem do "pequeno eu" para o eu mais fundamental e essencial (podemos chamá-lo de Deus ou "Cristo em nós"), o ser humano realiza o sentido da vida, alcançando maturidade e plenitude. Para Jung, completude não significa perfeição, mas integridade (em muitas línguas as palavras "completo" e "santo" estão relacionadas, como no inglês e no alemão por exemplo – *whole* (completo) e *holy* (santo), ou *healthy* (saudável) e *holy* (santo) – *heil* e *heilig*).

Em contrapartida, o não cumprimento da função dessa fase da vida – o "mau envelhecimento" – causa rigidez, perturbação emocional, ansiedade, desconfiança, mesquinhez, autopiedade, hipocondria e terror do próprio ambiente. Jung dizia que possivelmente todas as dificuldades psicológicas das pessoas na segunda metade da vida que encontrou em minha extensa prática clínica estavam relacionadas à ausência de uma dimensão espiritual e religiosa da vida – no sentido mais amplo da expressão.

Penso que, em um aspecto, essa metáfora inspiradora de Jung precisa ser revista. Ele situa a crise do meio-dia e a mudança para o entardecer da vida por volta dos 35 anos de idade. Mas a vida humana se prolongou nas últimas décadas e está se tornando cada vez mais longa; o culto da juventude, provocado pela Revolução Cultural do fim da década de 1960, afeta e absorve a meia-idade, praticamente toda a vida produtiva, retardando e obscurecendo o processo de envelhecimento, que Jung acreditava ser o período do entardecer da maturidade. Em contraste, o período da velhice está cada vez mais longo, o que levanta muitos problemas e questões. A velhice deve ser uma imitação da juventude ou as pessoas de hoje e de amanhã estão recebendo o precioso dom da oportunidade de desenvolver uma cultura de vida espiritual e um amadurecimento espiritual por mais tempo e mais profundamente?

* * *

Como diz a Escritura: "...um dia diante do Senhor é como mil anos, e mil anos, como um dia" (2Pd 3,8). Há anos que me preocupo com a questão de saber se e até que ponto a metáfora do dia, que Jung usou para explicar a dinâmica da vida individual, pode ser aplicada de forma criativa à história do cristianismo – e tem sido um tema recorrente em minhas recentes palestras, artigos e livros. A fim de compreender as mudanças de paradigma na história do cristianismo – e especialmente o significado e os desafios do nosso tempo – apresento a metáfora seguinte.

Desde seu início até o limiar da Modernidade, a história do cristianismo pode ser vista como uma manhã, um longo tempo em que a Igreja construiu suas estruturas institucionais e doutrinárias. Depois veio a crise do meio-dia – com o seu epicentro na Europa central e ocidental – que abalou essas mesmas estruturas. Durou com diferentes graus de intensidade em vários países desde o fim da Idade Média até o Período Moderno, do Renascimento até a Reforma, do cisma dentro do cristianismo ocidental e as guerras que se seguiram, que desafiaram a credibilidade das várias denominações, ao Iluminismo, o período de crítica à religião e da ascensão do ateísmo, até o período de desenvolvimento lento do ateísmo para a fase subsequente do apateísmo – indiferença religiosa.

Estou convencido de que hoje estamos no limiar do entardecer do cristianismo; no fim de um longo período de crise, algumas características de uma nova forma de cristianismo, talvez mais profunda e madura, já estão brilhando. Mas a forma do entardecer do cristianismo – como todas as suas formas anteriores – não será engendrada e provocada por alguma lógica impessoal e irreversível de desenvolvimento histórico. Ela vem como uma possibilidade, como *kairos* – uma oportunidade que chegará e se apresentará em algum momento, mas só se realizará quando as pessoas a compreenderem e a aceitarem livremente. Muito depende de encontrar, em um determinado momento da história, um número suficiente daqueles que, como as "virgens prudentes" da parábola de Jesus, estarão alertas e prontos para o *kairos* – o momento em que a ação é necessária.

Mesmo na história do cristianismo paira a possibilidade de "mau envelhecimento". Perder o tempo da reforma, ou mesmo tentar voltar ao tempo anterior à crise do meio-dia, poderia produzir uma forma de cristianismo estéril e repulsiva. Mas igualmente perigosas são as tentativas de resolver as crises atuais de maneira indiscriminada, por mera reforma externa das instituições da Igreja, sem mudanças mais profundas na teologia e na espiritualidade; isso só pode provocar caos e resultados superficiais.

Neste livro apresento uma visão do entardecer do cristianismo, mas ao mesmo tempo realço constantemente que, se e em que medida essa visão será cumprida, só é do conhecimento do Senhor da história, que ainda está criando a história em diálogo com nossas ações e nossa compreensão. Vista através das lentes da teologia da história, a história não é meramente o produto da atividade humana consciente e intencional, das condições econômicas ou dos conflitos sociais; não é governada pelo destino cego ou pelas leis da dialética, nem é guiada por algum mestre celestial de marionetes. É um drama da salvação, da misteriosa interação entre Deus e a liberdade humana. Na medida em que os atos livres das pessoas em fazerem história são expressões da autotranscendência humana (autotranscendência no amor e na criação), eles abrem espaço para o que se experimenta justamente como um dom que precede, acompanha e completa a própria ação livre. Em termos teológicos tradicionais, trata-se da relação histórica entre liberdade e graça.

* * *

Eu uso a metáfora da crise do meio-dia para descrever o período longo e internamente fragmentado do desaparecimento gradual da *Christianitas* – um certo tipo de incorporação da fé cristã na cultura e civilização ocidentais. Milhares de estudos históricos e sociológicos têm sido escritos sobre esse período, e muitas teorias diferentes têm tentado explicá-lo. Existem diferentes formas de datar, justificar, avaliar e rotular essa etapa, como a era da secularização, "desencanto", dessacralização, a era da "desigreja" ou da descristianização, a era da "demitologização do cristianismo", o fim da era constantiniana ou a era da "morte de Deus".

Os clássicos da teoria da secularização têm considerado a secularização como a última etapa da história do cristianismo ou da religião em geral. Alguns sucessores do Iluminismo celebram-na como uma vitória do progresso e a luz da razão sobre as trevas e a obscuridade da superstição religiosa; alguns cristãos, nostálgicos do passado, lamentaram-na e demonizaram-na. Durante muito tempo foi bastante rara a opinião de que a secularização poderia significar também um momento kairológico para o cristianismo, um novo desafio e novas oportunidades positivas para renovar e aprofundar a fé. Nas últimas décadas, no entanto, a própria teoria da secularização tem sido desafiada. Alguns sociólogos, filósofos e historiadores culturais descreveram-na como uma falácia científica, um mito ideológico, um produto do "*wishful thinking*" [pensamento desejoso, pensamento positivo] de certos pensadores e círculos sociopolíticos[18]. Acontece que, embora eles próprios pertencessem na sua maioria a círculos anticlericais (Émile Durkheim, por exemplo), os teóricos clássicos da teoria da secularização permaneceram em muitos aspectos ligados a uma concepção clerical estreita de fé e de religião; embora discutissem vários tipos de religião, projetavam neles principalmente a forma de religião que viam à sua volta e que estava perdendo sua vitalidade e apelo, especialmente a forma da Igreja Católica na virada do século XX. Generalizaram a crise de uma certa forma de fé e religião, declarando ser uma crise da religião enquanto tal. Durante muito tempo escapou-lhes a atenção ao fato de que a secularização não provocou a extinção da religião, mas a sua *transformação*.

* * *

Quando, há muito tempo – sim, foi no último milênio – celebrei o meu quadragésimo aniversário, res-

---

18. O mais conhecido dos "revisionistas" – os proponentes originais e mais tarde críticos vigorosos da teologia da secularização – é o eminente sociólogo americano Peter L. Berger.

pondi aos brindes e felicitações com uma afirmação constrangedora: "Há realmente algo para comemorar? A juventude já partiu!" Um dos meus amigos – o filósofo Zdeněk Neubauer – imediatamente respondeu com veemência: "A juventude não é apenas um período transitório da vida, a juventude é uma dimensão da nossa personalidade!"

Tudo depende do que fazemos com nossa juventude. Podemos trair e rejeitar o jovem que já fomos e reprimi-lo dentro de nós mesmos; também podemos insensatamente tentar agarrar-nos à nossa juventude, fingindo-a freneticamente e resistindo à idade adulta e à velhice. Mas também podemos integrá-la, incorporando-a organicamente à história contínua de nossas vidas, ou retornando a ela, como um compositor retorna a um tema e o deixa ressoar criativamente em novas variações. De certa forma, o que passamos continua a nos acompanhar e permanece dentro de nós – mas pode funcionar de várias maneiras. Depende de como cumprimos a tarefa que uma determinada etapa representa – não apenas na vida dos indivíduos, mas também na vida das nações e culturas. O tempo em que nossa história de vida e a história nossa se desenrolam não é unidirecional, e nosso espaço de vida é multidimensional; mesmo um passado que está acabado, esquecido e deslocado pode se tornar apenas aparentemente morto e apenas temporariamente fechado. A psicanálise nos ensinou que o que foi deslocado à força tende a se repetir de forma alterada.

Quase o mesmo se aplica ao pós-modernismo e à pós-secularização. As épocas culturais também são dimensões da vida de uma sociedade, e não simplesmente períodos sucessivos que chegam a um fim definitivo em algum momento. A relação entre Modernidade e Pós-modernidade, secular e pós-secular, é mais complicada do que a alternância das horas do dia ou das estações. Mesmo a metáfora do dia (a manhã, o meio-dia e o entardecer da história) deve ser tratada com muito cuidado: quando é meio-dia e primavera aqui, em outros lugares do planeta é manhã, noite e um outono sombrio. Em nossa sociedade globalmente interconectada, modos de vida pré-modernos, modernos, hipermodernos e pós-modernos coexistem e, por vezes, colidem de forma surpreendente.

Nesses casos, o prefixo "pós" não significa uma simples sucessão temporal ou um salto qualitativo. Defender uma noção evolutiva de que a Pós-modernidade e a pós-secularização são automaticamente estágios superiores de desenvolvimento revelaria que ainda estamos presos a uma cultura da Modernidade, uma vez que o mito da evolução como constante progresso unidirecional foi uma das características do pensamento moderno. Aceitar a evolução como o princípio de toda a vida não significa uma aceitação acrítica da ideologia do progresso. Se quisermos escapar da escravidão da Modernidade, devemos descartar a visão ingênua da história como um movimento imparável de mão única em direção a um amanhã melhor, governado por determinadas leis históricas. Nas ideologias seculares, a ideia de progresso, governada por leis externas, ocultava um modelo teológico e deísta não reconhecido; para os ideólogos comunistas em particular, o progresso era um deus oculto, manipulando a história externa – e eles mesmos eram seus profetas e instrumentos. Uma das muitas ideias perspicazes de Nietzsche foi a sua observação de que muitos ideais modernos são meramente a sombra de um deus morto (Nietzsche, 2018).

* * *

A era de muitos "pós" levanta uma série de questões. Qual é a relação do pós-modernismo com a Modernidade? Será a era pós-moderna verdadeiramente transmoderna, transcendendo e superando a Modernidade, ou será antes supermoderna, ou seja, apenas uma continuação intensificada de certas tendências da Era Moderna em novas condições? Por analogia, não são muitos dos persistentes efeitos posteriores da era comunista e muitas características do comportamento das pessoas sob o totalitarismo aparente na era pós-comunista, mas simplesmente em um vestuário novo? Assim como no pós-modernismo e no pós-comunismo, também no caso da pós-secularidade, o prefixo "pós" não implica uma dissociação total da era anterior. Ao contrário, mais provavelmente o próprio fato de ainda não ter sido adotado um novo nome próprio para esse novo capítulo da história sugere que ainda estamos, de certa forma, vivendo na esteira de nosso passado. Os pensadores do Iluminismo não demoraram muito a encontrar um nome orgulhoso para a sua cultura. Em seguida eles atribuíram rótulos pejorativos à história do passado – eles nomearam a era gótica em homenagem aos godos bárbaros, a Idade Média ganhou seu nome como sendo um período interino sombrio e desinteressante entre a nobre Antiguidade e sua própria época iluminada; de acordo com Hegel, quando estamos interpretando séculos de filosofia medieval, devemos calçar botas de sete léguas e percorrer essa paisagem chata o mais rápido possível. Talvez o fato de não conseguirmos encontrar um nome completamente novo e próprio para o nosso tempo sugira que estamos apenas em um tempo de transição, em um tempo intermediário. Apenas nesse sentido a nossa era é uma "nova Idade Média".

Quando a era pós-secular conseguirá finalmente desvincular-se da era secular? Quando encontrará sua própria temática e lhe dará um nome? Talvez a era passada tenha apresentado um desafio com o qual ainda não chegamos a um acordo. Demos respostas adequadas às questões suscitadas pela experiência da secularização? Refletimos suficientemente sobre esse fenômeno de nossa história cultural? Nenhuma religião resistiu a um fogo tão purificador de críticas quanto o cristianismo. Será que extraímos desse tesouro tudo o que é necessário para promover uma maior maturidade e uma vida adulta na fé cristã? Já nos deixamos ser inspirados pelos textos da Bíblia hebraica – como o relato da luta noturna de Jacó e todo o Livro de Jó – que nos dizem que Deus ama aqueles que lutam com Ele?

O mundo da religião é um mundo de paradoxos. Se quisermos compreendê-lo, devemos descartar a adesão dogmática ao princípio de que "A" não pode ser "não A" ao mesmo tempo.

Faríamos melhor se seguíssemos a regra *aut-aut*, "não só mas também", que meu professor Josef Zvěřina sustentava ser o princípio fundamental do catolicismo.

Nossos tempos são seculares ou pós-seculares, modernos ou pós-modernos? É um momento de crise da religião ou revitalização da religião? Ambos são verdadeiros. Um aspecto não deve nos fazer ignorar o outro; fazer uma avaliação justa de um não significa subestimar a importância do outro. A secularização e a Modernidade tiveram um impacto duradouro na história da fé e a marcaram de certas maneiras, mas não foram o que seus proponentes radicais pensavam que eram; ou seja, a fase culminante e final do desenvolvimento histórico. A secularização não foi o fim da história da religião; não foi, como imaginavam os ideólogos do secularismo, a vitória da luz da razão sobre as trevas da religião. Pelo contrário, foi uma transformação da religião e um passo no caminho para uma fé mais madura. Um dos objetivos deste livro é encorajar as pessoas a aproveitarem ao máximo essa oportunidade.

5
Cristianismo religioso ou não religioso?

O foco deste livro é a transformação da fé cristã, mas ele também trata das transformações da religião e da mudança da relação entre fé e religião. Faço a distinção das três fases da história do cristianismo: 1) a manhã, pré-moderna; 2) o tempo da crise do meio-dia, o tempo da secularização; 3) o iminente entardecer do cristianismo – uma nova forma que já está sendo anunciada nessa era de desintegração pós-moderna do mundo atual.

No entanto, ao longo da história, a religião também muda – tanto o significado e uso da palavra quanto os fenômenos e papéis socioculturais que ela pode denotar. Distingo particularmente dois conceitos de religião. O primeiro é a religião como *religio* – uma força integradora na sociedade e no Estado, uma "linguagem" comum. O termo *religio*, do qual o termo "religião" é derivado na maioria das línguas ocidentais, foi usado pela primeira vez na Roma antiga na época da Segunda Guerra Púnica. A religião como *religio* tinha um significado predominantemente político no antigo Império Romano, representava um sistema de rituais e símbolos que expressavam a identidade da sociedade; era próximo do que a sociologia chama hoje de religião civil. *Religio* era, de acordo com Cícero, o cumprimento correto dos ritos de veneração aos deuses (isto é, dos deuses reconhecidos pelo Estado); o oposto era a *superstitio* (superstição) – a religião dos outros (Sharp 1997). Como mostrarei adiante, foi somente no século IV d.C. que o cristianismo passou a desempenhar o papel de religião.

Além disso, falo da religião tal como ela surgiu e é agora geralmente compreendida desde o Iluminismo: religião como um setor da sociedade e da cultura, entre outros, como uma "visão de mundo" preocupada principalmente com "o outro mundo" e representada no reino terrestre por instituições religiosas especializadas (igrejas).

Mas também não devemos nos esquecer da forma arcaica da religião como uma relação com o sagrado, vivenciada sobretudo na natureza. Essa forma "pagã" de religiosidade foi suprimida pela primeira vez por meio da crença biblicamente definida em um Deus que transcende o mundo. Em seguida, foi amplamente integrada e "batizada" pelo cristianismo popular, especialmente na Idade Média. Então a modernização e a secularização da sociedade ocidental tentaram erradicá-la (juntamente com a religiosidade cristã popular), mas foi ressuscitada pelo Romantismo. Atualmente o tema da sacralidade da natureza retorna em várias transformações, desde a noção de sagrado de Heidegger até as diversas espiritualidades ecologicamente orientadas da Nova Era. A Encíclica *Laudato Si'* pode ser vista como uma tentativa de "batizar" essa sensibilidade contemporânea em relação à natureza; o seu próprio título invoca com razão a tradição da espiritualidade franciscana da criação.

* * *

Apresento a hipótese de que a fé cristã superou as formas anteriores de religião, e toda tentativa de espremê-la de volta para uma das formas anteriores é contraproducente. Da mesma forma, a máxima de que "não se pode entrar duas vezes no mesmo rio" também se aplica ao rio vivo da história e ao fluxo da tradição (transmissão criativa).

O cristianismo como *religio*, encarnado na forma cultural e política da *Christianitas* ("civilização cristã") é definitivamente algo do passado, e sua imitação nostálgica resulta apenas em caricaturas tradicionalistas. A secularização criou, então, um segundo tipo, moderno, de religião: o *cristianismo como uma visão de mundo*, como uma *denominação* – e, com o tempo, o cristianismo acabou se estabelecendo nessa forma de religião também. Mas a Era Moderna (a Modernidade) acabou, e o tipo de cristianismo que se identificava com a religião no sentido moderno da palavra também está se extinguindo.

Os críticos ateus da religião – como Nietzsche, Freud e Marx – concentraram suas críticas principalmente no tipo de religião da qual a fé precisa ser libertada; portanto, o ateísmo crítico (não dogmático) pode ser um facilitador da fé em vez de um inimigo. Os presságios da transformação que o cristianismo enfrenta atualmente se manifestaram em figuras proféticas nas fileiras dos cristãos, como: Pascal, com sua crítica à "religião dos filósofos"; Kierkegaard, com sua crítica ao cristianismo burguês; Teilhard de Chardin e Jung com suas críticas a um cristianismo "que perdeu seu poder gerador". Nem a forma medieval nem a forma moderna de religião podem ser o lar social e cultural permanente da fé cristã.

Na Modernidade tardia, o cristianismo encontrou-se em uma espécie de falta de moradia cultural, que é uma das causas de sua crise atual. Só agora, neste tempo de mudança de paradigmas civilizacionais, a fé cristã encontra uma nova forma, um novo lar, novos meios de expressão, novos papéis sociais e culturais e novos aliados. O cristianismo se tornará encarnado em uma das formas de religião existentes ou emergentes, ou se tornará, como alguns teólogos declaram, uma fé não religiosa? Talvez o próprio dinamismo e a diversidade da Pós-modernidade, que assusta muitos cristãos, sejam a fase de incubação do cristianismo do futuro.

A fim de refletir sobre possíveis cenários futuros no fim deste livro, tentemos agora recordar brevemente as principais etapas do desenvolvimento histórico do cristianismo no que diz respeito à mudança de relação entre fé e religião.

No início de sua história, o cristianismo não era uma religião no sentido da antiga *religio*. Foi antes um "caminho no seguimento de Cristo", uma das seitas judaicas de tipo messiânico, mas baseado nas ideias "universalistas" que os profetas em particular trouxeram ao judaísmo. Para eles, o Senhor não era apenas um Deus "local" de uma única nação, de um povo escolhido, mas o criador; Ele era o Senhor do céu e da terra e o governante de todas as nações. Podemos observar o desenvolvimento na pregação de Jesus: inicialmente Ele se considera enviado principal ou exclusivamente "para as ovelhas perdidas da casa de Israel" (Mt 15,24), mas depois Ele envia seus apóstolos por todo o mundo a fim de ensinar todas as nações; ele declara: "toda a autoridade me foi dada no céu e na terra" (Mt 28,17-20).

O Apóstolo Paulo representa a "primeira reforma" quando tira o cristianismo ainda jovem dos limites do judaísmo de sua época. Ele radicaliza a disputa de Jesus com os rígidos intérpretes da Lei mosaica. Ele liberta os gentios convertidos da obrigação de se tornarem primeiro judeus (aceitando a circuncisão e muitos outros rituais regulamentados pela Lei mosaica) e apresenta o palco central da fé, qual seja, a manifestação na prática do amor ao próximo (1Cor 13,8-10). Ao fazê-lo, Paulo abre o caminho para que "gentios piedosos" (simpatizantes helenistas do judaísmo, entre eles adeptos do monoteísmo filosófico) entrem nas comunidades cristãs, ao mesmo tempo em que permite que essas comunidades, agora livres de muitas das exigentes regulamentações judaicas, entrem mais facilmente no mundo mais amplo da cultura da Antiguidade (Gl 3,28).

Ao emancipar-se da missão de Pedro, Tiago e outros primeiros discípulos de Jesus, por sua ênfase na fé como uma "nova existência", e na liberdade cristã, Paulo preservou o cristianismo emergente de assumir a forma de um sistema legal. A religião, enquanto sistema jurídico principalmente, desempenhou um papel fundamental no judaísmo e mais tarde no islamismo. Mas a tentação do legalismo também é um fio constante que percorre a história da Igreja; as grandes figuras reformadoras – de Lutero até Bonhoeffer – sempre invocaram a liberdade paulina da Lei.

Os pilares da comunidade apostólica de Jerusalém, Tiago, Pedro e João, foram capazes de fazer concessões ao reformador radical Paulo e assim evitar um cisma, dividindo suas responsabilidades e reconhecendo-se mutuamente: os apóstolos de Jerusalém continuariam seu trabalho apostólico entre judeus e judeu-cristãos, mas confeririam a Paulo a confiança e a liberdade para realizar missões entre os gentios em geral (Gl 2,6-10). Devemos ter em mente que aquilo que chamamos hoje de cristianismo surgiu principalmente da corajosa missão reformista de Paulo, enquanto as várias correntes judeu--cristãs foram gradualmente sendo extintas. Podemos apenas conjecturar se isso se deveu aos acontecimentos históricos externos ou, ao contrário, à diferença entre o "conservadorismo" da comunidade de Jerusalém e o dinamismo intelectual da visão missionária de Paulo.

Paulo traz sua versão do cristianismo e do universalismo cristão para um mundo moldado pela filosofia helenística e pela política romana em uma época em que a mitologia grega e a religião política romana estavam em crise de credibilidade. No entanto, a ideia de um "novo Israel" sem fronteiras acaba esbarrando nos limites dessa cultura da Antiguidade; em vez de um Israel sem fronteiras, a Igreja tornou-se um "segundo Israel" e uma terceira "religião" ao lado do judaísmo e do paganismo helenista. Além disso, também teve de se definir perante as correntes gnósticas e as escolas de sabedoria e piedade (*pietas*) da época, bem como muitos cultos religiosos. Os representantes da religião estatal romana consideravam a estranha disseminação do cristianismo como um fenômeno politicamente perigoso. Perseguiram-na e, assim, consolidaram-na como contracultura, como dissidência político-religiosa. Ao fazer isso, eles a transformaram em uma alternativa ao mundo religioso circundante.

Os cristãos que se recusavam a participar dos rituais pagãos romanos por razões religiosas (considerando-os uma forma de idolatria) eram perseguidos como cidadãos desleais e, portanto, politicamente perigosos, como "ateus" que privavam o Império da proteção dos deuses (*pax deorum*).

No entanto, o testemunho dos sacrifícios heroicos dos mártires cristãos e da solidariedade mútua nas comunidades cristãs, bem como os esforços posteriores dos primeiros teólogos para incorporar a fé nos conceitos intelectuais da filosofia helenística, acabariam por levar, como resultado dos cálculos políticos dos imperadores, a uma mudan-

77

ça no *status* do cristianismo no Império – "A conversão de Constantino". Primeiro tolerado e depois privilegiado, o cristianismo assumiu o papel político e cultural da *religio*. Mas também o transformou; transformou não apenas seu "objeto" e seu conteúdo ideológico, mas também melhorou substancialmente sua forma. Em sua forma cristã, a *religio* reuniu uma série de esferas anteriormente separadas – ritual, filosófica, espiritual e política.

A Roma pagã também estava familiarizada com o que muitas pessoas de nossos dias associam ao termo "religião", ou seja, piedade e uma certa filosofia de vida, uma visão de mundo, mas isso não era associado a *religio*. Piedade, espiritualidade – *pietas* – era mais uma questão para os Mistérios; a "procura do sentido da vida" e as questões sobre a origem e a natureza do mundo estavam no âmbito da filosofia, especialmente a interpretação filosófica dos mitos. Esses fenômenos viviam lado a lado separadamente; foi somente no cristianismo que a crença religiosa, a prática moral, a espiritualidade e a reflexão filosófica, bem como os rituais privados e públicos, foram combinados em uma única entidade, representada e administrada por uma única instituição.

No século II a.C., o filósofo pagão Marco Terêncio Varrão fez a distinção entre três tipos de teologia: *theologia naturalis* (teologia filosófica), *theologia civilis* (o aspecto jurídico e político do culto) e *theologia mythica* (símbolos e narrativas religiosas tradicionais); na virada do século III d.C., Tertuliano, o teólogo cristão e influente criador da terminologia teológica latina, integrou todos esses aspectos no conceito de *religio* (ČERVenková, 2012). A fim de se distinguirem da *religio* pagã romana (e do judaísmo, que muito antes do cristianismo adquiriu o *status* legal de religião no Império Romano), os apologistas cristãos passaram a designar sua fé como *religio vera* – a *verdadeira* religião.

Com a legalização do cristianismo por Constantino e a proclamação do cristianismo como religião do Estado por Teodósio, o caminho de seguimento a Cristo tornou-se uma religião no sentido de uma *religio* política romana, uma "língua comum" e o pilar cultural central de uma poderosa civilização. A fé adquiriu, assim, uma casca protetora (mas também limitante) da religião, reminiscente do papel da *persona*, no conceito junguiano da personalidade humana: uma máscara que permite a comunicação externa ao mesmo tempo em que protege a intimidade e a integridade internas. Mas se essa máscara se tornar hipertrofiada e endurecida, sufoca a vida. Isso se aplica não apenas aos indivíduos, mas também aos sistemas espirituais e sociais.

À medida que a fé cristã foi se incorporando cada vez mais à filosofia (ou, mais precisamente, à medida que permitiu que a fé fosse fecundada pela filosofia, combinando o espírito hebraico com o espírito do pensamento helenista), adquiriu a forma de teologia metafísica cristã com diferentes ênfases em suas versões romana e grega. A fé foi cada vez mais entendida como um ensinamento, como uma doutrina. Os ouvintes de Jesus reagiram à sua pregação com espanto: "O que é isso? Uma doutrina nova, dada com autoridade!" (Mc 1,21-28). Uma questão é levantada no sentido de saber se a fusão da fé com o poder político e a encarnação da fé em forma de "doutrina" não provoca gradualmente um enfraquecimento daquele poder divino que tanto cativou os primeiros discípulos de Jesus.

Já na Antiguidade o cristianismo também cumpriu o papel da espiritualidade: o cultivo sistemático da dimensão mais profunda da fé. Isso aconteceu em particular graças aos Pais do Deserto, versão alternativa radical do cristianismo, inicialmente dissidente do "cristianismo imperial" dominante, cujo poder e privilégio rapidamente se estabeleceram. Esse movimento de homens e mulheres que foram para os desertos da Palestina, Síria e Egito e formaram comunidades de "cristianismo alternativo" foi mais tarde integrado na "Igreja maior" e institucionalizado na forma de vida monástica e comunidades monásticas. Adquiriu forma legal ao lado de outras estruturas da Igreja, mas foi a partir do meio monástico que os impulsos para a reforma da Igreja surgiram ao longo dos séculos.

O cristianismo, como uma combinação de *religio, fides* – baseado no pensamento filosófico e em escolas de piedade (*pietas*), deu enormes frutos culturais e alcançou sucesso político, construindo e consolidando ao longo dos séculos um dos impérios mais poderosos do mundo. Conseguiu integrar muitos novos estímulos de diferentes culturas e filosofias; sobreviveu à queda de Roma e depois ao Grande Cisma entre Roma e o Império Bizantino; também resistiu a invasões externas e expandiu-se para partes do mundo que estavam sendo gradualmente redescobertas. A fé cristã (especialmente na forma de doutrina e liturgia) tornou-se a linguagem comum de grande parte do mundo[19].

No entanto, a noção romântica da Idade Média como uma espécie de idade de ouro da fé deve ser analisada com certa desconfiança. Uma pesquisa histórica mais detalhada mostra que foram principalmente camadas específicas da sociedade que foram afetadas pela cristianização e evangelização. Esse processo afetou, em particular, aqueles que (especialmente nos mosteiros e mais tarde nas universidades) moldaram ativamente a cultura pela qual muitas vezes formamos nossa imagem daquele período. No entanto, a espiritualidade e o *ethos* do cristianismo apenas lenta e gradualmente fizeram incursões nas amplas camadas da população, e durante muito tempo se misturaram significativamente com a antiga religiosidade pré-cristã. Paradoxalmente, a fé cristã teve seu maior impacto nas classes populares durante a ascensão da Modernidade, quando a Igreja perdeu seu poder político. Naquela época, os bispos, que eram sobretudo senhores feudais capazes de administrar grandes propriedades, co-

---

19. No primeiro milênio em particular havia considerável pluralidade na liturgia, na espiritualidade e nas ênfases teológicas do cristianismo; somente depois da ruptura com o cristianismo bizantino é que a Igreja Latina se tornou significativamente "romanizada".

meçaram a ser escolhidos entre as classes urbanas cultas, que passaram a se preocupar mais com a educação dos padres e do povo (Taylor, 1999).

Dentro da *Christianitas*, contudo, uma grande divergência ocorreu após o sombrio século X (particularmente após a grande crise do papado): o movimento reformista, emanado especialmente da Abadia de Cluny, provocou um conflito entre os monges e o clero secular; o movimento buscava reformar, elevar e disciplinar o clero assimilando-o aos monges, enfatizando a disciplina, a obediência, a ordem da oração, o celibato e a educação. Os protagonistas da Reforma Cluniacense ascenderam ao topo da hierarquia da Igreja e desencadearam uma "revolução papal" na querela das investiduras (direito de nomear bispos). Isso quebraria o monopólio do poder imperial e criaria uma dualidade de autoridades: secular e eclesiástica, imperial e pontifícia, o que afetaria profundamente a cultura política do Ocidente. Um subproduto desse conflito foi o surgimento de uma cultura secular, o reino do "profano", que gradualmente se emancipou da esfera de poder e controle eclesiástico.

No Renascimento, essa nova cultura recebeu um poderoso impulso sob a forma de interesse acadêmico pelo estudo do grego, devido em parte à influência de emigrantes de Bizâncio na corte florentina dos Médici após a queda de Constantinopla. Por um lado, esse interesse incentivou o estudo do Novo Testamento no idioma original, suscitando traduções das Escrituras dos originais para as línguas vernáculas, reforçando assim a autoconfiança das nações e também abrindo caminho para a reforma da Igreja. Por outro lado, retomou o estudo e a popularização da cultura clássica e, assim, contribuiu para o surgimento do humanismo renascentista. A passagem do latim para o grego e especialmente para as línguas nacionais enfraqueceu o império cultural medieval (preparando o terreno para o surgimento dos Estados-nação), bem como a hegemonia da teologia escolástica na esfera intelectual.

A *Christianitas* medieval sofreria um golpe fatal sob a forma do grande cisma do cristianismo ocidental, especialmente com o transbordamento das disputas teológicas da esfera intelectual para a política, dando origem às devastadoras guerras do século XVII. Não menos fatídico, no entanto, foi outro cisma: a separação da teologia tradicional do mundo emancipador das ciências naturais. O poder e o prestígio da religião cristã foram diminuídos pelo já mencionado duplo cisma, causado pelo apego a um sistema teológico endurecido, incapaz de interpretar e integrar tanto os impulsos teológicos reformistas quanto as novas descobertas científicas de maneira criativa, mas crítica.

Desgostosos com os dois campos em guerra da Igreja, críticos intelectuais cristãos – do qual Erasmo de Roterdã é o protótipo – procuraram criar uma "terceira via para o cristianismo". Rejeitados por ambos os campos, tornaram-se cada vez mais alienados do cristianismo tradicional da Igreja. Eventualmente, essa corrente culminaria no

Iluminismo, que assumiu muitas formas diferentes. Alguns pensadores do Iluminismo buscaram humanizar a religião, outros confundiram o Deus da Bíblia com o "deus dos filósofos", e cristianismo com deísmo, enquanto outros substituíram a fé religiosa pelo culto da razão humana.

A culminação do *terceiro ramo do cristianismo* na forma do Iluminismo e da cultura secular moderna parece cumprir um cenário enraizado na própria natureza do cristianismo: de acordo com Marcel Gauchet (2021), o cristianismo é uma religião que emerge uma religião, movendo-se da infraestrutura política do sociedade para a superestrutura – para a cultura. Após o Iluminismo, esse processo se consumou: a cultura não fazia mais parte da religião, mas a religião fazia parte da cultura.

Pouco a pouco, as instituições eclesiásticas foram perdendo seu poder político; a força e a vitalidade do cristianismo residem agora principalmente na influência moral e intelectual da fé na mentalidade cultural da sociedade.

No entanto, a mentalidade cultural da sociedade moderna foi mudando, e o cristianismo, representado pelas igrejas, especialmente nos séculos XVIII e XIX, foi perdendo gradativamente sua influência intelectual.

* * *

A modernização foi um processo de fragmentação, de emancipação de elementos individuais que antes estavam integrados em uma única entidade. A *Christianitas*, "civilização cristã", estava se desintegrando, e os Estados-

-nação e as culturas nacionais estavam crescendo. O latim perdeu sua posição privilegiada; as traduções da Bíblia para as línguas nacionais, promovidas especialmente pelos reformadores, ajudaram no desenvolvimento das línguas nacionais. As jovens ciências naturais autoconfiantes rejeitaram o domínio da teologia. A investigação racional sistemática, para a qual a escolástica medieval tinha dado uma forte contribuição, foi agora complementada por métodos experimentais e voltada contra a teologia escolástica.

A *era da secularização* estava surgindo: a religião cristã deixou de desempenhar o papel de *religio* no Período Moderno[20].

A secularização não significa o fim da religião nem o fim da fé cristã. Significa a *transformação da relação entre fé e religião*: é o fim do antigo "casamento" entre a fé cristã e a religião no sentido de *religio*.

A religião no sentido de *religio*, a força integradora da sociedade, não está desaparecendo, mas esse papel não é mais desempenhado pela fé cristã. Outros fenômenos estão se tornando a "linguagem comum" das sociedades modernas. No entanto, após o rompimento com a religião no sentido de *religio*, a fé cristã não se tornou não religiosa, mas foi gradualmente incorporada a outra forma de

---

20. Faço uma distinção entre *secularização* (um processo sociocultural), *secularismo* (uma interpretação ideológica da secularização) e *era secular* (um período histórico específico). Há mais sobre isso no início do capítulo 7 deste livro.

religião – aquela criada pela cultura secular dos tempos modernos.

* * *

O papel da *religio*, religião como "língua comum" e base cultural compartilhada da civilização europeia, começou a ser desempenhado pelas ciências naturais e pela cultura secular, especialmente pelas artes (basta recordar o culto religioso dos artistas e gênios, desde o Renascimento, passando pelos românticos até ao culto pós-moderno das estrelas da cultura pop), bem como o nacionalismo e depois as "religiões políticas" como o comunismo, o fascismo e o nazismo.

A economia capitalista, o mercado global abrangente, poderia ser descrito como a *religio* de hoje. Numerosos sociólogos e filósofos da cultura abordaram o papel pseudorreligioso do capitalismo[21], substituindo o monoteísmo pelo "dinheiro-teísmo", o culto capitalista ao dinheiro.

Algumas "religiões seculares" têm sua própria mística, oferecendo uma certa relação "extática" com a transcendência, compreendida de diversas maneiras. Observando o crescente mercado de drogas químicas, psicológicas e espirituais – remédios tanto para tranquilização quanto para excitação, somos tentados a concordar com a famosa declaração de Karl Marx: hoje a religião é o ópio do povo.

---

21. Sobre o papel pseudorreligioso do capitalismo, cf. p. ex. Ruster (2001).

Embora esses fenômenos tenham, de muitas maneiras, assumido certos aspectos psicológicos e sociais da *religio*, não se percebem, contudo, como religiões ou não se autodenominam como tal. O termo "religião", tal como evoluiu e, em particular, se estabeleceu durante o processo de secularização, tem agora um significado e conteúdo completamente diferentes.

* * *

Desde o Iluminismo, a palavra "religião" se refere a um setor da vida social ao lado de outros. A religião, tal como compreendida nos tempos modernos, não é mais uma entidade abrangente, uma linguagem que é compreendida por todos e que une quase todos; não é mais uma *religio*. No entendimento moderno, a religião se tornou apenas um dos jogos de linguagem, para usar um termo de Ludwig Wittgenstein. A comunidade que esse jogo une e que aceita suas regras está diminuindo gradativamente.

A religião agora é vista como uma "visão de mundo", apenas uma ao lado de outras. Além da religião, existem agora muitas outras áreas da sociedade que querem seguir as suas próprias regras. A religião deixou de ser onipresente e, portanto, não é mais "invisível" como o ar que todos respiram; deixou de ser algo a ser "entendido como certo"; é possível manter uma distância crítica em relação a ela; desde o Iluminismo, a religião tornou-se objeto de estudo e crítica. A teologia medieval era entendida como a "ciência de Deus"; desde o Iluminismo (como testemunha Schleiermacher), a teologia tornou-se uma hermenêutica da fé, caminhando mais para uma "ciência da religião".

* * *

No limiar da Idade Moderna, o cristianismo foi enfraquecido, entre outras coisas, pela sua desintegração em relação a "denominações" ou "confissões" mantidas por diferentes igrejas; depois foi desacreditado pelas guerras destrutivas entre essas denominações. Desde a Reforma, mesmo dentro do Ocidente, o cristianismo existe "no plural": existem várias "religiões cristãs". Gradualmente, as correntes reformadas do cristianismo deixaram de se ver como inovações dentro de uma Igreja e começaram a se dissociar claramente da "antiga" Igreja, mental, teológica e organizacionalmente. O protestantismo ficou ao lado do catolicismo, e o próprio campo protestante tornou-se diversificado. Ao contrário da *religio*, que unia o todo, a *confessio* dizia respeito a uma *parte*; isto é, – embora geralmente relute em admitir – apenas um jogo de linguagem entre outros.

Depois veio o passo seguinte: o próprio cristianismo adquiriu o *status* de uma religião ao lado de outras. Os exploradores e colonizadores de continentes não europeus passaram a perceber os rituais, costumes e narrativas desses lugares à luz de sua experiência do cristianismo contemporâneo como análogo ao cristianismo, como *religiões*; para eles, eram "outras religiões". Além disso, o islamismo, que o cristianismo teve de enfrentar durante séculos, apenas gradualmente deixou de ser visto pelos cristãos como uma heresia cristã (uma forma de cristianismo distorcida por demônios) e passou a ser visto como "outra religião".

* * *

Durante a Modernidade, o cristianismo se encaixou no que se entende por religião na era secular moderna: mesmo para muitos cristãos, é visto como uma visão de mundo, preocupada principalmente com "o outro mundo", e, nesse mundo, preocupada principalmente com a moralidade. Conforme demonstrou o sociólogo Ulrich Beck, após as disputas iniciais entre a racionalidade científica natural e a religião cristã, a racionalidade científica reconheceu que não poderia dominar e preencher todas as dimensões da vida individual e social, e permitiu que a "religião" se tornasse uma especialista no "sobrenatural" e no "espiritual", para conceder um adorno estético e retórico a certas celebrações privadas, familiares e, excepcionalmente, sociais (Beck, 2008).

Essa noção de cristianismo persiste até hoje na consciência geral não apenas do público secular, mas também de muitos cristãos: o cristianismo é entendido como uma religião (uma das religiões), como "um sistema de crenças e práticas que une todos os seus adeptos em uma única comunidade moral chamada Igreja" (Durkheim, 2008).

O cristianismo no Período Moderno é mais pobre, "mais enxuto" do que na sua forma medieval. Muitos dos papéis culturais e sociais que a religião cristã pré-moderna preenchia e monopolizava foram assumidos por instituições seculares. Embora o cristianismo tenha se incorporado à cultura moderna, o elemento dominante dessa cultura tendia a ser o humanismo secular, aquele "filho indesejado" de um cristianismo que se afastava cada vez mais do cristianismo eclesiástico. Embora o cristianismo em sua forma eclesiástica (especialmente católica) tenha se tornado de fato uma parte do mundo moderno, durante muito tempo ele não conseguiu lidar com a Modernidade (e com a sua filosofia definidora, o humanismo do Iluminismo), e até travou muitas guerras culturais com ela, que foram perdidas de antemão.

Foi precisamente por causa das guerras culturais com as ideologias da Modernidade tardia que a forma moderna do cristianismo foi ainda mais deformada: a própria fé tornou-se altamente ideologizada. A forma da Igreja Católica e da teologia da "era Pio" (entre os pontificados de Pio IX e Pio XII: meados do século XIX a meados do século XX), uma contracultura que se opunha ao protestantismo, ao socialismo e ao liberalismo se tornaria "catolicismo", isto é, em grande medida um "ismo" entre outros "ismos"; em outras palavras, tornou-se ideologizada.

O Concílio Vaticano II, na segunda metade do século XX, não foi apenas uma tentativa de "acordo de cavalheiros" entre a Igreja Católica e a Modernidade, mas também um esforço no sentido de *passar do catolicismo para a catolicidade* e na direção de um cristianismo ecumênico – uma tentativa de desideologizar a fé e desclericalizar a Igreja. O Concílio reformista queria libertar a Igreja da nostalgia da *Christianitas* pré-moderna e estabeleceu uma maneira de mover a Igreja de sua estreita forma confessional dos tempos modernos em direção a uma maior abertura ecumênica.

Mas o esforço para reconciliar a Igreja com a Modernidade chegou tarde demais e, paradoxalmente, em um momento em que a Modernidade já estava em vias de extinção. O esforço da Igreja para alcançar a ecumenicidade em um tríplice sentido – unidade entre os cristãos, diálogo com outras religiões e aproximação com o humanismo secular, com os "não crentes" – nunca passou da metade do caminho: continuar nesse caminho permanece como uma tarefa para a tarde do cristianismo. Voltaremos a todas essas ideias mais adiante neste livro.

* * *

Vimos que a forma moderna de religião não foi a primeira e provavelmente não será a última encarnação sociocultural da fé cristã na história. Essa forma de religião foi criada pela era secular no início, mas sua plausibilidade foi corroída e entrou em colapso no fim da era secular moderna (que ocorreu na virada da década de 1970).

Tenho a impressão de que esse processo está chegando ao auge em nosso tempo, com dois fenômenos que são, no entanto, mais seu sintoma do que sua causa ou essência. Um é a exposição da pandemia de abuso sexual, psicológico e espiritual na Igreja, e o outro é a experiência de igrejas fechadas e celebrações suspensas durante a pandemia de coronavírus. O primeiro aponta para uma crise no *status* no clero, apela para o fim do clericalismo e para um reexame do papel dos padres e da relação entre os padres e leigos na Igreja. O segundo foi um apelo aos cristãos para que não dependessem apenas do serviço do clero, mas que procurassem novas formas de experimentar e celebrar o mistério da fé para além da liturgia tradicional e dos espaços sacros.

Foi dito que a fé cristã já parece estar em desacordo com a segunda forma histórica de religião. Ela encontrará ou criará outra forma de religião ou está chegando o momento de um *cristianismo não religioso*? A forma religiosa do cristianismo foi apenas uma fase de seu desenvolvimento histórico?

* * *

A ideia de que a fé cristã pode e deve viver *separada da religião*, que pode até mesmo ser "antirreligiosa", foi expressa de forma mais clara na chamada teologia dialética na Alemanha. Essa ideia opõe-se tanto às tentativas liberais de conciliar a fé com a cultura da sociedade burguesa quanto ao flerte e à colaboração nacionalista dos cristãos alemães com o nazismo. Karl Barth tentou conduzir a fé cristã para um lugar diferente da teologia liberal do século XIX, com um *pathos* e um radicalismo semelhantes àqueles com os quais Martinho Lutero tentou libertá-la da teia da escolástica medieval, do acúmulo de mérito moral e da confiança nas atividades intermediárias da Igreja hierárquica. Para Barth, a religião era uma tentativa blasfema dos seres humanos de alcançar Deus por seus próprios esforços e de manipular Deus usando artifícios humanos como especulação teológica e esforço moral, bem como qualquer outro meio de antecipar e suplantar de fato o dom imerecido da graça divina. Karl Barth concebeu a fé como Deus, em completa liberdade, curvando-se à humanidade por meio da Palavra, por meio da doação de Deus nas palavras da Bíblia e especialmente na Palavra encarnada, Jesus Cristo crucificado.

Para Dietrich Bonhoeffer, a religião estava principalmente associada à ideia de um Deus forte e poderoso, uma ideia que, na sua opinião, obscurecia e falsificava a verdadeira face do Deus de quem a Bíblia dá testemunho. Essa face era evidente, pelo contrário, no "Deus da impotência" – na autoentrega de Jesus na cruz. O adulto deve renunciar a Deus como uma hipótese científica, como um Deus que corre de um lado para o outro à luz do conhecimento racional antes de se refugiar nos buracos do "mistério". O cristão adulto deve aceitar o mundo sem explicações religiosas, metafísicas e quase científicas, e viver nele "como se Deus não existisse" (*etsi Deus non daretur*); deve abandonar o "pré-entendimento religioso", assim como São Paulo rejeitou a circuncisão como pré-requisito e condição do cristianismo. Sem a noção patriarcal de

Deus, é possível viver com honestidade, responsabilidade e maturidade diante e com Deus.

Assim, em certo sentido, Bonhoeffer assume o desafio lançado ao cristianismo tradicional pela crítica da religião feita por Feuerbach, Nietzsche e Freud. A teologia de Bonhoeffer sobre o cristianismo não religioso não nasceu a partir de um estudo universitário; sua urgência é intensificada pelo fato de que foi refletida e escrita em cartas em uma prisão nazista antes de sua execução[22].

A crítica de Bonhoeffer ao cristianismo burguês que traiu a radicalidade do Evangelho e se conformou com o estabelecido é reminiscente de Kierkegaard. Em sua rejeição em relação às imagens religiosas de Deus, Bonhoeffer se aproxima do que o místico medieval Mestre Eckhart expressou em sua oração: "Peço a Deus que me liberte de Deus"[23].

No entanto, o "cristianismo não religioso" de Bonhoeffer também tinha fortes aspectos sociais e políticos. A única transcendência autenticamente cristã que Bonhoeffer reconheceu foi a autotranscendência humana no amor sacrificial. Ele afirmou sua compreensão da fé por meio de seu envolvimento político e do sacrifício de sua

---

22. Essas cartas de Bonhoeffer foram publicadas postumamente em um livro sob o título *Widerstand und Ergebung*, publicado no Brasil como *Resistência e submissão* (2018).

23. Temas eckhartianos semelhantes ecoam mais tarde na teologia existencialista de Paul Tilich, em sua crença em um "Deus acima do deus do teísmo" (Tillich, 2008).

vida. Os teólogos da libertação latino-americanos podem ser considerados herdeiros desse aspecto político da concepção de cristianismo de Bonhoeffer.

* * *

O esforço para libertar a fé cristã da "religião" sob a forma de "ontoteologia" metafísica e da mentalidade da Igreja, tão enraizadas na sociedade burguesa da Modernidade tardia, foi definitivamente uma tentativa legítima de reavivar a radicalidade da mensagem evangélica por baixo de todo o tipo de sobreposições e acréscimos ideológicos e sociais.

No entanto, é importante lembrar que os esforços dos reformadores para apresentar o "cristianismo original" tendem a ser projeções de seus próprios ideais que remontam à história. Deve-se reconhecer que essas são outras interpretações historicamente condicionadas do Evangelho, que podem ser muito valiosas, mas não devem ser entendidas como reconstruções de algum cristianismo puro e "nu".

É também por isso que acredito que um "cristianismo completamente não religioso" é uma mera abstração. Na realidade histórica, sempre encontramos a fé dentro de uma cultura, de um sistema cultural. O cristianismo deu os seus primeiros passos no contexto de uma determinada religião, no âmbito das ideias e conceitos do judaísmo rabínico. Em seguida, passou por diversas formas de religião, bem como pelo processo de secularização da sociedade moderna. Tal como na vida pessoal, não podemos sair de uma situação particular sem entrar em outra, assim também a fé está sempre "situada", e mais cedo ou mais tarde encontra alguma forma cultural e social, alguma forma de "religião". Mas pode ser religião em uma forma diferente e em um sentido diferente do que a palavra religião designava no passado.

Na atual era pós-secular – como veremos –, duas formas de religião em particular são oferecidas como fruto e consequência da transformação da religião no processo de secularização: a religião como defesa da identidade de grupo (por exemplo, nacional ou ética) e a religião como uma espiritualidade separada da Igreja e da tradição. Enquanto a primeira dessas formas visa principalmente fortalecer a coesão do grupo e se aproxima de uma ideologia política, a segunda oferece uma certa integração da personalidade e está mais próxima do papel da psicoterapia. A fé cristã deve manter certa distância crítica de ambas a fim de que o cristianismo do futuro não se transforme nem em uma ideologia política identitária nem em uma espiritualidade vaga que se dissipa no esoterismo.

Estou convencido de que aqueles cristãos que viveram intensamente as *noites escuras coletivas* do século XX – Teilhard de Chardin no front durante a Primeira Guerra Mundial, Bonhoeffer em um calabouço nazista e meus mestres na fé, os teólogos checos nas prisões comunistas[24] –

---

24. Estou particularmente pensando em Antonín Mandl (1917-1972), Josef Zvěřina (1913-1990) e Ota Mádr (1917-2011).

legaram, em particular, nossas visões e intuições do tempo baseadas nas experiências de fé que necessitam de mais reflexão teológica para inspirar a tarde da história cristã.

A religião em sua forma política pré-moderna de *religio*, ou em sua forma ideológica moderna, dificilmente pode ser um espaço vivo para a fé; essas formas eram muito estreitas e acabariam sendo sufocadas. A fé deve ser trazida para um novo espaço, assim como quando Paulo, em sua época, tirou o cristianismo dos limites do judaísmo.

O substantivo *religio* é geralmente derivado do verbo *religare*, reunir. A religião, no sentido de *religio*, é uma força integradora na sociedade; o que integra a sociedade é a sua religião (*religio*). Contudo, o substantivo *religio* também pode ser derivado do verbo *relegere*, que significa "ler de novo". Isso pode emprestar um novo significado ao conceito de religião.

Acredito que o cristianismo de amanhã será sobretudo uma comunidade de uma nova hermenêutica, uma nova leitura, uma nova e mais profunda interpretação das duas fontes da revelação divina, a Escritura e a Tradição, e especialmente da palavra de Deus *nos sinais dos tempos*.

Voltaremos a essas ideias no fim deste livro.

6
Escuridão ao meio-dia

Neste capítulo falo sobre a crise do meio-dia na história do cristianismo. Peguei emprestado o título do romance *Darkness at noon* de Arthur Koestler (1940), que foi uma das primeiras obras literárias a alertar o mundo sobre os crimes do regime stalinista na antiga União Soviética. O título foi uma alusão óbvia à narrativa do Evangelho de que, na crucificação de Jesus, houve escuridão sobre toda a terra ao meio-dia. Para mim, a frase escuridão ao meio-dia associa e une vários temas importantes: a cruz de Jesus, noites escuras em jornadas de fé pessoais e históricas e a crise do meio-dia da comparação de Jung da vida humana com um dia.

Antes de tentarmos compreender a crise do meio-dia, é necessário perguntar se é apropriado falar hoje de uma crise de fé, uma crise da Igreja, uma crise do cristianismo. "Crise" é uma das palavras mais frequentemente usadas em nosso tempo; não é de admirar que muitos a considerem enfadonha ou ofensiva. Já houve algum tempo sem crises? Existe algo realmente especial sobre as crises de nosso tempo? Essa sensação de exclusividade não é uma ilusão que domina todas as gerações? Não será uma manifestação de egocentrismo narcisista, essa doença típica do nosso tempo, que se não podemos falar em superlativos sobre as nossas realizações, então pelo menos nos referimos a elas como as "mais" sérias, graves, alarmantes etc.? Não minimizamos e subestimamos as crises do passado só porque elas não nos afetam diretamente? Sejamos realistas, não podemos responder a essas perguntas. São perguntas para o Senhor da história, não estamos em uma posição divina, não podemos sair do nosso tempo e julgar objetivamente a partir do lado de fora. Afinal, a questão não é comparar "objetivamente" a gravidade da crise atual com as que não vivemos. De acordo com a visão escatológica da teologia cristã, cada momento é uma espécie de "crise" (um momento de decisão e julgamento), ao contrário da visão apocalíptica, que sempre vê a crise em curso como a crise final.

* * *

As estatísticas nos dizem que o número de cristãos continua a crescer, que nunca antes houve tantos cristãos neste planeta como há hoje, que os cristãos ainda representam o maior "grupo de opinião" dentro da humanidade. No entanto, o número de cristãos está crescendo principalmente devido à elevada taxa de natalidade nos países não ocidentais. Pela mesma razão, o número de muçulmanos também está crescendo, e em um ritmo muito mais acelerado.

Vamos nos concentrar agora principalmente na maior das igrejas cristãs, a Católica. Quando estudamos a história do papado, encontramos muitos escândalos apavorantes. Hoje é diferente: pelo menos durante o último meio século, uma sucessão de personalidades respeitáveis ocupou a Sé de Pedro. Embora a Igreja enfrente muitos escândalos atualmente, pode-se dizer que a autoridade moral do papado nunca foi tão elevada internacionalmente como em nosso tempo. No entanto, é um dos paradoxos de nosso tempo que o Papa Francisco – um pastor convincente, uma autoridade moral global indiscutível, que é respeitada e amada muito além da Igreja – esteja sujeito a mais ataques e dissensões abertas dentro da Igreja do que qualquer outro papa da história moderna. Os próprios católicos que sempre juraram lealdade incondicional à autoridade papal estão agora assumindo uma posição agressiva contra um papa que não se conforma com suas preferências e não interpreta seus pontos de vista.

A crise da "religião organizada" afeta particularmente as igrejas tradicionais. Em muitos países ocidentais, igrejas, mosteiros e seminários estão ficando despovoados, espaços de culto estão sendo fechados e vendidos e o número de pessoas que deixa formalmente as igrejas ou desiste de frequentar regularmente as celebrações está aumentando. Na época das igrejas vazias e fechadas durante o auge da pandemia de covid-19, no outono de 2020, me perguntei se isso seria uma espécie de aviso profético de como essas igrejas poderiam parecer dentro de algumas décadas (Halík, 2020a).

A noção de que o declínio das grandes igrejas se limita apenas a uma parte da Europa e que é resultado da liberalização da teologia cristã e do enfraquecimento da disciplina eclesiástica, enquanto a Igreja floresce em outros continentes, é uma ilusão mantida por certos círculos eclesiásticos. Os Estados Unidos já não são a forma cristã da "cidade sobre uma colina" que a aliança de católicos e evangélicos conservadores costumava usar para contrastar com a Europa secularizada. Críticos ocidentais da cultura secularizada, os conservadores, inicialmente costumavam apresentar os países pós-comunistas (*ex Oriente lux, ex Occidente luxus*) como modelo para o Ocidente. Posteriormente, o teólogo africano Alain Clément Amiézi escreveu: "estamos produzindo pessoas batizadas, mas não cristãos" (Amiézi, 2019). Para ele, as igrejas africanas muitas vezes mantêm as pessoas em um estado de religiosidade infantil, em vez de lhes proporcionar uma catequese que ofereça profundidade, e se contentam com um sincretismo em que a identificação com a cultura africana ofusca grandemente a identidade cristã.

Com um processo de globalização impossível de ser detido, é de se esperar que desenvolvimentos semelhantes aos que acompanharam a secularização da Europa ocorram com algum atraso em outros continentes, inclusive em muitos dos chamados países em desenvolvimento. A secularização começou com as elites ocidentais educadas e jovens usando a internet. A imagem altamente simplificada dos padrões de vida e estilos de vida ocidentais, divulgada pelos filmes e pela mídia, está mudando as orientações de valor nos países pobres e fazendo surgir em sua relação com o Ocidente uma mistura de desejo, inveja e imitação combinada com rejeição, medo e ressentimento. Do mesmo modo, em alguns países muçulmanos, encontrei essa relação ambivalente com o Ocidente: o poder de atração do proibido e o desejo de subjugar essa tentação por meio da demonização e da agressão. Os fanáticos religiosos querem destruir os aspectos de uma cultura estrangeira que tanto os atrai quanto os aterroriza.

A Igreja Católica perdeu muitos membros na Europa e na América Latina, que eram tradicionalmente os mais "católicos". Em minhas viagens à América Latina, ouvi repetidas vezes a opinião de que, como resultado da confiança da Igreja na inércia da tradição e da sua negligência na educação dos fiéis e na sólida formação espiritual, houve um êxodo em massa de católicos para as seitas pentecostais e conversões à sua teologia fundamentalista simples e à sua religiosidade emocional, muitas vezes superficial. A exposição de muitos casos de abuso sexual pelo clero e instituições eclesiásticas contribuiu para a secularização da Irlanda. Enquanto isso, na Polônia, o catolicismo está entrando em colapso rapidamente devido a uma infeliz aliança entre políticos nacionalistas e a maioria conservadora da hierarquia – eles conseguiram causar muito mais danos à Igreja em dois anos do que o governo comunista tentou causar sem sucesso por décadas, mesmo usando todos os meios à sua disposição.

Onde quer que a ação da Igreja se limite à administração dos sacramentos e a religiosidade não se transforme em fé pessoal, o cristianismo torna-se uma mera "religião cultural" que rapidamente se extingue e desaparece com a mudança do paradigma sociocultural.

* * *

Em toda a civilização ocidental, há uma grave crise do clero católico. Os escândalos de abuso sexual amplamente discutidos são apenas um aspecto dessa crise muito mais ampla e profunda do clero como um corpo. O que constitui a identidade do padre, e o seu papel na Igreja e na sociedade? As respostas anteriores a essa pergunta foram prejudicadas pelas mudanças na sociedade e especialmente pela crise mencionada acima.

Não é apenas na opinião pública da sociedade secular, que na sua maioria considera os padres uma relíquia do passado, que teremos dificuldade em encontrar respostas coerentes e credíveis à questão de como deve ser o padre do futuro; a resposta dos crentes e até dos próprios padres também costuma ser de constrangimento. Platitudes piedosas escondem frequentemente a insegurança. O papel patriarcal tradicional do padre – a imagem ideal em que a educação em muitos seminários ainda está focada – claramente não corresponde à realidade e às condições de hoje.

O número de pessoas interessadas na vocação sacerdotal está caindo drasticamente, e toda a rede de administração paroquial, tal como foi criada há vários séculos, está sendo irremediavelmente dilacerada em muitos países. As tentativas de resgate da hierarquia – importação de padres da Polônia, África e Ásia, fusão de paróquias etc. – não são uma solução realista e não vão interromper ou aliviar o aprofundamento dessa crise; está mais para algo como "deslocar os beliches no Titanic". A satisfação de ver tradicionais entusiastas se candidatando a vários seminários e mosteiros geralmente passa rapidamente; o tradicionalismo é uma "desordem infantil" temporária ou um disfarce para pessoas psicologicamente desequilibradas que criarão sérios problemas para as estruturas da Igreja. Se décadas de oração em toda a Igreja por novas vocações sacerdotais ficaram sem resposta, talvez Deus esteja nos dizendo que espera que procuremos outras portas e outras soluções, em vez de bater insistentemente às portas que Ele mesmo fechou.

Acredito que mesmo os passos que terão de ser dados mais cedo ou mais tarde, passos que o Vaticano ainda hesita em dar e, portanto, provavelmente chegarão tarde demais, a saber, a ordenação de homens casados e pelo menos a ordenação das mulheres como diaconisas não resolverão suficientemente essa crise. A situação não mudará a menos que a Igreja adote um modelo completamente novo de ministério pastoral, diferente do das paróquias territoriais, a menos que ofereça uma nova compreensão da missão do padre na Igreja e na sociedade, a menos que crie ainda maiores possibilidades de envolvimento dos leigos, tanto homens quanto mulheres, na vida e nas atividades eclesiais.

Além disso, muitas sugestões da prática – como as atividades dos padres operários ou a experiência daqueles de nós que fomos padres da Igreja clandestina na antiga Tchecoslováquia comunista, em que o ministério sacerdotal foi combinado com uma vocação civil – merecem ser reavaliadas. O modelo de sinodalidade promovido pelo Papa Francisco juntamente com a descentralização da Igreja talvez possam auxiliar essas mudanças, pois as soluções específicas devem sempre refletir as condições sociais e culturais de cada país.

Tenhamos sempre em mente, porém, que a verdadeira renovação da Igreja não será gerada nas escrivaninhas dos bispos, nem nos concílios ou nas conferências de especialistas; ao contrário, requer poderosos impulsos espirituais, profunda reflexão teológica e coragem para experimentar.

* * *

As crises mais dolorosas dos últimos anos são as feridas infligidas pelos responsáveis da Igreja a pessoas indefesas, especialmente crianças e adolescentes; ao fazer isso, eles também prejudicaram a credibilidade da Igreja no mundo de hoje, e essas feridas serão lentas e difíceis de serem curadas. A pandemia de abuso sexual e psicológico, bem como o abuso de poder e autoridade por parte dos membros do clero, que têm sido gradualmente expostos, depois de terem sido encobertos e subestimados durante tanto tempo, foram provavelmente a gota d'água para dezenas de milhares de católicos e o que os levou à decisão de deixar a Igreja.

Poucos temas foram discutidos pela Igreja nos últimos séculos com tanta frequência quanto a sexualidade. É a área em que a Igreja ameaçou recorrendo à imagem das punições infernais, impôs pesados fardos às pessoas e se recusou a ouvir com compreensão e compaixão os problemas que surgiram ao tentar observar estritamente todos os regulamentos da Igreja relativos à vida sexual. Essa é provavelmente a razão pela qual, após a hipocrisia de tantos dos porta-vozes desse tipo de moralidade ter sido exposta, o público, por meio da mídia, atacou a Igreja com muito mais veemência do que outras instituições em que também estavam acontecendo abusos. A Igreja pagou agora o preço pela sua tendência de tratar o sexto mandamento como o primeiro e mais importante de todos. Após o constrangedor interrogatório dos fiéis nos confessionários, confessores e juízes agora têm de se confessar perante o juízo do público e, às vezes, perante os tribunais civis.

O fenômeno do abuso desempenha hoje um papel semelhante ao da venda de indulgências que desencadeou a Reforma no fim da Idade Média. O que a princípio parecia ser um fenômeno marginal, hoje aponta claramente para problemas ainda mais profundos: as desordens do *sistema*, nomeadamente, as relações entre a Igreja e o poder, entre o clero e os leigos, entre muitas outras.

No caso dos abusos sexuais, a atitude da Igreja Católica em relação à sexualidade continua a ser um fator importante, especialmente para os membros do clero, muitas vezes despreparados para suportar as consequências psicológicas de um compromisso com a abstinência sexual permanente e uma vida sem ambiente familiar. Acredito que mais cedo ou mais tarde a união do sacerdócio com o celibato voltará ao seu lugar de origem: às comunidades monásticas, que podem compensar até certo ponto a ausência de vida familiar com o ambiente de uma "família espiritual" e talvez também sublimar espiritualmente melhor a necessidade de intimidade sexual do que a educação do seminário convencional é capaz.

Um fenômeno curioso é a incapacidade de muitos na autoridade religiosa de trabalhar com a sua própria "sombra" (o componente inconsciente de sua personalidade) e de lidar com a pressão dos superiores e do ambiente para manter uma *persona* rígida – um papel, estilo de vida e comportamento externos prescritos, impostos e esperados. Por vezes, a fim de preservar a imagem desejada, aqueles em posições de autoridade na Igreja distorceram sua humanidade e baniram sua "fraqueza" para seu subconsciente. Mas a fraqueza não deixa de existir e exercer sua influência; pelo contrário, escapa ao controle racional. Isso leva não apenas à hipocrisia, mas às vezes a uma personalidade dividida que leva a uma "vida dupla", a síndrome de Jekyll e Hyde. Muitos desses fenômenos são descritos em extensos estudos psicanalíticos[25]. Vale a pena recordar o que Jesus disse sobre as raízes desse mal na sua polêmica com os fariseus, a quem Ele chamou de "sepulcros caiados", por fora resplandecendo pureza, mas por dentro cheios de podridão (Mt 23,27). Pascal salientou também que o desejo de "ser um anjo" muitas vezes leva a resultados demoníacos.

No que diz respeito a esses fenômenos, as diferenças dentro da Igreja tornaram-se aparentes: enquanto o Papa emérito Bento XVI culpou o abuso sexual pelo suposto laxismo da moralidade clerical como resultado da revolução sexual da década de 1960, o Papa Francisco corajosamente diagnosticou como as causas mais profundas desses fenômenos o clericalismo, o triunfalismo e a maneira como a Igreja lida com o poder e a autoridade. De fato, os casos de abuso eram comuns na Igreja muito antes da década de 1960. Parece que alguns membros do clero, especialmente depois de a Igreja ter sido privada do poder secular, compensaram essa perda exercendo e abusando de seu próprio poder e autoridade dentro da Igreja, particularmente em relação aos indefesos, às crianças e às mulheres, que não gozavam de plenos direitos dentro da Igreja Católica e ainda não gozam.

Depois dessa onda de escândalos, a Igreja encontra-se em uma situação moral e psicológica semelhante

---

[25]. Por exemplo, o provocador livro de Drewermann, intitulado *Kleriker* (1989) ou investigações jornalísticas como a de Martel, em *In the closet of the Vatican* (2019).

à da nação alemã após a revelação das atrocidades nos campos de concentração. Ao dizer isso, não pretendo equiparar o Holocausto ao abuso sexual, tenho outra coisa em mente: assim como a grande maioria dos alemães não cometeu crimes nos campos de concentração e não sabia sobre eles, também a maioria dos católicos, incluindo a maioria dos padres, não abusou de crianças e menores e não sabia dessas coisas – ou pelo menos da extensão delas. Pensadores como Karl Jaspers perguntaram até que ponto a nação alemã como um todo era responsável pelo que alguns de seus membros fizeram em seu nome e distinguiram entre diferentes graus de cumplicidade (Jaspers, 2021). Agora é legítimo perguntar como a Igreja enquanto tal deve ser responsabilizada pelo abuso do "poder sagrado" e da autoridade por parte de alguns de seus representantes. Talvez o fato de ser na Alemanha que a Igreja local esteja se fazendo essas perguntas com tanta urgência – especialmente no contexto do chamado caminho sinodal – esteja relacionado à sensibilidade moral da memória histórica alemã.

O abuso sexual e psicológico na Igreja é um abuso de poder que escapa ao escrutínio e à crítica ao referir-se à sua origem sagrada inquestionável. Em flagrante contradição com o espírito do Evangelho e sua compreensão do ministério, a pseudomística romântica do sacerdócio, ao enfatizar o "sagrado poder do padre", criou uma aura mágica (*persona* no sentido da psicologia profunda de Jung) em torno da pessoa do sacerdote, que muitas vezes atraiu candidatos com problemas psicológicos e morais[26]. Jesus não era sacerdote, mas um dos "leigos". Quando havia tensão entre a religião sacerdotal e ritualística e seus críticos proféticos, ele ficava ao lado dos profetas. As suas palavras proféticas sobre a destruição do Templo e a religião do Templo sacerdotal custaram-lhe a vida. Jesus não transformou o círculo de seus doze amigos em sacerdotes no sentido da religião do Templo de Israel. Ele queria que eles seguissem seu exemplo e se esforçassem para ser "o último e servo de todos". Jesus não estabeleceu uma "hierarquia" – um "governo santo" no sentido de uma classe dominante no meio do povo de Deus. Ele deu poder aos seus discípulos para serem um contraste provocador ao mundo do poder e da manipulação religiosa e política. Ao partir o pão na véspera de sua morte, confiou-lhes a tarefa de imitar sua quênose – abnegação e entrega e autodoação.

O Novo Testamento – em Hebreus – chama Cristo de sumo-sacerdote, não em um sentido sociológico e histórico, mas em um sentido mais profundo, místico e simbólico. A frase *sacerdos alter Christus* (o sacerdote é um ou-

---

26. Outro motivo que torna os seminários tradicionalistas atraentes para certos tipos de candidatos hoje em dia é o fato de se tornarem frequentemente um refúgio para pessoas que carecem da capacidade e coragem para viver e servir a Igreja atualmente e na sociedade contemporânea; essas pessoas tendem a procurar um *skanzen* protegido do passado. Infelizmente, a Igreja Católica não conseguiu até agora reformar suficientemente a forma como os padres são formados.

tro Cristo) foi ouvida da boca de vários papas, aparece em muitos documentos papais e é repetida em muitas homilias de primeira missa de presbíteros recém-ordenados. É, no entanto, uma frase perigosa – está repleta de riscos de grandes mal-entendidos. Não há alternativa, não há outro Cristo. Há apenas um Cristo, um só mediador entre Deus e os seres humanos. Cristo é o único mediador, o representante de Deus para o povo e o representante do povo para Deus. Jesus não é um "segundo Deus" e o padre não o substitui[27]. O padre não é um substituto de Cristo! Todo cristão, por meio do Batismo, participa da função sacerdotal de Cristo: anunciar ao mundo o amor abnegado de Deus. A Igreja Católica faz a distinção entre o *sacerdócio comum* de todos os batizados e o *sacerdócio ministerial* dos ministros ordenados da Igreja, mas confessa, no entanto, que todo cristão é chamado a tornar Cristo presente, a representar Cristo neste mundo. A vida de cada cristão é, em certo sentido, eucarística.

A existência cristã é icônica: é uma arte que torna visível o invisível por meio do testemunho de fé. No entanto, uma distinção deve ser feita entre o ícone e o ídolo (Marion, 1989); um padre não deve ser um ídolo. Lutar contra o clericalismo é um tipo saudável de iconoclastia. Aqueles a quem a Igreja chama sacerdotes têm o selo in-

---

27. Dorothee Sölle fez distinção entre um representante e um substituto. O representante assume temporariamente o papel do representado, mas aponta para ele. O substituto tenta tornar o substituído redundante (Sölle, 1967).

delével do sacerdócio ministerial (o supracitado sacerdócio comum baseia-se no selo indelével do Batismo) e são encarregados de cumprir o mandamento de Jesus de ser o último e o servo de todos[28]. Essa é a sua maneira de seguir Cristo. É um aspecto significativo da "sucessão apostólica".

* * *

No entanto, os fenômenos de crise mais marcantes – e os mais discutidos na mídia – não são os realmente graves, mas sim seus aspectos superficiais. A crise do cristianismo contemporâneo não diz respeito apenas às estruturas da Igreja, mas à própria fé. Considero a afirmação de que "a fé está enfraquecendo" muito prematura. O que está enfraquecendo, no entanto, não é apenas o já mencionado poder da Igreja de controlar e disciplinar a vida de fé, mas também, por exemplo, o vínculo entre a linguagem usada para expressar a fé e o modo como ela é vivida. A crise da forma atual da Igreja não é apenas o declínio no número de fiéis, mas o abismo cada vez maior entre o que a Igreja proclama e como proclama, por um lado, e as ideias e opiniões dos fiéis, por outro. Conforme Charles Taylor salienta, os cristãos repetem muitas das mesmas palavras na liturgia há milênios (como quando recitam o Credo),

---

28. As palavras usadas em muitas línguas europeias para se referir aos padres (priester, prêtre, prete etc.) são derivadas do grego *presbyter* (mais velho), recordando a origem desse ministério no Novo Testamento (bastante diferente dos padres sacrificadores no judaísmo e nas religiões pagãs).

mas eles as entendem de maneira diferente (Taylor, 2007) e alguns nem as entendem.

Muitas dessas formulações foram criadas como parte de uma imagem do mundo que é muito distante da nossa. A Igreja e a sua teologia têm uma missão hermenêutica: tem a tarefa de reinterpretar a mensagem que lhe foi confiada para que o seu significado não seja distorcido pela mudança do contexto cultural e social. Se os pregadores usam textos bíblicos, dogmáticos e litúrgicos sem fazer nenhum esforço para construir uma ponte entre o mundo desses textos e o mundo interior de seus ouvintes, se seu conhecimento de ambos os mundos é apenas superficial, eles revelam falta de compromisso, responsabilidade e amor pela sua missão; elas são como "bronze que soa" (1Cor 13,1).

Sempre que li casos em que a Congregação para a Doutrina da Fé admoestou ou disciplinou teólogos quando alguma redação sutil em seus livros especializados diferia demais da linguagem tradicional dos documentos da Igreja, me perguntei se as autoridades relevantes do Vaticano estavam cientes de quão dramaticamente as opiniões e atitudes de uma grande parte dos "fiéis ativos" diferem hoje em dia do que eles recitam na missa, do que aprenderam nas aulas de catecismo ou do que ouviram nas homilias[29].

---

29. Em uma pesquisa sobre as crenças religiosas de católicos e protestantes na Suíça, apenas 2% dos entrevistados concordaram com a afirmação: "Todas as religiões devem ser respeitadas, mas apenas

* * *

Um dos meus grandes mestres de fé (mas também de coragem cívica), o teólogo Josef Zvěřina, que passou treze anos em prisões comunistas e campos de trabalho forçado pela sua lealdade a Cristo e à Igreja, resumiu a sua relação com a Igreja durante a era comunista com as palavras: "A Igreja – meu amor e minha cruz". Naquela época, como jovem e entusiasta convertido, não compreendia como a Igreja – que então eu percebia como uma lutadora pela liberdade espiritual contra um regime ateu totalitário – poderia ser vivida como uma cruz, como um fardo doloroso. Agora eu sei.

Recentemente peguei covid-19 e adoeci. Durante esse tempo, não consegui trabalhar, ler ou dormir, pensamentos sobre o estado atual da Igreja vieram dolorosamente a mim durante aquelas longas noites sem dormir. Continuei voltando às histórias de abuso que ouvi em minhas conversas com as vítimas, aos sentimentos de decepção com as atitudes do meu bispo, ao meu desgosto com os cristãos que apoiam Donald Trump e outros populistas perigosos e demagogos nacionalistas que se camuflam na retórica cristã ("defendendo valores cristãos"). Fiquei triste com os ataques de ódio ao Papa Francisco por parte de tais católicos.

---

a minha é verdadeira". De acordo com uma pesquisa de 1998, feita na França, 6% de todos os entrevistados e apenas 4% dos participantes com idades entre 18 e 29 anos consideravam sua religião como a única verdadeira (Beck, 2010).

Ao refletir sobre a Igreja, as palavras do Profeta Isaías voltaram à minha mente: "Onde quereis ainda ser feridos, vós que continuais na rebelião? Toda a cabeça está doente, e todo o coração enfermo; desde a planta dos pés até à cabeça, não há nele nada de são: chagas, lesões e feridas recentes não tratadas, nem atadas ou aliviadas com unguento" (Is 1,5-6).

Depois que surgiram evidências de que corrupção e abusos sexuais foram cometidos por alguns membros do Colégio dos Cardeais e que o reverenciado fundador de uma ordem religiosa conservadora – um amigo do canonizado Papa João Paulo II – era um predador sexual sem escrúpulos, foi impossível não pensar na Roma renascentista, uma visita que abalou Martinho Lutero e o confirmou em sua convicção de que era necessária uma ruptura radical com essa forma de Igreja. É possível impedir que uma nova reforma, que cada vez mais parece ser a resposta necessária ao estado atual da Igreja, ocorra sem cisma? Durante essas noites sem dormir, tentei superar o estado interior do que Santo Inácio chama de "o tempo da desolação", repetindo constantemente um versículo do Credo dos Apóstolos: *Credo in Spiritum Sanctum, sanctam ecclesiam catholicam, sanctorum communionem...* (Creio no Espírito Santo, na santa Igreja Católica, na comunhão dos santos...).

O que significa acreditar na Igreja? A própria linguagem do Credo mostra a diferença entre acreditar em Deus (*Credo in Deum, in Iesum Christum, in Spiritum Sanc-*

tum) e a relação com a Igreja (*credo... ecclesiam*); a nossa fé não se relaciona com a Igreja da mesma forma que se relaciona com Deus. A crença na Igreja não é colocada no mesmo plano que a crença em Deus, mas também não é algo separado de nossa crença em Deus. A nossa relação com a Igreja é parte da nossa fé no Espírito Santo, baseada na confiança que Jesus prometeu a seus discípulos um Paráclito e Consolador, o Espírito da Verdade, que permaneceria com eles. "Se alguém não tem o Espírito de Cristo, não é de Cristo" (Rm 8,9). A declaração de Jesus conforme apresentada no Evangelho de Mateus, pela qual Jesus estabelece sua Igreja na rocha da confissão de Pedro, ou seja, a confissão da messianidade de Jesus, deve ser complementada pela cena do turbilhão pentecostal do Espírito, que é tradicionalmente considerada como o "nascimento da Igreja". A Igreja é fundada sobre uma rocha, mas não deve ficar petrificada. O Espírito, como princípio de sua vida, como "circulação do sangue" que une os vários órgãos de seu corpo, é o garante tanto da sua unidade quanto da sua constante renovação.

* * *

Assim que eu pude voltar a trabalhar um pouco, escrevi em uma daquelas noites sem dormir um texto mordaz intitulado "A pseudorreligião do F" (Halík, 2020b). Eu caracterizei uma série de fenômenos que me causaram dor – desde o ódio e a violência religiosamente defendidos até os defensores de uma religião legalista rígida, esse "catolicismo sem cristianismo" – como uma pseudorreligião que, apesar de todas as suas diferenças, compartilha várias características comuns iniciadas pela letra F: Fundamentalismo (o uso seletivo e proposital de textos sagrados descontextualizados), Fanatismo (incapacidade e falta de vontade de dialogar e refletir criticamente sobre as próprias opiniões) e Farisaísmo (o apego à letra da Lei, reminiscente das atitudes dos fariseus com quem Jesus travou uma luta ao longo da vida). Eu estava particularmente preocupado com as tentativas de políticos populistas na Polônia, Hungria, Eslováquia, Eslovênia e até mesmo na República Tcheca de usar a retórica religiosa como instrumento da política populista, e muitas vezes xenófoba e nacionalista de extrema direita – e a colaboração de alguns líderes da Igreja com tais círculos.

Será que não existe algo escondido por trás da máscara da religião que não tem nada a ver com a fé como eu a entendo? Não seria isso uma instrumentalização e caricatura da religião, um mau uso da retórica religiosa para evocar emoções fortes, para "soltar o gênio" do abismo do inconsciente? Onde as pessoas experimentam algo verdadeiramente poderoso, algo que é *tremendum et fascinans*[30], a linguagem secular é incapaz de expressar o poder e a intensidade dessa experiência, e as pessoas (mesmo os "não crentes") recorrem espontaneamente a

---

30. *Mysterium tremendum et fascinans* (o mistério que estremece e atrai) foi como Rudolf Otto (2014), o fenomenólogo da religião, caracterizou o sagrado (numinoso), que ele considerou ser a dimensão essencial da religião.

termos e epítetos religiosos. Elas podem falar da beleza divina, mas também do demoníaco; seus inimigos não são mais adversários, mas "o grande satanás". As pessoas seculares, que em regra subestimam o poder da religião, não percebem as forças irracionais inconscientes que esses termos desencadeiam; não podem lidar com eles, não podem domá-los. Como observa Richard Kearney, o "grande satanás" não pode mais ser negociado: os conflitos políticos são assim transformados em uma cena de batalhas apocalípticas.

Onde a fé viva está ausente, há espaço tanto para populistas seculares cínicos que exploram a "agenda religiosa" (como a promessa de criminalizar o aborto) para atrair eleitores cristãos quanto para fanáticos que transformam conceitos religiosos em munição para guerras culturais. Não consigo evitar: é impossível para mim caminhar sob as mesmas bandeiras daqueles cuja retórica cristã percebo como "pseudorreligião do F". Quando observo esse segmento de cristãos que talvez nunca tenha entendido a Boa-nova de Jesus e a transformação do cristianismo em uma religião militante, começo a perder a esperança de que em algum momento do futuro historicamente previsível será possível unir todos os que proclamam o nome de Jesus. Eu também tenho respeito sagrado pela vida do nascituro, mas não posso participar das marchas daqueles que se fixaram obsessivamente nessa área e transformaram o cristianismo em uma campanha militante para criminalizar o aborto e proibir os métodos contraceptivos. Eles fizeram dessa agenda o principal e muitas vezes o único critério para julgar o "cristianismo" dos políticos e a maneira como eles votam nas eleições, mascarando-se assim como presas baratas para demagogos espertos. O abismo – não entre as igrejas, mas dentro delas – é muito profundo no momento. A divisão dos cristãos é uma das características mais graves da crise do meio-dia.

* * *

É possível ver a crise do meio-dia na história da fé como uma época de ateísmo e "a morte de Deus". O termo "morte de Deus" é mais comumente associado a Nietzsche. Mas mesmo antes de Nietzsche, Hegel já tinha apresentado uma versão diferente da "morte de Deus" em sua *Fenomenologia do Espírito*, uma "biografia de Deus" (*Lebenslauf Gottes*), inspirada na teoria da história das três eras do [abade milenarista] Joaquim de Fiore. Para Hegel, a frase "morte de Deus" é uma cifra para o momento histórico entre a "Era do Filho" e a "Era do Espírito". Hegel atribui um significado-chave para esse momento na história do Espírito: a experiência do eclipse radical da presença de Deus é uma espécie de atualização do sacrifício de Cristo na cruz (a "Sexta-feira Santa da história"). No sacrifício voluntário de amor de Jesus, a morte, que é essencialmente a negação da vida e da liberdade, é rejeitada pela liberdade e pelo amor, e assim essa morte se torna a negação da negação, a morte da morte. O ateísmo, que articula a experiência daquele momento na história do Espírito, é, para Hegel, apenas um fenômeno histórico transitório.

O ateísmo tem sido durante anos uma preocupação minha, e dedicarei um capítulo ao assunto neste livro. Chamei o ateísmo existencial – o ateísmo da dor e o protesto contra a dor, o mal e o sofrimento do mundo – de uma participação mística na cruz, no grito de abandono de Jesus por Deus (Halík, 2009b). Estou convencido de que uma fé madura deve levar a sério a experiência da escuridão do meio-dia, que faz parte tanto da história do Evangelho quanto da jornada espiritual do crente, e deve saber acolhê-la e integrá-la. O "ateísmo do protesto" rejeita legitimamente a imagem ingênua de Deus como garantidor da felicidade e da harmonia no mundo, bem como a complexa teodiceia que tenta banalizar o mistério do mal (*mysterium iniquitatis*[31]) com platitudes religiosas aparentemente piedosas.

A crise do meio-dia na história da fé foi explorada teologicamente de maneira notável por pensadores do "cristianismo irreligioso" (especialmente Dietrich Bonhoeffer), da "teologia da morte de Deus" (especialmente Thomas Altizer), do "ateísmo cristão" (tal como Don Cupitt) e pelos filósofos pós-modernos (como Gianni Vattimo). Todos eles perceberam a incapacidade da teologia pautada na metafísica clássica de compreender as implicações radicais das transformações históricas e culturais, e a necessidade de levar a sério a crise existente da percepção de Deus, essa escuridão do meio-dia e vale da sombra da

---

31. O mistério da injustiça (2Ts 2,7).

morte do Deus metafísico dos filósofos. Eles voltaram as atenções para as notícias do louco da obra de Nietzsche que, com uma lanterna ao meio-dia, provocou os ateus superficiais e os cristãos superficiais de seu tempo.

Nem o teísmo pré-moderno nem a ateísmo moderno podem expressar adequadamente a experiência espiritual de nosso tempo. São igualmente incapazes de fornecer uma resposta adequada às suas questões e aos desafios que estão dando origem a novos impulsos na filosofia e na teologia pós-modernas. São especialmente os pensadores da filosofia fenomenológica e hermenêutica continental e americana da religião e da teologia filosófica, especialmente em conexão com a chamada mudança teológica na fenomenologia francesa que têm oferecido novos horizontes e uma nova linguagem[32]. Vejo aqui uma fonte de inspiração para essa renovação teológica que considero parte necessária da indispensável reforma do cristianismo.

Richard Kearney e sua escola de anateísmo, que me é muito cara, mostra que pensar a fé no sentido da ruptura com o teísmo tradicional (a noção de Deus como o ser supremo entre os outros seres) pode extrair tudo o que era valioso e válido na crítica moderna da religião sem acei-

---

32. Tenho em mente autores como Paul Ricoeur, Jean-Luc Marion, Jean-Luc Nancy, Michel Henry, o filósofo irlandês William Desmond, e nos Estados Unidos, John D. Caputo, Merold Westphal e, especialmente, aquele que me é mais próximo, Richard Kearney, um irlandês que trabalhou nos Estados Unidos por muitos anos.

tar o ateísmo como única alternativa. Anateísmo significa "acreditar de novo" – de uma forma nova e mais profunda, após a fé ter passado pelo fogo purificador da crítica filosófica. O anateísmo está tão distante do teísmo metafísico tradicional quanto do ateísmo. Deus, segundo Kearney, se aproxima de nós como uma possibilidade (Kearney, 2010), como uma oferta; estamos em uma situação de livre-escolha entre crença e descrença. Essa escolha, porém, não é apenas um cálculo racional, como no caso da aposta de Pascal, mas uma escolha existencial. Muitas vezes Deus vem como um estranho e nos confronta com a decisão de recebê-lo com hospitalidade ou hostilidade.

Tenho a impressão de que o conceito de anateísmo oferece uma resposta certa à questão de que tipo de reflexão sobre a fé nos levará além do limiar da tarde do cristianismo, uma vez que a fé resistiu à crise do meio-dia, à noite escura e está em busca de uma nova expressão. Ao longo das várias décadas de minha prática pastoral, encontrei um número crescente de pessoas que, em sua idade madura, redescobriram a fé que outrora abandonaram. Eles confessam: "hoje acredito novamente no que eu acreditava, mas acredito de forma diferente". É esse "diferente" que merece a nossa atenção; foi esse "diferente" que provocou as minhas reflexões neste livro.

* * *

Eu disse que os termos crise do meio-dia e escuridão ao meio-dia me lembram as noites escuras em jornadas de fé pessoais e históricas. Normalmente a expressão "noite escura" é associada a um texto do místico barroco espanhol São João da Cruz (*Noite escura*, publicado pela Vozes em 2014). Ele escreve primeiro sobre a "noite escura dos sentidos". No início da jornada mística, a alma é cativada pelo amor de Deus que, na pressa do desejo apaixonado, como a fuga de um amante para a sua amada em uma noite de verão, o que for "terreno" e que possa atrasar e distrair o amor nessa jornada está mergulhado na escuridão: a única luz é o desejo em si. Mas Deus nos tira desses começos e nos conduz. Uma alma habituada a sentimentos de consolação, ao conhecimento e à experiência adquirida pela contemplação, correria o risco de uma espécie de "gula espiritual". É por isso que Deus a coloca em estado de "aridez contemplativa", incapaz de contemplação reflexiva. A alma encontra-se "na escuridão", experimentando aridez, mas ao mesmo tempo um desejo permanente de continuar na solidão e no silêncio com Deus.

Mas depois vem a dolorosa e amarga "noite do espírito", a noite da fé, quando, ao contrário, Deus se perde na escuridão do silêncio, e a alma é afligida pela ausência de Deus. A fé nessa fase da jornada espiritual não tem apoio externo, e dentro de si prevalece a aridez e a solidão do deserto em vez do rio irrigante da consolação na oração. Até as certezas mais fundamentais do peregrino espiritual são abaladas. Teresa de Ávila caiu na convicção de que toda a sua vida espiritual tinha sido e continuava sendo uma obra do diabo; João da Cruz sentia-se eternamente rejeitado por Deus; Teresa de Lisieux sentiu que Deus não existia e solidarizou-se conscientemente com os ateus de seu tempo. Mas para João da Cruz, é precisamente nessa parte do caminho que está a importante transformação da vida espiritual em uma forma de "fé nua", na qual seu verdadeiro núcleo é desnudado e despertado. Do mesmo modo, muito antes dele, o místico medieval Mestre Eckhart havia falado da fé da "pessoa interior" que, junto com a pessoa exterior (superficial), deixa de lado o "deus exterior" e descobre "o Deus por trás de deus" com quem a alma, liberta das "imagens" e da fixação nas coisas externas, encontra-se "como o nu com o nu".

* * *

Ao refletir sobre o pensamento desses clássicos da mística católica, surge uma questão: esse amadurecimento da fé não acontece também nas "noites escuras coletivas" da Igreja e da história social? Certamente as noites sombrias da história incluem os acontecimentos trágicos do século XX, especialmente as duas guerras mundiais, o Holocausto e os Gulags, juntamente com os terríveis crimes das ditaduras nazista e comunista – e também o terrorismo do nosso tempo – o que o Papa Francisco chama de "Terceira Guerra Mundial fragmentada".

No ensaio final de seu último livro, apropriadamente intitulado *The wars of the 20th century and the 20th century as a war* [As guerras do século XX e o século XX como uma guerra], Jan Patočka (2021) provocou uma reflexão espiritual muito interessante sobre a experiência da guerra, sobre a "inclinação da vida para a noite", a inclinação do mundo para o dia, da razão e do poder para a noite do não-ser, do caos e da violência. Nesse ponto Patočka relembra a experiência de Teilhard de Chardin no front de batalha. Vejo esse ensaio de Patočka – incluindo o apelo à "solidariedade dos abalados" – como um exemplo de abordagem kairológica da história, um exemplo da leitura espiritual do significado dos acontecimentos históricos. As "noites escuras do espírito" e o "eclipse de Deus" na *Modernidade tardia* são evidenciados nas obras de muitos escritores da literatura existencial, filosofia e teologia, que refletiram sobre a perda das certezas religiosas na sociedade secular.

No entanto, ao considerar as "noites escuras coletivas" da história, não podemos nos limitar apenas à nossa própria história, a história do cristianismo. O capítulo inesquecível da história moderna é o Holocausto – a tentativa criminosa de genocídio total de um povo a quem pertencem as promessas e bênçãos irrevogáveis do Deus da nossa fé comum. Alguns teólogos cristãos – J.B. Metz, para citar um – dedicaram-se com razão a uma "teologia pós-Auschwitz" e ouviram atentamente a reflexão judaica sobre essa tentativa de genocídio de um povo escolhido.

A própria decisão da Igreja de aceitar a Bíblia hebraica, a Bíblia de Jesus, como a palavra autorizada de Deus, foi uma declaração de que a memória do povo de Israel fazia parte de sua própria memória histórica. Por essa razão, o cristianismo não pode apagar da sua própria memória nem mesmo os trágicos acontecimentos da história judaica moderna. Muitas das maneiras pelas quais a fé judaica continua a enfrentar o mistério do mal radical também são inspiradoras para o cristianismo, que em muitos lugares do mundo de hoje está exposto a uma violência cruel, e as vítimas cristãs de hoje ultrapassam em número os mártires dos primeiros séculos.

Alguns pensadores judeus – como Hans Jonas, por exemplo – chegaram à conclusão de que a experiência do Holocausto não pode deixar inalterada nossa imagem de Deus e nossa linguagem sobre Deus (Jonas, 1987). A ideia de um Deus poderoso não é apenas uma projeção de nossas aspirações de poder nos céus? Hans Jonas retorna à ideia cabalística de um Criador que voluntariamente se retirou para dentro de si mesmo para dar espaço à criação e, consequentemente, também à liberdade e responsabilidade humanas. Outros teólogos veem a hora escura da história judaica como *hester panim*, o véu do rosto (de Deus) – uma expressão que se encontra nos Salmos. Elie Wiesel vê a fé após o Holocausto como uma expressão de lealdade àqueles que mantiveram a fé mesmo no inferno de Auschwitz.

Para os pensadores cristãos, a crise da imagem de Deus como dirigente impassível e onipotente da natureza e da história é uma oportunidade para redescobrir a teologia da cruz: descobrir um Deus que mostra seu amor *apaixonado* (um amor fiel e sofredor fiel à origem do termo "paixão", *pathos*) em Jesus que se entregou na cruz.

Aqui antecipo uma das ideias principais deste livro: é possível identificar a fé cristã ao entrar repetidamente no drama pascal da morte e ressurreição. Além disso, antes de entrar em uma nova fase da tarde na história do cristianismo, a longa escuridão do meio-dia é uma espécie de *anamnesis*, uma lembrança da Páscoa. Cada celebração pascal é uma oportunidade para tocar de novo o próprio coração do cristianismo e compreendê-lo mais profundamente. Estou escrevendo este texto pouco depois da segunda Páscoa que os cristãos em grande parte do mundo não puderam celebrar de maneira habitual devido à pandemia de covid-19. Talvez essa nova experiência tenha sido também um convite de Deus a uma nova compreensão do mistério pascal, que comemoramos todos os anos.

7
Deus está voltando?

Voltemos primeiro à reflexão sobre a secularização. Devemos fazer a diferenciação entre três fenômenos: a *secularização* como um certo processo sociocultural, o *secularismo* como uma interpretação ideológica unilateral da secularização e a *era secular* como um determinado capítulo da história em que o processo de secularização aconteceu de várias maneiras em diversos países europeus.

A *era secular* é o meu termo para a época da história que coincide aproximadamente com a era da "Modernidade", a Era Moderna. Durante esse período, especialmente na Europa Central, na Ocidental e na do Norte, a forma e o papel da religião cristã na sociedade e na cultura mudaram. No entanto, o *processo de secularização* tem suas raízes em uma época muito anterior à da Modernidade e continua a acontecer além dela. Desde o fim do século XX, podemos falar de uma era pós-secular.

O *processo de secularização* tem suas raízes no "desencantamento bíblico com o mundo": na demitologização da natureza na narrativa da criação no Gênesis e na dessacralização do poder político encontrada no Livro do

Êxodo e na crítica profética dos detentores do poder[33]. A *era da secularização* abrange a Era Moderna – mas não começa com o Iluminismo dos séculos XVII e XVIII, nem mesmo com o Renascimento; já estava preparada pela divisão das esferas do poder eclesiástico e estatal após a "revolução papal" na disputa pela investidura na Alta Idade Média. Seguiram-se séculos de coexistência, mas também de tensão mútua e conflito aberto entre o poder político e as esferas de influência eclesiásticas e "leigas" (seculares). Esses confrontos foram particularmente dramáticos na França, desde a Revolução até o caso Dreyfus na virada do século XX.

O início da *era pós-secular* foi anunciado por Jürgen Habermas em sua célebre palestra na Feira do Livro de Frankfurt no outono de 2001, pouco depois do ataque terrorista às Torres Gêmeas no 11 de setembro. Ele declarou que a ideologia há muito dominante do secularismo, que vê a religião como um fenômeno decadente recuando para o passado não era mais sustentável: as religiões seriam importantes atores a serem considerados no próximo capítulo da história.

* * *

---

33. A natureza na Bíblia não é de caráter divino e não é "cheia de deuses e demônios", mas é uma criação de Deus, confiada aos cuidados da humanidade. Tampouco os governantes políticos são deuses ou filhos de Deus – Moisés se recusa a obedecer ao faraó e Natã critica fortemente o Rei Davi.

As teorias clássicas da secularização, prevendo o enfraquecimento ou o desaparecimento precoce da religião no curso da modernização, foram influenciadas pela ideologia do secularismo e, no último quarto do século XX, perderam completamente sua capacidade de persuasão. Os livros sobre a secularização foram substituídos nas prateleiras das livrarias por uma rica literatura sobre o novo florescimento da religião, sobre a "dessecularização" ou desprivatização da religião; livros com títulos como *O retorno da religião* ou *Deus está de volta* apareceram[34].

A religião está realmente voltando? Discordo dessa proposta por pelo menos dois motivos. Primeiro, a religião não está voltando, haja vista que ela nunca foi embora. Não foi embora, não desapareceu, ela continua no mesmo lugar; ao longo de sua história, simplesmente continuou mudando e se transformando. Apenas escapou temporariamente da atenção dos acadêmicos, da mídia e do público do mundo ocidental devido à influência da profecia autorrealizada das teorias da secularização. No entanto, a maioria dessas teorias, conforme já mencionado, focava apenas em determinadas formas de religião e negligenciava outras.

A segunda razão é que em grande parte de nosso mundo, o que agora preenche o espaço espiritual deixado pela religião tradicional, ou após a era da dura seculariza-

---

34. Refiro-me em particular ao livro de John Micklethwait e Arian Wooldridge (2009).

ção nos países comunistas, não é de modo algum o mesmo que existia no passado, nos tempos pré-modernos. De fato, o suposto "retorno da religião" – na realidade, o surgimento de novas formas transformadas de religião – foi uma grande surpresa tanto para os defensores da teoria da secularização radical, que não esperavam mais nenhum futuro para a religião, quanto para os representantes de instituições religiosas tradicionais, que não reconhecem a natureza histórica e mutável da religião.

Nem o "tradicionalismo" nem o fundamentalismo – que é também uma das formas do cenário religioso contemporâneo – podem ser considerados simplesmente uma continuação da religião pré-moderna que invocam. Ambos são um fenômeno moderno, e a sua tentativa de imitar e preservar uma certa forma de religião do passado é, na verdade, algo antitradicional: negam a própria essência da tradição, que é um processo criativo de recontextualização do conteúdo religioso e de adaptação a novos contextos.

A forma pré-moderna de religião tinha – como todas as outras formas de religião – seu próprio clima sociocultural, e isso está gradualmente desaparecendo, mesmo em lugares onde sobreviveu por muito tempo (como agora na Polônia). A transição de uma civilização predominantemente agrária para uma civilização industrial e urbana (*Gemeinschaft*) para a sociedade (*Gesellschaft*) (Tönnies, 2019) juntamente com o domínio do pensamento científico e técnico natural da cultura, causou um abalo da religiosidade tradicional. Exigiu uma transformação da religião cristã e, particularmente, de seu *status* na cultura.

Durante a "Era Pio" (de Pio IX a Pio XII, de meados do século XIX a meados do século XX), a Igreja Romana cometeu uma autocastração intelectual ao silenciar muitos pensadores criativos dentro de suas próprias posições durante a infeliz *luta antimodernista*. Assim, enquanto a Modernidade atingia o seu auge, a Igreja perdia sua capacidade de diálogo honesto com a filosofia da época, ou com a ciência que estava então florescendo.

O trauma da fase jacobina da Revolução Francesa e de outras revoluções subsequentes (que por vezes envolveram o genocídio de monges e o assassinato em massa do clero) levou a Igreja Romana a alianças políticas imprudentes; o medo paralisou sua capacidade de discernimento crítico, e ela começou a construir trincheiras e muros defensivos contra todo o complexo da cultura moderna. O catolicismo de Pio adotou uma estratégia de contracultura em relação ao mundo moderno, baseada no princípio "partido contra partido, imprensa contra imprensa, sociedades contra sociedades". O "ideal católico" da época era passar toda a vida – desde a pia batismal até a sepultura no cemitério, sempre em ambiente católico – em um gueto clerical. Os apelos a uma maior atividade laical – como nos lábios de Pio XI, o inspirador da Ação Católica – não se desviaram do modelo clerical da Igreja porque estiveram sempre ligados ao princípio de que toda a atividade laical deve ser dirigida e controlada pela hierarquia.

O catolicismo retrógrado do século XIX baseava-se na imitação não criativa do passado, como os estilos neogótico e neorromânico nas artes visuais e a neoescolástica na teologia e na "filosofia cristã". Aos neotomistas faltou a coragem de Santo Tomás de Aquino, que inovou radicalmente a teologia de seu tempo com a ajuda das ideias do filósofo pagão Aristóteles, cujos ensinamentos foram proibidos pelas autoridades da Igreja da época. Em seus esforços para construir um sistema sólido de "teologia científica", os neotomistas estavam, de fato, imitando a infeliz mentalidade de seu adversário contemporâneo: o positivismo. A neoescolástica negava a dinâmica histórica da fé e obstruía a reflexão filosófica e teológica criativa sobre ela, assim como os positivistas "materialistas científicos" da época que buscavam dogmaticamente comprimir o conhecimento científico em seu sistema filosófico estéril. Ambos os lados falharam em perceber que a fé e a ciência são correntes vivas e só podem ser compreendidas no contexto de seu desenvolvimento histórico, no qual podem ocorrer mudanças de paradigma e conflitos legítimos de interpretação.

Naquela época, o magistério da Igreja condenou apressada e insensatamente muitas percepções valiosas e sugestões proféticas, confiando "presunçosamente" na assistência mecanicamente concebida da Providência – e depois foi obrigado a rever sua atitude de forma confusa e com dificuldade para compensar o tempo perdido com um atraso característico[35]. Muitos representantes do magistério levaram mais a sério o seu papel de guardiães da tradição e da ortodoxia do que a tarefa igualmente importante de manter espaço para a abertura profética e a sensibilidade aos sinais dos tempos. Em tempos de mudança social e cultural, eles reiteradamente assumiram uma postura ansiosamente defensiva, resistindo àqueles que tentavam interpretar criativamente novas abordagens do mundo e integrá-las ao mundo espiritual do cristianismo.

Os esforços da Igreja no século XIX e na primeira metade do século XX para criar uma *polis* paralela contra o protestantismo, o liberalismo e o socialismo levaram à exculturação do catolicismo e, assim, contribuíram significativamente para a secularização das sociedades modernas. No entanto, essa forma de catolicismo dever ser creditada ao fato de que a Igreja Católica se opôs às ideologias totalitárias do comunismo e do nazismo de maneira oportuna e explícita, e que essa oposição foi selada pelo martírio de muitos católicos por motivos de execução em campos de concentração nazistas na Alemanha, bem como em campos de trabalho comunista em muitos países da Europa e da Ásia. No entanto, grande parte da hierarquia

---

35. Recordemos o "exemplo icônico" da condenação de Galileu e de sua reabilitação por João Paulo II, ou a disparidade entre o Sílabo dos erros de nossa época (*Syllabus errorum modernorum*) do Papa Pio IX e os documentos do Concílio Vaticano II, especialmente: *Gaudium et Spes, Nostra Aetate* e *Dignitatis Humanae*.

católica não era tão vigilante contra as tentações dos fascistas nos países românicos e eslavos (Espanha, Itália, Portugal, Croácia e Eslováquia). Ainda hoje, muitos católicos em países pós-comunistas são atraídos por uma aliança com o nacionalismo e o extremismo de direita.

Embora seja reconhecido que esse mundo paralelo do "catolicismo integral" deu origem não apenas à debilitante e condenada oposição cultural ao mundo moderno, mas também à já mencionada resistência heroica a ideologias e regimes totalitários, não podemos ignorar o fato de que nessas lutas o próprio catolicismo moderno se tornou, até certa medida, um sistema totalitário (fechado, intolerante) de sua própria espécie – e que essa mentalidade ainda sobrevive em alguns católicos.

Na "era Pio" acima mencionada, a Igreja não conseguiu encontrar um meio-termo de sábia circunspecção entre dois riscos: fascínio acrítico por novas ideias e suspeita ansiosa, *a priori* e mesquinha de tudo o que é novo. Muitas vezes escolheu esse último caminho e pagou o preço com uma teologia estéril que reforçou a marginalização da Igreja e a sua relegação de ser o ponto focal para a criação de novas formas de cultura e sociedade, para se tornar um triste vale de nostalgia por um mundo desaparecido. Uma exceção em certa medida foi o catolicismo nos Estados Unidos, que não se deixou paralisar pelo medo da Modernidade (o Iluminismo no mundo de língua inglesa, ao contrário do Iluminismo francês, não tinha uma tendência antirreligiosa, e as revoluções não tiveram uma fase jacobina), e encontrou um *modus vivendi* no ambiente da democracia, da sociedade civil e do pluralismo religioso; tendo sido criticado por Roma pela "heresia do americanismo", sua experiência inspirou grandemente as reformas do Concílio Vaticano II[36].

* * *

Durante o século XX, as vozes dos pensadores cristãos tornaram-se cada vez mais altas, reconhecendo que a cultura da Modernidade que surgiu com o Iluminismo carregava muitos genes cristãos, e que reconhecer a "legitimidade da Modernidade" (Blumenberg, 1996) não significa necessariamente a capitulação do cristianismo ou sua perda de identidade mediante a absorção pela Modernidade.

O Concílio Vaticano II (1963-1965) foi um momento estelar para os esforços dos pioneiros da renovação nos campos da teologia, dos estudos bíblicos e históricos, da liturgia e da prática pastoral. Os teólogos que lutaram para traduzir o conteúdo do cristianismo para a linguagem e o pensamento da cultura moderna e que, até o Concílio, tinham enfrentado preconceitos e suspeitas, bem como frequentes perseguições e repressões por parte das autoridades eclesiásticas, tinham agora legitimidade e espaço.

---

36. Grande parte do crédito deve ir para o jesuíta americano John Courtney Murray e para o filósofo francês Jacques Maritain, que passaram muitos anos em universidades americanas.

O Concílio assumiu uma posição de diálogo receptivo – não apenas com outras igrejas cristãs, mas também com outras religiões e com o humanismo secular da sociedade global.

A Igreja recordou a outrora rejeitada coragem dos missionários jesuítas de inculturar a fé cristã, de a encarnar criativamente em culturas não europeias, em vez de meramente exportar mecanicamente suas formas europeias, preparando assim o terreno para um cristianismo verdadeiramente global, mas culturalmente pluralista. Isso também foi auxiliado pelas reformas litúrgicas, especialmente com a introdução de idiomas nacionais na missa.

Durante as guerras culturais do século XIX, o trabalho da Igreja no Ocidente foi gradualmente forçado a sair da esfera pública e entrar na esfera privada. Depois do Concílio Vaticano II, a receptividade ecumênica e a aceitação do princípio da liberdade religiosa e da tolerância pareciam abrir a possibilidade de a Igreja Católica se tornar cocriadora ativa de uma sociedade civil global pluralista. Muitos católicos viram o Concílio como uma nova primavera para a Igreja, um "novo Pentecostes".

No entanto, as igrejas, seminários e mosteiros recém-construídos não se encheram de fiéis, monges e seminaristas; em vez disso, houve um declínio constante de candidatos ao ministério ordenado. Nos anos que se seguiram ao Concílio, milhares de padres ficaram tão inebriados pelos ventos primaveris da liberdade que abandonaram suas vocações e, em alguns casos, até mesmo a

Igreja; e essa tendência persiste até hoje. Ainda se discute se a crise se deveu às reformas do Concílio ou às tentativas de impedi-las; se a Igreja foi muito apressada ou muito lenta e inconsistente em introduzir as ideias reformistas do Concílio em sua prática pastoral.

Contudo, mesmo entre a esmagadora maioria dos católicos que aceitaram as reformas conciliares, surgiram gradualmente duas tendências diferentes. O teólogo jesuíta norte-americano – e mais tarde Cardeal – Avery Dulles (e, posteriormente, em particular também o Papa Bento XVI) deu um nome para as duas correntes e suas formas de interpretar o Concílio. Ele estabeleceu a diferença entre uma hermenêutica de continuidade e uma hermenêutica de descontinuidade. A primeira corrente invocou a *letra* dos documentos do Concílio e enfatizou que o Concílio em nada se desviou da tradição existente; a segunda procurou, no *espírito* do Concílio, desenvolver ainda mais o que a nova abordagem representou na história da Igreja.

Na frase inicial da Constituição *Gaudium et Spes*, a Igreja Católica prometeu solidariedade com a humanidade contemporânea em suas alegrias e esperanças, tristezas e angústias. A frase soa como um voto matrimonial de amor, respeito e fidelidade. Contudo, o "ser humano moderno" não parece ter aceitado essa oferta com muito entusiasmo; talvez ele sinta que a noiva que se oferece agora envelheceu um pouco e não é particularmente atraente.

Certamente foi louvável que a Igreja tenha deixado de temer e demonizar a Modernidade. No entanto, não se pode evitar a questão crítica de saber se, paradoxalmente, a Igreja chegou a um acordo com a cultura moderna no momento exato em que a Modernidade estava terminando. A Modernidade, que havia triunfado política e culturalmente na civilização ocidental desde o Iluminismo, estava de fato no auge de seu poder na década de 1960, mas o "fim da Modernidade" já estava se aproximando. O Concílio havia preparado a Igreja para o diálogo com a Modernidade, mas a teria capacitado suficientemente para encontrar e enfrentar a Pós-modernidade, que já estava na porta de entrada?

* * *

A Revolução Cultural de 1968 foi provavelmente tanto o ponto alto quanto a última palavra da Era Moderna. A rebelião global da juventude nas universidades europeias, americanas e até mesmo japonesas contra a autoridade paterna e o "superego" disciplinador da ordem social vigente foi reprimida politicamente, mas triunfou culturalmente. Introduziu na mentalidade predominante da sociedade ocidental certos valores que podem ser resumidos pelos *slogans* popularizados principalmente pela psicologia humanista, nomeadamente "autorrealização" e "autoatualização". No entanto, desde então, a Modernidade parece não ter surgido com nada de realmente novo. O ano de 1969 – marcado pelo fato de o ser humano ter pisado na lua e pela invenção do microprocessador – pode ser descrito como o início simbólico da Pós-modernidade, da "era da internet", da era global.

Em resposta à Revolução Cultural de 1968, especialmente ao seu componente de revolução sexual, os esforços para impedir a reforma na Igreja Católica foram intensificados. A Encíclica *Humanae Vitae* de Paulo VI do mesmo ano, que rejeitava terminantemente os métodos contraceptivos artificiais, foi vista por muitos como o primeiro sinal de uma "mudança de rumo". Os esforços para implementá-la rigorosamente na prática pastoral contribuíram para o quase desaparecimento do sacramento da reconciliação em alguns países: muitos leigos católicos se sentiam adultos demais para submeter os detalhes de sua vida sexual conjugal ao escrutínio e ao julgamento rigoroso de confessores celibatários. A lacuna entre o magistério e a pregação da Igreja, por um lado, e o pensamento e o estilo de vida de um número considerável de católicos, por outro, começou a aumentar de forma alarmante.

Nesse mesmo período, por uma série de razões externas e internas, a imagem do catolicismo como um meio cultural[37] relativamente unificado foi quebrada em muitos países da Europa Ocidental (como na Alemanha por exemplo). O processo de individualização da fé ganhou ritmo e intensidade. A mudança na orientação de valores da cultura ocidental contribuiu para uma divisão entre os cristãos: grande parte deles foi fortemente influencia-

---
37. Cf., p. ex. Gabriel (2000).

da pela mentalidade da década de 1960 e afrouxou seus vínculos com a Igreja, sua doutrina e prática, enquanto outra parte rejeitou essa mentalidade e começou a ver o ambiente da Igreja como um abrigo protetor contra as influências do mundo exterior. Essas duas correntes na Igreja foram incapazes de dialogar entre si. Em países sob regimes comunistas, a pressão externa manteve uma aparência de unidade (para além das tensões entre os representantes da Igreja que colaboraram com o regime e os cristãos envolvidos na dissidência política), e as diferenças na mentalidade religiosa só se tornaram aparentes depois do colapso do império soviético.

Em uma entrevista, o Cardeal Ratzinger, o futuro Papa Bento XVI, considerou os desenvolvimentos pós--conciliares na Igreja parcialmente responsáveis pela revolução cultural liberal no fim dos anos de 1960: a Igreja tinha deixado de desempenhar o papel de um pilar estável de uma sólida ordem social (Ratzinger; Messori, 1985). Mas ela poderia e deveria ter desempenhado esse papel? Ainda detinha o poder e a influência naquela altura para interromper a tendência civilizacional em curso? Poderia ter impedido esse papel insistindo em princípios imutáveis, ou isso a teria condenado ao papel de uma obscura seita à margem da sociedade – como de fato aconteceu com a ala cismática dos seguidores do arcebispo excomungado Lefebvre?

Embora durante os pontificados de Paulo VI, João Paulo II e Bento XVI, várias ideias do Concílio Vaticano II tenham sido desenvolvidas em documentos papais (especialmente nas encíclicas sociais), bem como em importantes iniciativas no campo do diálogo ecumênico e inter-religioso, a necessária reforma das estruturas da Igreja não aconteceu. Além disso, o magistério da Igreja oficial em questões morais mais uma vez se concentrou demasiadamente em determinadas questões de ética sexual – de maneira tal que o Papa Francisco finalmente teve a coragem de descrever apropriadamente o fato como "obsessão neurótica". A percepção da sexualidade mudou em grande parte da sociedade ocidental, e os argumentos da Igreja, baseados em uma percepção a-histórica da imutável natureza humana – ignorando, por exemplo, as descobertas da ciência médica sobre a orientação homossexual – mostraram-se pouco convincentes.

Mas, hoje em dia, a influência da Igreja sobre o entorno da sociedade depende inteiramente da persuasão de seus argumentos; desde o Iluminismo, a Igreja não teve outro poder para confiar. E, no entanto, nenhuma base filosófica comum e mutuamente aceita foi encontrada para um diálogo razoável entre a teologia e a mentalidade liberal secular (ou seja, aquela "terceira via" entre a rejeição total e a aceitação acrítica). O público secular passou a ver a Igreja como uma comunidade raivosa, preocupada obsessivamente com algumas questões, como aborto, preservativos e uniões entre pessoas do mesmo sexo, sobre as quais repetia seus *anátemas* de uma forma que não era possível compreender; as pessoas sabiam que os católicos eram *contra*, mas deixaram de entender a que se referiam, ou como poderiam beneficiar o mundo contemporâneo. A necessidade de inovar a antropologia teológica está se tornando cada vez mais evidente: por exemplo, considerar a ética sexual não a partir de um conceito estático de "natureza humana", mas sim de uma ética das relações interpessoais percebidas dinamicamente e, em uma época de comercialização da sexualidade, promover um erotismo pautado na ternura e no respeito mútuo.

O apelo bem-intencionado a uma "nova evangelização" lançado na Igreja Católica no limiar do novo milênio não encontrou a resposta esperada – provavelmente porque, entre outras razões, não era "novo" e radical o suficiente. As tentativas de alguns "novos movimentos" na Igreja de focar no lado emocional da religião, para imitar o entusiasmo dos evangélicos e a espiritualidade de grupos pietistas, claramente não eram o tipo de coisa para despertar o cansado cristianismo ocidental de seu sono do meio-dia. O Papa Francisco voltou ao espírito reformista do Concílio depois de mais de meio século. Contudo, suas tentativas de reformar as estruturas e reavivar a doutrina da Igreja logo começaram a encontrar resistência da ala conservadora, incluindo partes da Cúria e do Colégio dos Cardeais. O apelo do Papa Francisco a uma abordagem pastoral sábia, mas compassiva para com as pessoas em "situações irregulares", respeitosa para com as diferenças individuais e fomentadora da responsabilidade da consciência pessoal, foi recebido com relutância por grande parte do clero, que não queria renunciar ao seu papel de juiz, implementando mecanicamente a letra do direito canônico. O apelo do Concílio para responder aos sinais dos tempos por meio da participação ativa na vida política não passou despercebido. Católicos em muitas partes do mundo, desde a América Latina e Central e alguns países africanos até a dissensão europeia – tanto dissidentes contra os regimes autoritários de direita (como na Espanha e Portugal) quanto contra ditaduras comunistas – estiveram empenhados na luta por direitos humanos, justiça social, democracia e liberdades civis, contribuindo muitas vezes de maneira significativa para a transição não violenta de regimes autoritários para a democracia. No entanto, alguns católicos ficaram desagradavelmente surpresos, decepcionados e por vezes até mesmo sofreram um choque cultural quando, após a queda das ditaduras e o triunfo da democracia em um novo ou renovado ambiente pluralista, as igrejas gradualmente perderam terreno e cada vez mais encontraram desconfiança e rejeição por parte do liberalismo secular. Sua expectativa de que o cristianismo poderia preencher a lacuna deixada após a queda do comunismo (como aconteceu em certa medida na Alemanha depois da queda do nazismo, por exemplo) não se concretizou. Diz-se que o Papa João Paulo II viveu uma grande decepção quando descobriu que, após a queda do regime ateu, muitos poloneses se dirigiram para os supermercados em vez de se dirigirem às igrejas.

Parece que a Igreja, que em geral sobreviveu à *dura secularização* sob regimes ateus, foi pega de surpresa em um grau muito maior pela subsequente *secularização branda* sob a democracia renovada. Alguns parecem ter sido incapazes de viver sem um inimigo: após a queda do comunismo, eles atribuíram o papel ao "Ocidente corrupto". A persistente lamentação jeremíaca sobre o "tsunami do secularismo, liberalismo e consumismo" prolifera em numerosos sermões em países pós-comunistas, imitando sem reconhecimento a retórica antiocidental dos ideólogos comunistas. Esses círculos eclesiásticos foram apreendidos com vertigens e medo da liberdade: agorafobia – medo de espaço aberto, literalmente, medo do mercado.

* * *

Durante o meio século posterior ao Concílio, houve disputas intermináveis na Igreja Católica entre conservadores e progressistas. Esses conflitos debilitantes levaram a Igreja Católica hoje para o limiar de um cisma. Há muito tempo tenho a esmagadora sensação de que ambos os lados desses conflitos, especialmente os mais radicais, carecem de uma compreensão profética dos sinais dos tempos. As tentativas dos tradicionalistas de rejeitar os passos reformistas necessários do Concílio e retornar ao mundo pré-moderno causaram muitos danos à Igreja e estão terminando, nas palavras de um clássico, em farsa em vez de tragédia. Mas as muitas tentativas dos progressistas também confirmaram a validade do dito de que, se você se casar com o espírito da época, logo ficará viúvo.

Aqueles que compreenderam o *aggiornamento* exigido pelo Concílio – a revisão necessária da operacionalidade do que a Igreja mantém como herança confiada a ela – como uma mera conformidade com a sociedade secular e uma alienação imprudente da tradição, permaneceram mentalmente presos dentro dos limites muito estreitos da Modernidade. Por essa razão, algumas das críticas de cristãos conservadores eruditos ao progressismo superficial na Igreja e na teologia fornecem um parecer útil e que vale a pena ser ouvido com atenção. Mas o défice fatal dos conservadores é que eles são incapazes de oferecer uma alternativa viável.

A distinção entre os defensores de uma hermenêutica de continuidade e de uma hermenêutica de descontinuidade na interpretação da mensagem do Concílio reflete as diferenças mais gerais entre estabilizadores e reformadores na história da Igreja. A Igreja precisa de ambos os tipos, em algumas situações mais de um, e em outras mais do outro. Talvez tenha sido natural nos anos turbulentos após o Concílio que aqueles que queriam moderar a radicalidade da mudança se tornassem mais uma vez, mais sonoros. No entanto, estou convencido de que esse é um momento kairótico para uma reforma fundamental e que não é realmente coincidência que alguém que representa a dinâmica do continente latino-americano tenha sido chamado à Sé de Roma. Considero uma tarefa urgente do *magistério dos teólogos* elaborar cuidadosamente seus impulsos reformistas.

O Papa Francisco vê uma solução certa na redução do centralismo na Igreja e no fortalecimento do princípio sinodal, bem como na maior autonomia e responsabilidade das igrejas locais. No entanto, as tensões dentro das igrejas locais apresentam outro problema. Os superiores, especialmente os bispos, estão dispostos a renunciar à concepção monárquica de seu papel e a tornarem-se mediadores do diálogo dentro da Igreja? Eles estão suficientemente preparados para criar e defender espaços para o exercício do carisma de crentes individuais, homens e mulheres? Estão prontos para reconhecer a capacidade das mulheres de assumir igual responsabilidade pelas comunidades de crentes?

Continuo enfatizando que a reforma da Igreja deve ir além das mudanças nas estruturas institucionais, deve partir de fontes mais profundas de renovação teológica e espiritual.

O entardecer do cristianismo, a saída da prolongada crise do meio-dia, provavelmente não será acompanhada pela solene trombeta dos anjos do Apocalipse, mas chegará "como o ladrão à noite" (1Ts 5,2). Há muito tempo vários clamam triunfantemente: "Deus está de volta" – mas o aviso de Jesus também se aplica aqui: "não deveis ir nem correr atrás" (Lc 17,23). O entardecer do cristianismo provavelmente chegará da mesma forma que Jesus veio depois da manhã da Páscoa: nós o reconheceremos pelas feridas em suas mãos, seu lado e seus pés. Mas serão *feridas transformadas.*

8
Os herdeiros da religião moderna

A secularização não eliminou a religião, mas a transformou. A religião tornou-se um fenômeno muito mais dinâmico, vibrante, poderoso e, acima de tudo, muito mais amplo, complexo e multifacetado do que parecia ser nos últimos dois séculos. A religião não morreu, mas está transbordando para novas dimensões – agora não apenas na esfera privada, mas, mais uma vez, no espaço público. A fé deixou as antigas margens institucionais para trás. As igrejas perderam o seu monopólio da religião. Durante o Iluminismo, elas perderam o controle da esfera secular, agora perderam o controle da vida religiosa. O maior concorrente das igrejas atualmente não é o humanismo secular e o ateísmo, mas uma religiosidade que está para além do controle das igrejas.

A cultura secular da Era Moderna deu origem à uma compreensão da religião como visão de mundo, e essa forma está agora mergulhada no pluralismo radical pós-moderno. A crise das instituições religiosas tradicionais continua, mas o antigo ateísmo dogmático também está em declínio. Três fenômenos marcantes não valem nada no mundo de hoje: primeiro, a transformação da religião em uma ideologia política identitária; segundo, a transformação da religião em espiritualidade; terceiro, o crescente número de pessoas que não aceitam a "religião organizada" nem o ateísmo.

Como resultado da secularização, muitos dos fenômenos que mantinham unida a forma tradicional de religião – doutrina, moralidade, ritual, piedade pessoal e assim por diante – são agora distintos e assumiram vida própria (Beck, 2010). Em uma sociedade pós-moderna pluralista, esses componentes emancipados da religião tornaram-se um recurso publicamente disponível a partir do qual indivíduos e grupos humanos livremente selecionam e montam suas próprias colagens.

Os símbolos religiosos, retirados de seu contexto original, aparecem na arte contemporânea, incluindo a cultura pop[38] e os acessórios de moda. Por vezes, o contexto original desses símbolos é esquecido e ignorado, enquanto outras vezes a tensão deliberadamente provocadora com o contexto original aumenta a sua pungência e o apelo. Os autores dessas obras muitas vezes contam antecipadamente com o fato de que as autoridades religiosas, que veem o uso não convencional e provocativo de símbolos religiosos como mera blasfêmia, protestarão publicamen-

---

38. Um exemplo é o pseudônimo "Madonna" ["Nossa Senhora", em italiano], usado por uma cantora pop que certamente não simboliza os atributos marianos tradicionais.

te contra eles, garantindo-lhes publicidade gratuita e assegurando seu sucesso comercial. Às vezes, porém, o uso não convencional, provocativo e aparentemente blasfemo de temas religiosos tem um efeito paradoxal: provoca reflexão, pesquisa e redescoberta do contexto original[39].

* * *

Tanto a forma político-ideológica quanto a forma "puramente espiritual" da religiosidade podem ser consideradas herdeiras dos dois polos extremos do tipo anterior de religião, a saber, a religião pública e a privada. Na era da Modernidade, à medida que a religião cristã se tornou confessional, perdeu sua influência na sociedade moderna como um todo, passando da esfera pública para esferas cada vez mais restritas – esfera da Igreja, da família e depois das crenças pessoais e privadas, tornando-se assim "privatizada". Mesmo o catolicismo, como uma contracultura em oposição ao protestantismo, ao liberalismo, ao socialismo e, finalmente, ao mundo moderno, conforme discutido em capítulos anteriores, era mais defensivo do que ofensivo.

Durante o último quarto do século XX, no entanto, a situação mudou: as religiões partiram para a ofensiva

---

39. Eu mesmo testemunhei em mais de uma ocasião como os cristãos conservadores reagiram com indignação a alguns filmes e peças teatrais – por exemplo, *A última tentação de Cristo*, ou *Jesus Cristo Superstar* – e como despertaram os jovens de sua apatia e provocaram seu interesse pela religião, inspirando-os até mesmo a se converterem ao cristianismo. A parábola de Jesus sobre o joio e o trigo deve alertar os líderes da Igreja contra os esforços para censurar as artes.

na tentativa de aproveitarem as crises e fragilidades da sociedade liberal e se tornarem protagonistas políticas. As religiões desejavam assim, mais uma vez, o papel de *religio*, de uma força integradora, querendo participar de um determinado grupo (tal como um grupo étnico específico), além de defenderem sua identidade – mas agora era *a defesa por meio do ataque*. Essas formas de religião tornaram-se intolerantes e militantes. Em alguns lugares, elas se apegaram à retórica militante (como é o caso do fundamentalismo cristão atual), enquanto em outros – como no caso do islamismo político radical – não hesitaram em incitar e justificar a violência física, guerras e ataques terroristas.

Um dos primeiros autores a chamar a atenção para essa tendência global foi o sociólogo francês Gilles Kepel com seu livro *The revenge of God* [A vingança de Deus] (1994). Kepel mostrou que o islamismo radical – que atraiu a atenção do mundo desde a revolução do Aiatolá Khomeini no Irã – tem paralelos na politização de outras religiões monoteístas. O livro de Kepel rapidamente se tornou um *best-seller* e foi seguido por inúmeros estudos sobre a repolitização global da religião, especialmente desde 11 de Setembro.

Um exemplo do uso e do abuso político dos símbolos e da retórica do cristianismo é a direita religiosa americana, que ajudou a colocar o amoral populista Donald Trump no comando dos Estados Unidos. Na Europa, essas pessoas são chamadas, principalmente pelos demagogos e nacionalistas políticos de extrema direita, de defensores dos valores cristãos ocidentais, tanto em países como a França e a Itália, bem como na Hungria, na Polônia, na Eslováquia, na Eslovênia e na República Tcheca. Seu alvo favorito é a União Europeia e os migrantes de países islâmicos. Essas tendências nacionalistas estão sendo sistematicamente alimentadas por meio de notícias falsas e redes sociais forjadas para a desinformação pela atual grande indústria de propaganda russa. Na guerra híbrida do regime de Putin contra o Ocidente, os conservadores cristãos são especificamente visados; há um esforço para retratar o Presidente Putin como o "novo São Constantino" que liderará o mundo cristão em uma cruzada contra o Ocidente corrupto. Há a exploração do fato de que o DNA do cristianismo conservador abriga um gosto perigoso pelos regimes autoritários.

 Estou convencido de que a democracia liberal continua sendo uma forma insuperável de cultura política e que oferece um ambiente muito mais favorável para os cristãos do que qualquer Estado "católico". No entanto, também reconheço a fraqueza do liberalismo contemporâneo e acredito que a Doutrina Social da Igreja, especialmente como aparece nas encíclicas sociais do Papa Francisco, pode inspirar a cultura política futura e atuar como um contrapeso ao neoliberalismo unilateral.

 O populismo de hoje, especialmente nos países pós-comunistas, opõe-se ao ideal de "democracia iliberal (ou administrada)" – um codinome para o Estado autoritário – contra a democracia liberal. Onde quer que essas forças populistas cheguem ao poder, elas começam a destruir a democracia liberal de estilo ocidental – atacando a liberdade dos meios de comunicação, das universidades, ONGs e dos tribunais, especialmente o Tribunal Constitucional.

É significativo que os promotores mais ativos do "retorno da Europa cristã" frequentemente incluam pessoas cuja mentalidade e estilo de vida estão muito distantes do Evangelho e cujo "cristianismo" consiste unicamente em sua hostilidade para com migrantes, muçulmanos e minorias sexuais. Até mesmo figuras proeminentes e autoridades eclesiásticas por vezes colaboram com populistas e nacionalistas; eles tentam abafar, silenciar e desacreditar a voz profética do Papa Francisco. A questão é se esses casos são sobre a politização da religião ou a sacralização da política – a criação de uma falsa aura em torno dos interesses de poder profundamente profanos e ímpios de certos grupos. A razão pela qual volto ao assunto da política e das religiões é porque considero essa combinação dos dois fenômenos extremamente perigosa. Como resultado da ideologia do secularismo, o público mundial subestimou durante muito tempo o poder da religião e não o reconheceu nem o compreendeu. A religião é uma força que pode ser usada tanto terapêutica quanto destrutivamente: em certas circunstâncias, pode transformar conflitos políticos internacionais em um choque destrutivo de civilizações. É por isso que precisamos procurar maneiras de envolver a influência moral da religião no processo de *tikkun olam* – "reparação do mundo". Pode a outra herdeira da religião moderna, a espiritualidade, contribuir para isso? Se as religiões do mundo desenvolverem sua dimensão espiritual, isso pode contribuir significativamente para o diálogo inter-religioso, que é uma das funções mais urgentes do nosso tempo. É nessa área que as principais religiões provavelmente estão mais próximas umas das outras.

As atuais tentativas de trazer a religião de volta à vida pública e especialmente à política são uma reação à tendência moderna de privatização e individualização da fé; a guinada pós-moderna em direção à espiritualidade é antes uma manifestação e um dos frutos dessa tendência de *personalização* da religião. Dedico um capítulo deste livro às perspectivas e armadilhas da espiritualidade em nosso tempo.

* * *

O trabalho do psicólogo de Harvard, Gordon Allport, oferece uma chave importante para entender as grandes diferenças no cenário religioso. Em meados do século XX, uma extensa pesquisa empírica foi realizada nos Estados Unidos para testar a hipótese de que os religiosos têm uma tendência ao autoritarismo e uma compreensão rígida do mundo, semelhante aos seguidores das ideologias totalitárias do fascismo e do comunismo. O resultado estava longe de ser conclusivo: o fato era verdade para algumas pessoas religiosas, enquanto outras pessoas tinham forte propensão ao altruísmo, tolerância e criatividade. Com base nessas descobertas, Gordon Allport fez a distinção entre dois tipos de religiosidade: a *extrínseca* e a *intrínseca* (Allport, 1967).

As pessoas com piedade *extrínseca* – para quem a religião é um instrumento para alcançar algum outro objetivo (como aprovação social ou afirmação de identidade de grupo ou associação a um grupo) – tendem a ser muito rígidas e autoritárias. Pessoas de religiosidade *intrínseca*, para quem a fé é significativa em si mesma, tendem a ser abertas, tolerantes, flexíveis, socialmente sensíveis e dotadas de senso de solidariedade. A religiosidade extrínseca foi caracterizada por Allport como imatura. Ele nomeou uma série de indicadores da maturidade da fé intrínseca: sua riqueza interna e articulação, seu dinamismo, sua capacidade de formar uma filosofia de vida complexa, de suportar dúvidas, de enfrentar o mal e o conhecimento cultural e científico contemporâneo e de ser uma fonte de ação prática. Enquanto as pessoas de piedade extrínseca valorizam a Igreja principalmente pela sua função sociocultural e participam de sua vida apenas marginalmente, como nos feriados importantes, as pessoas de piedade intrínseca consideram a Igreja principalmente como uma comunidade em cuja vida estão ativamente envolvidas e em cujos rituais frequentam regularmente.

O psicólogo americano Daniel Batson posteriormente acrescentou outro tipo de religião a essa tipologia – a fé como uma busca, como uma viagem aventureira, como uma busca constante, uma viagem nas profundezas (Batson; Schoenrade, 1991).

O que há para dizer sobre essas teorias à luz de nossa experiência atual? Encontramos a religião extrínseca em cada esquina. Isso inclui a instrumentalização política da linguagem e dos símbolos religiosos (de radicais islâmicos a "defensores dos valores cristãos" de direita), bem como a espiritualidade comercializada – a mistura de religião e psicoterapia nos centros de bem-estar espiritual.

Allport identificou uma religiosidade *intrínseca* madura principalmente entre fiéis membros ativos de comunidades religiosas, paróquias e congregações. No entanto, essa forma institucional do cristianismo, como foi mostrado diversas vezes neste livro, está passando atualmente por convulsões e crises que não diminuirão mesmo com o fim da crise do meio-dia do cristianismo. É evidente que as paróquias, congregações e várias instituições que surgiram ao longo da história não desaparecerão, mas sua posição na sociedade já mudou e continuará a mudar. O cristianismo está em busca de um novo lar e de novas formas de expressão em uma sociedade pluralista pós-moderna e pós-secular.

A vitalidade das igrejas – e a vitalidade da religiosidade *intrínseca* – parece depender da medida em que conseguem se comunicar com essa terceira forma de religiosidade, a fé descrita por Batson como um caminho que não tem uma forma institucional fixa. Para além do diálogo entre a Igreja e o mundo secular exigido pelo Concílio

Vaticano II, existe uma necessidade de diálogo *entre os diferentes tipos psicológicos de fé dentro do cristianismo*: entre a fé como caminho e a fé como certeza, entre a Igreja como comunidade de peregrinos e a Igreja como casa, entre a Igreja como comunidade de memória e narrativa e a Igreja como hospital de campanha. Poderá a Igreja do futuro ser um lar comum para esses diferentes aspectos e formas de religiosidade?

Muitas formas institucionais do cristianismo estão em crise e, portanto, a fé procura novas formas. Isso não quer dizer que qualquer forma institucional de fé possa ser considerada como uma mera relíquia do passado. A subestimação da importância das instituições é uma fraqueza típica da teologia liberal e certamente contribuiu para o fato de as instituições religiosas de hoje terem sido em grande parte assumidas por conservadores cristãos e tradicionalistas[40].

* * *

Passemos agora a um terceiro fenômeno notável no cenário pós-secular: o número cada vez maior de pessoas que, quando perguntadas sobre a religião que professam, respondem que não professam nenhuma. Os sociólogos deram a esse crescente conjunto de pessoas o rótulo coletivo de *nones* [isto é, sem religião].

---

40. Isso é evidenciado, entre outros, pelo teólogo americano Massimo Faggioli (2018).

Os sem religião são o terceiro maior grupo do planeta hoje, depois dos cristãos e muçulmanos. Eles representam uma gama extraordinariamente diversificada de opiniões e orientações existenciais (de *crença* e *fé*).

Um exemplo notável é a República Tcheca, que muitas vezes é erroneamente considerada um dos países mais ateus, senão o mais ateu da Europa, e talvez do planeta. De fato, provavelmente é o país com a maior proporção de pessoas sem religião; elas superam fortemente as pessoas que frequentam igrejas de várias confissões e que professam religiões diferentes. As terras tchecas passaram por um desenvolvimento religioso muito complexo. Antes um ninho religioso dos movimentos de reforma que precederam a Revolução Alemã, pareceu durante algum tempo, após as convulsões revolucionárias dos Hussitas e das Cinco Cruzadas, ser um oásis de tolerância religiosa graças a uma espécie de reconciliação entre católicos e utraquistas (no Concílio de Basileia e especialmente na época da Carta de Majestade do Imperador Rudolf). Logo depois, porém, as terras tchecas se tornaram cenário da devastadora Guerra dos Trinta Anos, e passaram pela Recatolização Barroca, seguida das reformas iluministas de José II. Essa situação foi seguida por três ondas diferentes de secularização. Na virada do século XX, ocorreu pela primeira vez uma *secularização suave*, principalmente devido às consequências culturais da Revolução Industrial. Depois veio a *secularização dura* na forma de perseguição à religião sob o domínio comunista; situação que foi muito brutal na década de 1950 e, depois, mais burocrática, porém mais sofisticada nas décadas de 1970 e 1980. Depois de um breve indício de revitalização religiosa no início da década de 1990, surgiu outra onda de *secularização suave*, resultado de como a sociedade tcheca se assemelha externamente à mentalidade cultural pós-moderna de alguns países europeus ocidentais e nórdicos fortemente secularizados.

Mas nem mesmo na República Tcheca esse desenvolvimento resultou em uma sociedade puramente ateísta, mas sim em uma sociedade fortemente desvinculada da Igreja. Dentro dela, apateísmo (indiferença em relação à religião), agnosticismo, analfabetismo religioso (ausência de conhecimentos religiosos mesmo elementares), anticlericalismo (incômodo em relação a várias manifestações da Igreja) e vários tipos de espiritualidades alternativas e buscas espirituais se misturam.

Às vezes, o que é descrito precipitadamente como ateização da sociedade significa, na verdade, que a vida espiritual das pessoas evoluiu para longe das formas oferecidas pelas igrejas; a procura por uma forma de vida espiritual mais madura e especializada supera o que as igrejas têm a oferecer, que é muito restrito e estereotipado. Ao contrário dos países vizinhos – Alemanha e Áustria e, nos últimos anos, Polônia – a República Tcheca não viu um aumento de saídas formais da Igreja; os batizados, que estão cada vez menos dispostos a participar dos ritos ou mesmo reconhecer formalmente seu pertencimento à Igreja no censo, nem sequer se preocupam em pedir o cancelamento do registro na Igreja[41]. Há um leve aumento no número de adultos que buscam o Batismo; no entanto, está longe de ser certo que esses crentes – que geralmente encontraram sua fé graças à leitura, à mídia ou ao testemunho de amigos ou da minoria das paróquias ativas, especialmente centros de pastoral estudantil – encontrarão um lar espiritual permanente nas estruturas paroquias tradicionais.

Um certo número de sem religião é composto por pessoas que abandonaram as igrejas – e especialmente a Igreja Católica. Conforme já mencionado várias vezes, mormente a onda de revelações graduais de casos graves de abuso sexual e psicológico em ambientes eclesiásticos tenha feito com que muitos crentes decidissem deixar formalmente a Igreja nos últimos anos. Para muitas dessas pessoas, isso provavelmente tenha sido a gota d'água ou a racionalização de um movimento que culminou na desilusão com a Igreja, que elas já não viam mais como apoio para as suas vidas, como – nas palavras do Papa Francisco – "mãe e pastora".

Contudo, depois de romperem com a Igreja, as pessoas não se tornam, como regra, ateias. São principalmente aqueles que já eram ateus e cuja relação com a Igreja se enquadrava na categoria de *pertencimento sem*

---

[41]. Isso certamente também ocorre porque os fiéis na República Tcheca não pagam nenhum imposto religioso.

crença[42] que se declaram ateus depois de deixarem a Igreja. No entanto, alguns que levam a fé e o Evangelho muito a sério agora também estão se separando da Igreja, e o motivo dessa separação é a convicção de que a Igreja se alienou de sua missão.

No passado, os cristãos que romperam com a Igreja Católica normalmente juntaram-se a outra Igreja; atualmente tendem a permanecer crentes sem filiação à Igreja. Mesmo na República Tcheca, uma porcentagem significativa de cidadãos que não frequentam nenhuma Igreja cita o cristianismo como sua religião em censos e pesquisas sobre religiosidade.

Em muitos países, nas últimas décadas, as igrejas – e especialmente a Igreja Católica, por razões bastante conhecidas – perderam cada vez mais a credibilidade: elas são consideradas incapazes de dar respostas competentes, convincentes e compreensíveis a questões essenciais, não apenas por parte dos "descrentes", mas também por parte de um número significativo de seus membros. Quando ouço certos sermões, leio certas epístolas pastorais e determinados tipos de publicações devocionais, ocorre-me que não apenas devemos investigar o motivo pelo qual as pessoas desistem, mas também de onde os que ficam tiram tanta força e paciência para resistirem.

---

42. Apenas um apego formal à Igreja, mais por uma ligação habitual a uma família ou tradição cultural, não sustentado por uma experiência pessoal de fé.

* * *

Considero o fato de os sem religião serem *buscadores* espirituais a parte mais interessante [desse fenômeno]. Os sociólogos fazem a distinção entre os *habitantes* e os *buscadores*. Seria errado dividir as pessoas em crentes e buscadores, porque habitantes e buscadores são encontrados tanto entre os crentes quanto entre os ateus.

Estou convencido de que o futuro do cristianismo dependerá principalmente da maneira como os cristãos se relacionarão com os buscadores espirituais, dentre eles os *sem religião*.

Em que deve consistir essa relação? Eu alertaria fortemente contra o *proselitismo*, contra uma simples abordagem apologética e missionária – contra a tentativa de espremer essas pessoas nos limites institucionais e mentais existentes da Igreja. Em vez disso, *esses limites precisam ser ultrapassados e abertos*.

Bento XVI deu um passo definitivo em direção aos buscadores espirituais para além dos limites visíveis da Igreja com o seu apelo – apropriadamente formulado pela primeira vez em um avião a caminho da República Tcheca – para a Igreja criar dentro de suas estruturas algo semelhante ao "Pátio dos Gentios" no Templo de Jerusalém, destinado aos "pagãos piedosos". Certamente foi uma iniciativa bem-intencionada e continua sendo um assunto de debate em várias partes do mundo. No entanto, a face espiritual do nosso mundo está mudando rapidamente, e esse passo está muito aquém do que é necessário hoje. A "forma de templo" aplicada à Igreja é definitivamente algo do passado.

O fechamento das igrejas durante a pandemia de covid-19, iniciada em 2020, contribuiu de alguma forma para isso. Enquanto uma parte dos fiéis – especialmente onde paróquias vibrantes se tornaram uma parte natural da sociedade civil e desenvolveram todo tipo de assistência durante a pandemia – aguardava ansiosamente a retomada das missas públicas, outra parte, para quem a ida dominical à igreja era mais uma questão de hábito do que uma necessidade intrínseca, logo encontrou outras maneiras de passar os domingos e não voltou às igrejas. Outros se habituaram demais com a comodidade dos serviços por meio da televisão ou da internet. Resta saber se as pessoas que não eram frequentadoras da igreja, mas cujo confronto com o sofrimento, a morte e a vulnerabilidade humana durante a pandemia provocaram questões metafísicas, existenciais e espirituais, irão às igrejas, e se lá encontrarão respostas, ou ao menos compreensão.

A Igreja de hoje não é mais um templo que pode se dar ao luxo de convidar os buscadores para ocuparem seus espaços. Na véspera de sua eleição como papa, o Cardeal Bergoglio citou as palavras de Jesus: "Já estou chegando e batendo à porta" (Ap 3,20); mas acrescentou que hoje Jesus bate de dentro da Igreja e quer sair, especialmente para todos os pobres, marginalizados e feridos do nosso mundo, e nós devemos segui-lo.

Uma outra forma de fé em nosso mundo precisa ser mencionada. Robert Traer, um discípulo de Wilfred C. Smith, fala sobre "*fé secular*". Ele faz referência a muitas citações de funcionários da ONU e de importantes documentos da mesma instituição como também de direitos humanos internacionais, que falam explicitamente sobre a fé – em particular, a fé na dignidade da pessoa humana e nos seus direitos fundamentais inalienáveis (Traer, 2001). Claramente, não é uma "fé religiosa" nesse caso, mas poderíamos produzir muitos argumentos para ser uma fé *cristã*, ainda que não afirme explicitamente ser cristã.

O advogado constitucionalista alemão Ernst-Wolfgang Böckenförde é frequentemente citado como tendo dito que a democracia é baseada em pressupostos de valor que não foram votados democraticamente. Baseia-se na *crença* em determinados valores, em uma crença que não "caiu diretamente do céu"; ela não é fruto de alguma natureza humana universal a-histórica e abrangente ou um ramo da "razão natural", mas fruto de uma cultura particular, a cultura judaico-cristã, baseada na Bíblia, na filosofia helenista e na lei romana.

É ainda uma corrente de fé que percorre a história, na qual o cristianismo imprimiu muitos dos seus traços essenciais. Se alguém diz que a fé passou a ser derivada da dignidade da pessoa humana e da legitimidade dos direitos humanos apenas no Iluminismo, está enganado; é preciso ir mais fundo e perguntar de onde o Iluminismo tirou essas ideias. Frequentemente, essas são ideias do

Evangelho que, no passado, não foram suficientemente desenvolvidas pela teologia, nem, em particular, em sua prática, e por vezes foram afirmadas em oposição à postura política das instituições da Igreja.

Em vários de seus livros, Charles Taylor mostrou que muitas das ideias do Evangelho só se tornaram parte integrante da cultura política europeia quando a Igreja perdeu o poder político (Taylor, 1999, 2007). Do mesmo modo, Hans Küng aponta para a origem evangélica e a legitimidade cristã do grito de guerra da Revolução Francesa: liberdade, igualdade e fraternidade (Küng, 1971). Se a Igreja Católica de hoje quer fortalecer sua catolicidade – sua universalidade – por meio de um "terceiro ecumenismo"[43] – por meio de um diálogo conciliado com o humanismo secular que nasceu do Iluminismo, pode redescobrir nesse diálogo muito do patrimônio que muitas vezes não soube usar, ou mesmo se apropriou indevidamente, ao longo da história.

---

43. O termo terceiro ecumenismo foi cunhado pelo teólogo e filósofo de Erfurt, Eberhard Tiefensee (2016).

9
Da aldeia global à *civitas oecumenica*

O processo de globalização é, sem dúvida, o processo social mais importante que determinou o desenvolvimento econômico, político, cultural e moral de nosso mundo ao longo de vários séculos. Pertenço a uma geração que presenciou tanto o auge desse processo quanto a sua maior crise.

Reflexões sobre as raízes da globalização estão além do escopo deste livro. Contentemo-nos com a hipótese de que elas residem no cristianismo europeu, e nomeadamente na sua expansão missionária. O esforço de séculos para cumprir a ordem de Jesus para "ir por todo o mundo" tornou a Igreja um agente global e contribuiu significativamente para o processo pelo qual as civilizações espalhadas neste planeta se tornaram um "mundo inteiro"; tribos e nações se tornaram "humanidade".

No entanto, a evangelização de "novos mundos" (culturas não europeias) foi muitas vezes acompanhada da sua colonização por exploradores e conquistadores europeus. O entusiasmo e a dedicação dos missionários, empenhados a ponto de sofrerem o martírio, não foram a única face da expansão europeia. Seu lado escuro foi a ganância e a violência dos conquistadores – seu poder e seus interesses comerciais. A pregação da fé cristã foi muitas vezes acompanhada (e cada vez mais ofuscada) pela exportação de bens materiais europeus, ciência, tecnologia e ideais políticos. No século XIX, tanto a pregação do Evangelho quanto muitos elementos da civilização ocidental se espalharam para praticamente todos os cantos do globo, transformando cada vez mais o planeta em uma imagem de si mesmo. O "suicídio da Europa" nas duas guerras do século XX que emanaram deste continente fez com que o comando do processo de globalização passasse para as mãos dos "herdeiros da Europa", em particular os Estados Unidos (Patočka, 1992). A dinâmica da globalização foi acelerada e intensificada pelo desenvolvimento tecnológico, em particular o desenvolvimento dos meios de comunicação. O processo de globalização provavelmente entrou em sua fase culminante com o fim da Guerra Fria, o fim do mundo bipolar em que as duas superpotências dividiram suas esferas de influência.

* * *

O rápido e aparentemente fácil colapso do comunismo, resultado de muitas circunstâncias, mas principalmente da incapacidade dos regimes "socialistas reais" de competir no livre–mercado global de bens e ideias, não foi em si mesmo um fator tão significativo de transformação cultural como aparentou em um primeiro momento.

Timothy G. Ash chamou as mudanças políticas do outono de 1989 – aquele *annus mirabilis* – de "uma revolução sem ideias".

Ideologicamente, a revolta contra o comunismo foi inspirada principalmente pela filosofia dos direitos humanos, ou seja, a herança do cristianismo e do humanismo do Iluminismo secular. Ela adotou a herança intelectual ocidental e trouxe à tona algumas personalidades inspiradoras, como Václav Havel, mas não trouxe nenhuma nova visão, nenhuma filosofia política verdadeiramente nova. Em termos espirituais, não foi tão influente quanto a Revolução Francesa de 200 anos antes.

Devido à influência de João Paulo II e Joseph Tischner, a revolta dos trabalhadores poloneses que deu origem ao movimento Solidariedade – provavelmente a única "revolução proletária" que, paradoxalmente, removeu um regime marxista – abraçou as ideias da Doutrina Social da Igreja. Nessa época conseguiu aproximar os intelectuais inconformados (que foram os principais atores em protestos anteriores, como o movimento da Carta 77 da Tchecoslováquia) com as reivindicações sociais dos trabalhadores. Era apenas o desejo da grande massa do povo de atingir os padrões materiais das sociedades ocidentais vizinhas – combinado com uma oportuna constelação internacional, a influência de vários proeminentes estadistas ocidentais e a autoridade moral do Papa da Polônia – que reforçava as demandas por liberdade espiritual articuladas por um círculo restrito de dissidentes entre os intelectuais.

No entanto, a falta de novas ideias, conforme mencionado acima, provavelmente contribuiu para que o cenário ideológico e político dos países pós-comunistas fosse logo dominado pelos ideólogos do fundamentalismo de mercado e pelos pioneiros do capitalismo desenfreado e, subsequentemente, pelos populistas e nacionalistas. Nos países pós-comunistas da década de 1990, as oportunidades do mercado global que se abriram repentinamente impulsionaram aqueles que estavam preparados para a competição – frequentemente membros da antiga elite comunista, que eram os únicos com capital em dinheiro, contatos e informação – ao poder e à prosperidade. Mas levou à beira da pobreza e da insignificância aqueles que foram pegos desprevenidos pelas mudanças nas condições políticas, econômicas e sociais. A confiança na mão invisível do mercado provou ser uma ilusão perigosamente ingênua. A União Europeia forneceu generoso apoio aos novos Estados-membros, mas devido à falta de uma cultura legal nos países pós-comunistas, grande parte desse capital foi desvirtuado pela corrupção.

Certamente foi uma coisa boa que as revoluções na maioria dos países da Europa Central e Oriental – ao contrário da Romênia e dos países da antiga Iugoslávia – ocorreram sem violência, mas pagaram pela incrível facilidade da transição de regimes de Estado policial para sociedades livres ao negligenciar a importante tarefa política, psicológica e moral de se reconciliar com o passado. Certamente é bom que o limiar da nova era não tenha sido maculado pela violência e pelo espírito de vingança. No entanto, a relutância em lidar com o passado não se deveu à virtude da misericórdia e do perdão, mas sim ao pecado da omissão, um pecado contra a verdade e a justiça.

Sem uma reflexão suficiente ou mesmo uma denominação verdadeira do mal a que a sociedade estava exposta e que causou sua desintegração moral, era impossível superá-lo. É uma pena que o já mencionado livro sobre a questão da culpa de Karl Jaspers, *Die Schuldfrage* (2021), ou a experiência da África do Sul após a abolição do Apartheid não tenham servido de guia para essa parte do caminho para a liberdade. No que diz respeito a chegar a um acordo com o passado nas sociedades pós-comunistas, até mesmo as igrejas – que supostamente são "especialistas em perdão" e mostram que o perdão e a reconciliação são processos difíceis que não podem ser contornados simplesmente banindo a culpa para a escuridão do esquecimento e da ignorância – falharam. As igrejas que não tiveram a coragem de lidar primeiro com a colaboração dentro de suas próprias fileiras, de "retirar primeiro a trave do próprio olho", começaram a perder credibilidade e o direito moral de se envolverem na cura das feridas abertas da sociedade.

O dom da liberdade logo provou ser uma tarefa desafiadora e difícil para grande parte da sociedade pós-comunista – incluindo as igrejas desses países. Os sucessos eleitorais atuais dos populistas nos países pós-comunistas (especialmente entre os idosos com escolaridade limitada) são em grande parte resultado da nostalgia dos "privilégios", da segurança de regimes autoritários e totalitários que não expuseram seus cidadãos à necessidade de livre-escolha e de responsabilidade.

* * *

Após a queda do comunismo, Francis Fukuyama anunciou, no espírito de Hegel, o "fim da história" – a vitória planetária do capitalismo e da democracia de estilo ocidental. O mundo despertou dessa ilusão diante de uma série de fenômenos perturbadores ao longo das três décadas seguintes: o ataque terrorista de 11 de setembro de 2001, a ascensão do fundamentalismo islâmico e dos extremismos de direita e de esquerda, o colapso da Primavera Árabe, as crises das democracias pós-comunistas, a ascensão global de políticos populistas (incluindo os Estados Unidos e o Reino Unido), o Brexit, crises financeiras, ondas migratórias, a arrogância das hegemonias antidemocráticas da China e da Rússia, a invasão russa da Crimeia, a guerra híbrida de desinformação do regime de Putin contra o Ocidente e a guerra contra a Ucrânia.

O processo de globalização começou a revelar principalmente suas desvantagens, incluindo os inúmeros problemas que o atual sistema econômico e político do capitalismo global, que exige crescimento ilimitado da produção e do consumo, é incapaz de resolver. Mudanças climáticas, destruição ambiental, pandemias de doenças infecciosas e o desemprego crescente de jovens representam sérias ameaças, causando ansiedade sobre o futuro; a *sociedade de risco* atual é uma sociedade pós-otimista[44].

* * *

Ferramentas importantes da globalização, os meios de comunicação de massa lidam com o bem mais precioso do nosso tempo: a informação. Particularmente na época em que a televisão era a mídia dominante com um ou com apenas poucos canais, ela assumiu muitos dos importantes papéis sociais da religião: ser o árbitro da verdade e da relevância, oferecer narrativas e símbolos compartilhados e influenciar o estilo de vida e o pensamento de grande parte da sociedade.

O que se via no telejornal "com os próprios olhos" (mas na realidade pela perspectiva da câmera e do diretor) era verdade, e quando o noticiário priorizava a algum assunto (novamente, por escolha editorial), este era universalmente considerado importante.

A mídia eletrônica ainda fornece "pão e circo": a dose de informação necessária para a sobrevivência e a indústria do entretenimento. Também oferece participação virtual nos jogos sagrados do nosso tempo: partidas esportivas, shows de música pop, disputas políticas e debates entre candidatos.

---

44. Usei este termo no livro *A noite do confessor* (Halík, 2016a). Miloslav Petrusek (2006, p. 303-304) o incluiu entre os diagnósticos sociológicos contemporâneos.

Na década de 1960, o teórico Marshall McLuhan previu que a mídia eletrônica aumentaria consideravelmente a coesão na sociedade, transformando gradualmente o mundo inteiro em uma "aldeia global" (McLuhan, 1964). Isso só aconteceu até certo ponto – pessoas em diferentes partes do mundo assistem aos mesmos programas (principalmente de entretenimento). Contudo, o desenvolvimento contínuo das redes sociais está criando uma pluralidade de mídia que reflete e aprofunda a fragmentação do mundo, em vez de promover uma cultura de comunicação e reciprocidade. Tende a criar "bolhas" – muitos mundos separados colidindo uns com os outros.

A mídia não criou uma "aldeia global", não ofereceu o que faz de uma aldeia uma aldeia – uma praça de aldeia, um espaço de reciprocidade de vizinhança ou mesmo uma Igreja comunitária. Em vez disso, demonstrou a verdade da ideia de Martin Heidegger (2000) de que a tecnologia superou distâncias, mas não criou proximidade. Criou uma espécie de falsa proximidade – as pessoas competem a respeito da quantidade de supostos amigos que têm no Facebook. Mas quantos desses "amigos" seriam um apoio em situações difíceis da vida? A pseudoproximidade técnica tende, ao contrário, a obscurecer e exacerbar o que o existencialismo destacou durante a Modernidade – crescente alienação, solidão, desorientação e ansiedade.

Alguns autores – incluindo Teilhard de Chardin – esperavam que a tecnologia permitisse que pessoas fisicamente distantes vissem, percebessem e simpatizassem mais umas com as outras. Certas imagens compartilhadas mudaram o mundo. Por exemplo, a fotografia de uma menina vietnamita com o corpo nu queimado, fugindo de uma aldeia, contribuiu mais para a derrota dos americanos na Guerra do Vietnã do que as armas dos guerrilheiros comunistas.

No entanto, a superabundância de imagens de violência nos noticiários da televisão não desperta a consciência, mas, em vez disso, entorpece-a; todos nós parecemos ter uma capacidade limitada de percepção e compaixão.

Ao ouvir as notícias matinais diariamente no início da pandemia, muitos de nós sentimos que talvez ainda estivéssemos tendo algum sonho horrível ou que estivéssemos acordando para algum espetáculo de terror midiático, como a famosa e evocativa peça de rádio de Orson Welles sobre uma invasão marciana, baseada no livro de H.G. Wells [publicado em português como *A guerra dos mundos* (2016)] que causou pânico nos Estados Unidos em outubro de 1938. Depois de mais de um ano de pandemia, porém, muitos telespectadores e ouvintes ignoravam, entediados, as estatísticas diárias sobre o número de mortos e infectados.

Não obstante, durante a pandemia de covid-19, quando, no espaço de algumas semanas, praticamente o mundo inteiro experimentou uma dramática ameaça existencial à vida, à saúde e à segurança socioeconômica, algo aconteceu ao nosso mundo: uma profunda sensação de perda de segurança e medo de uma ameaça global. No nosso tempo, somou-se à reorganização de longa data das certezas religiosas tradicionais a questão das certezas do humanismo secular e da confiança na onipotência do controle e do domínio científico e tecnológico do mundo. O estresse mental e o medo do futuro abriram caminho para a agitação racial e social e para o crescimento da influência ideológica de populistas e extremistas na política de esquerda e de direita, juntamente com notícias falsas e teorias da conspiração e a busca de culpados (bodes expiatórios), bem como a xenofobia e a demonização de tudo o que fosse estrangeiro e desconhecido.

* * *

O processo de globalização, sem dúvida, atingiu o seu auge no limiar do novo milênio. Nosso mundo inteiro está interconectado de várias maneiras, mas não unificado. Essa interconectividade revela ainda mais claramente as enormes disparidades sociais e culturais e as aprofunda.

Testemunhamos muitos protestos antiglobalização e uma "contracultura" contra os esforços para conectar nosso planeta de forma ainda mais intensa. No mundo não ocidental, o processo de criação de uma civilização global é visto por muitos mais como uma ameaça, uma manifestação das aspirações hegemônicas da sociedade ocidental e de suas elites. Eles não veem a sociedade ocidental como ideal ou universal. Em seu conhecido livro, Samuel Huntington expressou esse sentimento quando escreveu: "o que é universalismo para o Ocidente é imperialismo para o resto" (Huntington, 1997, p. 228).

No entanto, mesmo no Ocidente (e especialmente no mundo pós-comunista, que se tornou politicamente parte do Ocidente), o medo da globalização gerou teorias da conspiração. Muitas pessoas não conseguem aceitar o fato de que não é um processo controlado a partir de um único centro, sendo por isso racionalmente difícil de compreender e gerenciar; em vez disso, preferem inventar misteriosos centros ocultos de poder e lançar vários grupos e personalidades nesse papel[45].

Existe algo em nosso mundo globalmente conectado que possa criar uma cultura segura de proximidade e reciprocidade? Existe alguma coisa que pode aproximar nosso mundo, mesmo que remotamente, da visão de Jesus sobre a casa do Pai na qual "há muitas moradas"? O papel integrador – o mesmo da *religio* – não pode mais ser desempenhado pelas religiões em sua forma tradicional, nem pode ser cumprido por nenhuma das ideologias seculares.

Se o cristianismo quiser ajudar a promover uma sociedade global, então terá de ser um cristianismo "ke-

---

45. Isso incluiu fantasias sobre os *Illuminati* ou a demonização de personalidades como George Soros ou Bill Gates, suplantando ou complementando o medo anterior de conspirações mundiais de "judeus e maçons". Uma forma extrema é o delírio paranoico conhecido como QAnon, uma teoria da conspiração que se originou em outubro de 2017 e foi apoiada pelo Presidente Trump e seus seguidores.

nótico", livre de quaisquer reinvindicações de poder e livre da estreiteza clerical. Este mundo não precisa de um "império cristão" ou de uma ideologia cristã; ele só será beneficiado à medida que houver um cristianismo *ecumenicamente aberto* e pronto para servir a todos os necessitados.

* * *

O argumento de Teilhard de Chardin de que a civilização planetária, o estágio culminante da evolução, requer a energia do amor, soa idealista para os céticos de nosso tempo; mas nos lembra algo de enorme significado. Espiritualidade, como mostraremos, é o nome da paixão espiritual – e há tarefas que não podem ser realizadas sem paixão. "Só o amor é capaz de unir os seres vivos de modo a completá-los e realizá-los, pois só ele os toma e os une pelo que há de mais profundo em si mesmos", escreveu Teilhard de Chardin (1965, p. 265). O amor é um desejo apaixonado de união.

Teilhard de Chardin viu as tentativas dos regimes totalitários de alcançar a unidade como uma caricatura perigosa da verdadeira unidade que apenas uma decisão livre pode trazer – e a expressão máxima dessa liberdade é o amor – liberdade do egoísmo. É por isso que ele viu nessa fase da evolução uma tarefa especial para os cristãos, para o conceito cristão de amor.

Estou convencido de que difundir o conceito de amor de Jesus é uma tarefa não apenas para os cristãos individualmente, mas também para as comunidades e igrejas cristãs, que estão inseridas no grande organismo da humanidade e têm uma responsabilidade compartilhada por essa entidade.

Uma forma convincente de amor cristão, especialmente para estes tempos, é o *ecumenismo* – o esforço para transformar o mundo em *oikumene*, um espaço habitável, um lar. A maioria das pessoas imagina ecumenismo como algo no sentido de um esforço para reunir as igrejas cristãs. O Concílio Vaticano II encorajou-nos ainda a um segundo ecumenismo, o diálogo inter-religioso e até mesmo um terceiro ecumenismo, construindo mutualidade entre crentes e pessoas que não compartilham uma fé religiosa.

De todos os documentos da Igreja na história cristã, o apelo mais urgente à abertura ecumênica foi feito pelo Papa Francisco na Encíclica *Fratelli Tutti* em 4 de outubro de 2020.

Estou convencido de que, assim como a democratização da Igreja na Reforma contribuiu para a democratização da sociedade europeia como um todo, os esforços ecumênicos podem superar o ambiente das igrejas e contribuir para o que o Papa Francisco chama de fraternidade humana, para a maior tarefa de nosso tempo: transformar o processo de globalização em um processo de comunicação e partilha cultural, de verdadeira proximidade.

O fato de as pessoas em todo o mundo usarem os mesmos produtos e invenções técnicas, de assistirem aos mesmos filmes e jogos de computador e talvez de pagarem suas contas com a mesma moeda não faz da humanidade uma família. O processo de união da humanidade ou de união dos cristãos não visa a unificação, nem a padronização, mas sim o reconhecimento mútuo e a complementaridade, a ampliação das perspectivas e a superação da unilateralidade.

Devemos ter cuidado com as promessas ideológicas de "céu na terra" feitas por projetos políticos totalitários; o cristianismo nos ensina "paciência escatológica" (e, portanto, realismo político): a unificação completa da humanidade não acontecerá durante a história, mas apenas em seu ápice no abraço de Deus. Só então tudo estará submetido a Cristo, Cristo estará submetido a Deus Pai e Deus poderá ser "tudo em todos"[46].

Mas a tarefa de hoje e de amanhã – para o entardecer do cristianismo – é dar alguns passos nesse caminho. Estou convencido de que uma fé que saia dos seus papéis pré-modernos de "religiosidade" e de "visão de mundo" moderna pode ser o fermento de uma nova ecumene. O fato de que, especialmente em nosso tempo, percebemos uma dialética interior de fé e pensamento crítico, de proto-fé e busca constante, abrangendo até mesmo a dúvida, abre espaço para uma autorreflexão mais humilde e, portanto, para uma reciprocidade mais

---

46. "E quando tudo lhe estiver submetido, então o próprio Filho se submeterá àquele que lhe submeteu todas as coisas, a fim de que Deus seja tudo em todos" (1Cor 15,28).

profunda entre culturas e religiões. Uma das principais mensagens deste livro é: chegou o momento de uma *oikoumene* mais profunda – para a *autotranscendência do cristianismo*.

* * *

A atual crise da globalização apresenta ao mundo uma escolha entre duas alternativas, uma encruzilhada entre a ameaça de um "choque de civilizações" e a esperança de uma *civitas oecumenica*. Na época da queda de Roma e do grande período de migração – em uma situação histórica de certa forma semelhante à nossa época após o colapso do mundo bipolar, um período de crise migratória e medo de tensões dentro de um mundo fatalmente interconectado – Santo Agostinho foi confrontado com uma série de questões teológicas e políticas. A quem Deus estava querendo punir com esses fenômenos e para quê? Agostinho rejeitou essas especulações e criou sua teologia original da história no limiar de uma nova época. Ele não falou de um choque de civilizações, mas de uma disputa entre dois amores que permeiam o mundo e a Igreja – amor a si mesmo a ponto de rejeitar a Deus e amor a Deus a ponto de transcender a si mesmo. Essas são as bases das duas comunidades: *civitas Dei* e *civitas terrena*.

A nossa época também precisa de uma nova teologia da história, de uma nova visão. Se nações, culturas e religiões, em um mundo em que já não podem se isolar umas das outras, cultivarem o "amor-próprio" sem respeito pelas outras, pelos seus interesses e necessidades, criarão a *civitas terrena* sobre a qual Santo Agostinho escreveu. Os estados cuja política é dominada por um egoísmo nacional imprudente (no espírito do *slogan* "América primeiro", de Trump), e que se cercam de muros de indiferença para com os outros e abdicam de sua responsabilidade compartilhada pela justiça no mundo, se tornarão – para citar novamente a *Cidade de Deus*, de Agostinho – "grandes bandos de ladrões" (2017 IV, 4).

Onde está o oposto da *civitas terrena* de hoje, para onde nos conduz agora o caminho para a *civitas Dei*? Nos documentos da Igreja das últimas décadas lemos muitos apelos a uma "civilização do amor" e a uma "nova cultura política". A missão do cristianismo em seu entardecer é traduzir essas palavras em ações, em exemplos práticos.

10
Um terceiro Iluminismo?

O Papa Francisco descreveu nossa era não apenas como uma época de mudança, mas como um tempo de mudança de época[47]. Por época aqui ele parece se referir a um capítulo da história marcado por um certo conjunto de condições externas de vida, bem como as maneiras como as entendemos e respondemos às suas mudanças. Considero as mudanças de época, inclusive a atual, como um *kairos*, um desafio e uma oportunidade – uma oportunidade para transformar a maneira de pensar e agir, para atravessar outro limiar no caminho dessa transformação (*metanoia*) que Jesus pediu em seus primeiros sermões. Uma das razões da existência da Igreja é ser constantemente lembrada desse chamado à transformação: "Não vos ajusteis aos modelos deste mundo, mas transformai-vos, renovando vossa mentalidade, para que possais conhecer qual é a vontade de Deus: o que é bom, agradável e perfeito" (Rm 12,2). *Metanoia* é renovação interior, não

---

47. Veja o discurso do Papa Francisco no encontro com os participantes do V Congresso da Igreja Italiana, expondo sua visão de "um novo humanismo em Cristo Jesus" (Francisco, 2015).

conformidade com o ambiente externo e sua mentalidade. Pressupõe *a arte do discernimento espiritual.* É necessário perguntar repetidas vezes "o que o Espírito diz às igrejas" (Ap 2,11) e tentar compreender os sinais dos tempos.

* * *

Pergunto-me se o último quarto de século não foi o início de uma época cultural que poderia ser chamada de "terceiro Iluminismo" – e como essa época afetará nossa civilização, incluindo a vida religiosa.

Da mesma forma que reformas e renascimentos de significados variados ocorreram ao longo da história, também houve diferentes períodos e formas de esclarecimento[48]. Iluminismo é o que chamo de certo tipo de revolução cultural ou mudança de paradigma cultural, caracterizado por uma revolta contra as autoridades e tradições existentes e um desejo de liberdade e emancipação; ou seja, sempre alguma forma de *liberalismo*. Com isso refiro-me a transformações que são mais radicais do que as mudanças de mentalidades culturais que costumam ocorrer com a sucessão de gerações. Mesmo quando as formas políticas dessas revoluções são derrotadas, seus impulsos culturais ficam gravados permanentemente na vida da sociedade.

---

48. Onde eu uso o termo "Iluminismo" neste livro sem qualificação, estou me referindo ao primeiro Iluminismo, dos séculos XVII e XVIII.

Os períodos de iluminação têm um aspecto duplo. Muitas vezes associamos o Iluminismo ao culto da razão. No entanto, mesmo aquele glorioso Iluminismo do século XVII e especialmente do século XVIII – chamemo-lo de primeiro Iluminismo – que invocava a razão como a nova divindade messiânica, apresentava uma certa dialética de luz e escuridão, razão e loucura. O Iluminismo daquela época preparou o cenário para a Revolução Francesa, cuja fase radical foi o terrível período jacobino. A sombra complementar do culto da racionalidade foi o desencadeamento dos "demônios" da violência revolucionária, aqueles espectros brilhantemente retratados nos desenhos de Francisco Goya ou nos *Demônios* de Fiódor M. Dostoiévski. Filósofos da cultura, tais como Theodor Adorno, Max Horkheimer, Michel Foucault, Hannah Arendt ou Zygmunt Bauman, que não podem ser suspeitos de nostalgia conservadora da pré-modernidade, demonstraram de forma muito convincente o avesso do Iluminismo, o que deu origem à racionalidade pervertida dos regimes totalitários[49].

Uso a expressão "segundo Iluminismo" para me referir à revolta contra a autoridade no fim da década de 1960, o que fomentou uma série de importantes movimentos emancipatórios. A exigência de autenticidade e autorrealização tornou-se expressão do desejo de liber-

---

49. Cf., p. ex., Adorno e Horkheimer (1972), Bauman (1989), Arendt (2006), Foucault (1977).

dade. Esse segundo Iluminismo culminou na Revolução Cultural de 1968, cuja fase radical foi marcada pelas revoltas estudantis na França, na Alemanha, nos Estados Unidos e em outros países.

Uma variante da revolta antiautoritária da época foi a Primavera de Praga de 1968. Quando essa tentativa dos marxistas reformistas de transformar o regime comunista da Tchecoslováquia em um "socialismo com rosto humano" mais democrático escapou do controle do Partido Comunista e despertou o anseio da massa da população por uma democracia real, foi esmagada pelos tanques dos neostalinistas soviéticos.

No Ocidente, a revolta dos estudantes e intelectuais de esquerda sofreu derrota política, mas alcançou uma vitória cultural que marcou permanentemente o clima moral. Para além de uma intensificação do individualismo, caracterizou-se pelo *culto da juventude*. No passado a juventude era tradicionalmente considerada simplesmente uma fase preparatória da vida, agora tornou-se um atributo da humanidade ideal. Se o *Fausto* de Goethe pode ser considerado o arquétipo do ideal de conhecimento do primeiro Iluminismo como poder, então o romance de Oscar Wilde, *O retrato de Dorian Gray*, é uma representação profética do grande mito do segundo Iluminismo, o culto da juventude eterna.

Enquanto o Iluminismo do século XVIII procurou libertar a razão do domínio da tradição e da autoridade eclesiástica, o segundo Iluminismo procurou libertar aquilo que o domínio da razão havia subestimado – emocionalidade, libido, sexualidade. Em oposição ao culto apolíneo da razão, o segundo Iluminismo defendeu a cultura dionisíaca – enfatizada por Nietzsche – da noite, do telúrico, do caos, dos estados alterados de consciência (também sob a influência de substâncias psicodélicas); rebateu a censura do "superego" paterno e social com o poder da libido descoberto por Freud; a revolução sexual fez parte da revolta contra as convenções sociais.

No entanto, a energia revolucionária da revolta da década de 1960 não foi sufocada pela repressão policial às manifestações, mas pela vitória da mentalidade consumista. É um exemplo de ironia histórica que muitos dos atributos de inconformismo e de protesto contra a sociedade de consumo da época (tais como roupas e penteados, música e expressões artísticas provocativas) logo se tornaram trajes padrão e bens de consumo do entretenimento de massas. A revolução sexual, que logo começou a ser comandada pela indústria pornográfica, tendeu a banalizar e comercializar o sexo em vez de humanizar essa importante dimensão da vida humana. Em resposta ao desejo de transcender o cotidiano, escapar do tédio e experimentar estados extasiantes de consciência, o mecanismo de mercado oferecia uma ampla gama de drogas de todos os tipos.

Contudo, o clima moral e psicológico do segundo Iluminismo – o questionamento e o abalo das tradições e das autoridades – também afetou o cenário religioso da década de 1960. A atmosfera de flexibilização geral (incluindo o abrandamento da Guerra Fria) influenciou o contexto cultural do reformista Concílio Vaticano II e fomentou uma tendência liberal no pensamento católico. No Concílio Vaticano II, a Igreja conseguiu integrar – especialmente na sua Doutrina Social – muitos dos valores anteriormente demonizados do humanismo secular associados ao primeiro Iluminismo, incluindo a liberdade de consciência e de religião.

O outro aspecto espiritual da década de 1960 foi a explosão da espiritualidade não tradicional sob a forma de novos movimentos religiosos, desde as correntes carismáticas do cristianismo, como o Povo de Jesus, que foi proliferado pela primeira vez nas universidades americanas na época, até a mistura de vários elementos da espiritualidade oriental e da psicologia e da psicoterapia humanística, profunda e transpessoal, geralmente conhecida como Nova Era. Em contraste com a religião seca e moralizante, essas correntes espirituais ofereciam experiências emocionais extasiantes, "intoxicação com o Espírito Santo", bem como várias técnicas de meditação e o uso de substâncias psicotrópicas.

Assim, o segundo Iluminismo também assumiu tanto uma forma política quanto espiritual.

* * *

O que estamos testemunhando agora é a manifestação de um terceiro Iluminismo? Há múltiplos aspectos do que estamos experimentando agora. É possível que o lado emocional, irracional e telúrico de nosso tempo de mudança esteja sendo anunciado pelos protestos antiglobalização, bem como pela atual onda de violência e agitação, pela "demolição de monumentos" – símbolos do passado colonial – que começou em 2020 (uma rebelião tipicamente iluminista contra as autoridades do passado) e até mesmo pelo ataque fascista ao Capitólio, símbolo da democracia americana, instigado em janeiro de 2021 pelo populista Presidente Trump.

Enquanto o segundo Iluminismo do fim da década de 1960 se rebelou principalmente contra a geração imediatamente anterior, que havia vivido a Segunda Guerra Mundial e o início da Guerra Fria na década de 1950, o terceiro Iluminismo, conforme já anteriormente relacionado com a "demolição de monumentos", vai muito mais longe em sua rejeição do passado: opõe-se ao legado secular da civilização, acusado de racismo, colonialismo, machismo e chauvinismo cultural.

A desconfiança da atual ordem econômica e política mundial alimenta o extremismo político, o populismo e o fanatismo. Assim como na crise econômica da década de 1930, tanto a esquerda quanto a direita estão se radicalizando. Em alguns países pós-comunistas, como já mencionado, a direita nacionalista está chegando ao poder, enquanto, particularmente nos *campi* de algumas universidades americanas e da Europa Ocidental, os defensores da ideologia radical esquerdista do multiculturalismo e do politicamente correto (originalmente destinada a defender o pluralismo e a tolerância) tratam seus opositores ideológicos com um grau de intolerância, arrogância e fanatismo que quase lembra os expurgos ideológicos da era comunista.

Em comparação com a década de 1960, o processo de globalização foi acelerado radicalmente na atual era da internet; no entanto, a interconectividade do mundo também aumenta os riscos que enfrentamos hoje – muitos perigos, desde crises econômicas e financeiras a doenças infecciosas, se espalham como uma avalanche pelas fronteiras na velocidade da luz. *Slogans*, ideias e sentimentos sociais incendiários também estão se espalhando em um ritmo semelhante.

Em grande medida, as novas visões culturais e políticas do terceiro Iluminismo ainda estão sendo moldadas. Mas os valores e *slogans* que atraem a geração mais jovem nos dizem algo sobre essas ideias. Se o primeiro Iluminismo foi um esforço para *emancipar a razão* do domínio da tradição e da autoridade, e o segundo Iluminismo para a *emancipação da emocionalidade* (e também da sexualidade relacionada) da dominação das convenções sociais, então o *slogan* do terceiro Iluminismo é principalmente *a libertação da natureza* do domínio da manipulação humana tecnológica e econômica, *o respeito pelas minorias* (incluindo minorias sexuais) e por todos aqueles que estão sob ameaça (incluindo animais). É evidente que os jovens de hoje, manifestando-se contra a destruição da natureza e o extermínio de animais, muitas vezes projetem um sentido de sua própria vulnerabilidade em um "mundo que não tem voz".

* * *

O primeiro Iluminismo inaugurou a Era Moderna e o segundo foi provavelmente sua última palavra. O atual terceiro Iluminismo busca "luz", liberdade e sentido em um confuso mundo pós-moderno global em que os frutos do poder científico e tecnológico da racionalidade humana, especialmente a manipulação e a devastação da natureza, levam a um sentimento de impotência humana face à irracionalidade do mundo.

O primeiro Iluminismo apelou para a liberdade e a igualdade, bem como para a soberania popular e nacional; aboliu os estados monárquicos aristocráticos e hierárquicos e abriu caminho para a sociedade civil. O segundo Iluminismo, inspirado no Ocidente por uma interpretação peculiar do marxismo e do maoismo, pedia a abolição da "democracia burguesa" e, influenciado em particular pela psicologia humanista, escreveu em sua bandeira: "É proibido proibir" – o *slogan* da autorrealização pessoal contra toda censura e restrição. (O protesto contra a censura e o controle do Estado – nesse caso pelo regime comunista muito mais rígido e repressivo – desempenhou um papel significativo nos eventos da Primavera de Praga.) O fervor anarquista das revoltas estudantis ocidentais chegou ao fim. O ideal de autorrealização individual e um estilo de vida hedonista sem quaisquer restrições foi aproveitado pelo mercado desenfreado do capitalismo global. Mas esse sistema econômico levou a humanidade à beira do desastre ecológico.

É por isso que o terceiro Iluminismo dá tanta ênfase à responsabilidade ambiental, especialmente em um período de inegáveis mudanças climáticas, e rejeita veementemente o capitalismo neoliberal e sua ideologia de crescimento ilimitado. Os movimentos associados à proliferação de estilos de vida alternativos apelam à frugalidade, até mesmo a um certo ascetismo no que se refere a comer e a vestir-se. E por vezes assumem um aspecto pseudorreligioso. O surgimento de Greta Thunberg, a criança-profetiza desse movimento, recebeu atenção da mídia global.

Grande parte da geração jovem de hoje é cosmopolita; aceita e acolhe o pluralismo cultural. Como já disse, respeita os *direitos das minorias*, incluindo as minorias sexuais[50] e rejeita o racismo, o nacionalismo e o chauvinismo cultural. O individualismo e o desprezo pelas instituições tradicionais, incluindo partidos políticos e igrejas, foram intensificados. Ao mesmo tempo, porém, há uma vontade crescente entre uma proporção significativa da geração mais jovem de se envolver em diversas iniciativas e movimentos cívicos. Na época do afluxo de migrantes para a Europa, bem como na época da pandemia de covid-19, muitos jovens se solidarizaram com

---

50. Esses temas já estavam presentes no segundo Iluminismo da década de 1960.

as pessoas necessitadas e participaram generosamente de atividades de voluntariado.

Quando os atuais representantes do *establishment* social (bem como eclesiástico) rotulam os movimentos juvenis como simplesmente "neomarxistas", eles revelam sua incapacidade de compreender totalmente o que há de novo nesses movimentos. Eles muitas vezes ignoram o fato de que esses movimentos têm um forte impulso ético – mas a sua ênfase é colocada em valores morais diferentes dos das gerações anteriores.

A atual geração mais jovem se sente em casa em uma sociedade digital, pós-industrial e pós-materialista, atraída mais por mudanças constantes e experiências ricas do que por altos salários e carreiras. Seu principal espaço de vida é o mundo virtual das redes de internet. Mas nisso também se esconde o perigo dessa civilização: a fraqueza e a superficialidade resultantes de uma sobrecarga de informação que não pode ser suficientemente processada intelectual e emocionalmente, e a virtual pseudoproximidade das redes sociais[51].

Enquanto o primeiro e o segundo iluminismos foram acompanhados por uma ansiosa antecipação da chega-

---

51. No momento da redação deste livro ainda não está claro se a transferência forçada para a internet da comunicação interpessoal nos âmbitos profissional, educacional e eclesiástico em decorrência da pandemia de covid-19 levará as pessoas a se acostumarem com o novo tipo de comunicação ou, pelo contrário, trará a percepção da imprescindibilidade dos encontros presenciais.

da revolucionária de um futuro melhor, a geração atual não associa a raiva ao estado atual da sociedade e seus culpados com nenhuma escatologia interior esperançosa: os jovens de hoje, em sua maioria, veem seu futuro e o futuro do mundo em tons muito sombrios. Há alguns vislumbres de esperança nas tentativas acima mencionadas de estilos de vida alternativos e não comerciais. Algumas das manifestações radicais da atual geração mais jovem levaram aqueles que se lembram de 1968 a acreditar que o que estamos vendo é mais uma recaída na rebelião de esquerda daqueles dias. No entanto, é provável que a agitação moral de hoje ganhe uma face ideológica e política própria nos próximos anos à medida que confrontar as mudanças sociais, políticas e espirituais.

11
A identidade do cristianismo

Dentre as reflexões deste livro está a convicção de que uma característica distintiva do cristianismo pós-conciliar será uma crescente abertura ecumênica. Passos ousados para ultrapassar os limites mentais e institucionais existentes sempre encontrarão preocupação entre nós, cristãos, no sentido de que podemos estar traindo o cristianismo. Não estamos obscurecendo a identidade de nossa fé dessa maneira? Essa dúvida – assim como a maioria das dúvidas que nos levam à autorreflexão crítica – é saudável e útil. Isso nos leva a uma pergunta que deve ser feita repetidas vezes – e especialmente em situações de mudanças de paradigma cultural: o que torna cristã a nossa fé; o que constitui a *identidade do cristianismo*?

A resposta simples de que a essência do cristianismo reside na fé em Jesus Cristo é certamente correta. No entanto, sua retificação deve resistir ao confronto com uma série de outras questões. Em que acreditamos, que fé professamos quando afirmamos crer em Cristo? Acreditamos na divindade de Cristo e na sua ressurreição, essas pedras de tropeço também para aqueles "sem religião" que compartilham conosco de uma admiração e de amor pela humanidade de Cristo e pela humanidade, mas que se separam de nós nesse ponto? Ou acreditamos na *fé de Jesus*, crendo como Jesus acreditava (*fides qua*) e no que Ele acreditava (*fides quae*)? Nossa fé é principalmente confiança na verdade do testemunho de Jesus em relação àquele que Jesus chamou de Pai?

Durante séculos, a preparação dos candidatos ao sacerdócio nas faculdades teológicas católicas consistia em estudar Filosofia e "Teologia Natural" antes de estudar a Teologia propriamente dita. Essa estrutura de estudo, no entanto, os levou a ter uma resposta pronta quando questionados sobre quem Jesus se referia quando falava de seu Pai no céu: o Deus sobre cuja natureza e atributos eles tinham aprendido muito nos seus cursos de Metafísica. Receio que esse entendimento inicial tenha levado a um equívoco fatal, e até mesmo a um entendimento distorcido do próprio cerne do Evangelho.

Jesus não acreditava no Deus dos filósofos, mas no Deus de Abraão, Isaac e Jacó, no Deus que falou a Moisés na sarça ardente. Pascal vislumbrou essa diferença em sua *Noite de fogo*. A premissa da teologia cristã, por outro lado, deve ser a coragem de "esquecer" radicalmente, ou de "colocar entre parênteses" todas as nossas ideias humanas sobre Deus, desde construções metafísicas até nossas fantasias pessoais, e com o humilde (ou sábio) reconhecimento de que *não sabemos* quem é Deus, não sabemos o que as pessoas (incluindo nós mesmos) quiseram dizer e querem dizer com a palavra – devemos *procurar* saber a quem Jesus se referia quando falava do Pai. Ansiamos por entrar na relação de Jesus com o Pai; ou seja, tentar o impossível, a menos que o próprio Jesus nos envie um paráclito.

Para contrapor-se, por um lado, ao fundamentalismo bíblico e, por outro, ao vago fideísmo emocional, o Concílio Vaticano I ensinou que cabe à razão humana, pela reflexão sobre a criação, chegar a uma firme convicção sobre a existência de um Criador. No entanto, essa convicção não deve, de modo algum, ser confundida com a fé – uma virtude na qual estão intrinsecamente entrelaçados o dom divino da graça e a liberdade humana de recebê-la; uma fé na qual a abertura divina (Revelação) encontra a abertura humana, a capacidade de ouvir Deus e obedecer a Deus (*potentia oboedientialis*). Nossa fé não se baseia nas visões metafísicas de Deus. No coração do cristianismo está a relação de Jesus com o Pai. Os evangelhos nos apresentam isso preservando as palavras de Jesus e contando a sua história, que testemunha essa relação.

Jesus diz aos seus discípulos: "Tende a fé de Deus" (Mc 11,22 segundo a forma presente na Bíblia Wycliffe; Tm 2,13). As precauções de tradução enfraqueceram e distorceram essa frase para: "tende fé em Deus!" Mas Jesus está dizendo algo a mais: Deus não é o "objeto" e sim o "sujeito" da fé. Os clássicos manuais de Teologia Escolástica dizem que Jesus não tinha a virtude da fé, não precisava dela, uma vez que era Deus. Mas Jesus era "autor e consumador da fé" (Hb 12,2), afirma a Escritura. Em sua fé está a fé do próprio Deus, sua confiança arriscada em nós. Deus desperta a nossa fé e acompanha-a com confiança na nossa liberdade, acreditando que responderemos ao seu dom com fé e fidelidade. Deus é fiel pois não pode negar-se a si mesmo (2Tm 2,13). Deus é fiel mesmo quando somos infiéis. Deus acredita em nós mesmo quando não acreditamos nele. Deus é maior do que os nossos corações – do que o coração humano, no qual fé e incredulidade, fidelidade e infidelidade estão sempre lutando.

Na história de Jesus, a fé, a confiança e o amor de Deus por nós, humanos, são crucificados, mortos e enterrados por nós, humanos. Mas não permanecem deitados na sepultura. O poeta checo Jan Zahradníček, que, como poucos outros, experimentou a escuridão do Getsêmani, escreveu que os poderes terrenos ainda estão tentando desesperadamente "impedir que a história vá além da manhã da Sexta-Feira Santa" (Zahradníček, [s.d.]). Mas a história da Páscoa não permite que o inferno e a morte tenham a última palavra. Termina com a mensagem de que o amor é mais forte do que a morte.

Lemos nos evangelhos o quão lentamente e com dificuldade a luz da manhã pascal penetrou na escuridão da dor e das dúvidas dos apóstolos. Jesus vem a eles transformado para além do reconhecimento pela experiência da morte. Por vezes tenho a impressão de que ainda não entendemos essa informação. Enquanto a mensagem do Louco de Nietzsche sobre a morte de Deus já se enraizou entre nós, a mensagem da ressurreição ainda não foi totalmente compreendida e aceita. Muitas vezes vem de uma forma banal (seja como um relato da mera reanimação de um cadáver ou como uma simples afirmação simbólica de que "a causa de Jesus continua") que é fácil de descartar.

Essa mensagem torna-se credível pelo testemunho da vida dos cristãos de que Cristo vive neles, na sua fé, na sua esperança e, sobretudo, na força e autenticidade da sua solidariedade de amor. "Para ter fé no seu Redentor [...] os seus discípulos teriam de parecer mais redimidos", Nietzsche disse a nós, cristãos (Nietzsche, 1961). A nossa liberdade – a nossa redenção da escravidão de todos os tipos – é o testemunho mais convincente da ressurreição de Cristo, dessa pedra angular da nossa fé.

* * *

A afirmação de que "Jesus é Deus" é ambígua, e algumas interpretações dessa afirmação deram origem a muitos mal-entendidos e heresias, especialmente as heresias do monofisismo e do docetismo, a negação da verdadeira humanidade de Jesus. A ideia de que Jesus é Deus *ao lado* de Deus provocou conflitos com judeus e muçulmanos, que suspeitam que o cristianismo trai o monoteísmo, a crença de que existe apenas um Deus. Essas heresias prejudicaram não apenas o pensamento e a teologia cristã, mas também a espiritualidade cristã e a prática social. O humanismo cristão, a humanidade dos cristãos, teve dificuldade em respirar à sombra de tal ênfase na divindade de Jesus, o que obscureceu ou questionou a sua verdadeira humanidade. A crença ortodoxa na verdadeira e radical humanidade de Jesus pode ser mais bem confessada pelos cristãos por meio da ortopraxia, uma humanidade e co-humanidade radicalmente decretadas. Aqui está um dos pilares da identidade cristã. E o que devemos fazer com a confissão da divindade de Jesus? Nos evangelhos, encontramos isso explicitamente em apenas um lugar, quando o duvidoso Apóstolo Tomé, ao tocar as feridas de Jesus, exclama: "Meu Senhor e meu Deus" (Jo 20,28). Penso que devemos relegar a crença na divindade de Jesus de muitas interpretações teológicas e definições dogmáticas para a cena em que tem o seu *Sitz im Leben*. Devemos testar a autenticidade de todas as declarações que muitas vezes se afastaram desse fundamento na chama da fé ressuscitada de Tomé.

Muitas vezes me lembro do momento do meu "despertar", quando adquiri pessoalmente uma nova compreensão dessa frase – e também da minha fé em Cristo, na sua ressurreição e na sua unidade com Deus Pai. Foi durante uma viagem a Madras, Índia, onde visitei um orfanato católico cheio de crianças abandonadas famintas e doentes, perto do local onde reza a lenda que o Apóstolo Tomé foi martirizado (cf. Halík, 2016b). Lá me ocorreu: essas são as feridas de Cristo! Quem no nosso mundo ignora as feridas da miséria, do sofrimento e da dor de qualquer tipo, quem fecha os olhos para elas e se recusa a tocá-las, não tem o direito de exclamar: "Meu Senhor e meu Deus". Recuperemos a nossa fé na divindade de Jesus desde as definições dogmáticas, cuja linguagem é incompreensível para muitos dos nossos contemporâneos, até à ortopraxia de nossa abertura – solidária – à teofania (a revelação de Deus) no sofrimento das pessoas no mundo. Aqui, nas feridas do nosso mundo, podemos ver autenticamente o Deus invisível de maneira cristã e tocar em um mistério que de outra forma dificilmente poderia ser tocado.

* * *

Se estamos procurando a contribuição do cristianismo para a história da fé, não podemos ignorar os ensinamentos de Jesus – e especialmente sua ênfase na união do amor a Deus e amor ao homem. Muitos textos do Novo Testamento reiteram que aqueles que afirmam amar a Deus (a quem não viram) e não amam seu irmão, são hipócritas e mentirosos (1Jo 4,20). Por outro lado, o amor solidário ao próximo implica fé em Deus. No relato de Jesus sobre o Juízo Final, lemos que foram aqueles que mostraram amor efetivo pelos necessitados sem motivação explicitamente "cristã" que demonstraram a autenticidade de sua fé e apego a Cristo. Ao fazê-lo, eles não sabiam que estavam servindo ao próprio Cristo (Mt 25,31-46). Jesus afirmou que não é aquele que invoca seu nome e o chama de "Senhor, Senhor" que é o seu verdadeiro discípulo, mas aquele que faz a vontade de Deus (Mt 7,21).

Esse é um importante corretivo para o entendimento comum das palavras de Jesus de que Ele é a única porta que dá acesso a Deus Pai (Jo 10,7-10) de forma "exclusiva" (no sentido de exclusão). Uma compreensão estritamente exclusiva dessas palavras é negar aos não cristãos a possibilidade de salvação. Mas o relato do Juízo Final no Evangelho de Mateus mostra que o "eu" de Jesus é muito mais amplo: inclui todos os "insignificantes" com quem Ele se identifica. Isso significa que todos aqueles que de alguma forma prestam serviço de solidariedade e de amor vão a Deus por meio de Cristo, ainda que não o nomeiem nem o reconheçam. Cristo está escondido dentro deles.

Como Paulo ensina em Filipenses, Cristo "esvaziou-se a si mesmo" (Fl 2,6-11). Ele é a porta: uma porta aberta é um *espaço vazio* – e, por isso, pode ser uma passagem que permite o acesso (Jo 10,7-10). É a *kenósis* (autodoação, auto-obliteração) que faz com que o Pai "exalte" Jesus e lhe dê um nome poderoso: para fazer dele o "Cristo universal", o Senhor onipotente e onipresente.

Voltemos ao tema da fé implícita na Carta de Tiago: aqueles que falam incessantemente sobre fé, mas cuja fé não é sustentada por nenhum ato de amor, são hipócritas, têm uma fé morta, enquanto outros podem apresentar uma fé que está implícita, anônima e silenciosamente presente em seu modo de vida (Tg 2,17-18). Portanto, se quisermos procurar a fé cristã tal como escrita no Novo Testamento, não há necessidade de procurá-la apenas em lugares onde ela está associada a um compromisso explícito com Jesus, nem exclusivamente dentro dos limites da Igreja como tradicionalmente entendida. Há também "discípulos que não nos seguem", "cristãos anônimos" e

"Igreja invisível" (Mc 9,38-40). Jesus disse a seus discípulos muito zelosos e limitados para não proibir aqueles "que não os seguem" de testemunhar livremente sobre ele à sua própria maneira.

* * *

A história humana de Jesus é enquadrada nas narrativas do Novo Testamento pela teologia dos escritos paulinos e joaninos, nos quais o homem Jesus é, antes de mais nada, o *Cristo*. Tanto em Paulo quanto em João, isso significa muito mais do que ser o Messias judeu prometido pelos profetas. A humanidade terrena de Jesus, ensina a Igreja, é um protossacramento, isto é, um símbolo, um sinal potente, que aponta para algo além e acima de si mesmo, e ao mesmo tempo é uma autoexpressão do próprio Deus. Para o Evangelho de João, Jesus Cristo é o Verbo que está intrinsecamente unido ao próprio Deus; por meio dele, com Ele e nele, Deus é o princípio criador de todas as coisas, "por Ele o mundo foi feito" (Jo 1,10). Portanto, nesse Evangelho, o Eu de Deus resplandece nas declarações de Jesus sobre si mesmo, que são prefaciadas pelas palavras Eu sou (*ego eimi*): "Eu e o Pai somos um" (Jo 10,30). Jesus Cristo, segundo a Revelação de João, é o alfa e o ômega, o princípio e o fim da história de todas as coisas; ele é seu primeiro e último propósito.

Para Paulo, Jesus crucificado, ressuscitado e recebido na glória do Pai é o Cristo cósmico, universal, Senhor e juiz do céu e da terra. A universalidade do cristianismo de Paulo é baseada na universalidade de Cristo, não apenas na pessoa, nas histórias e nos ensinamentos do homem Jesus de Nazaré. O que fascina Paulo muito mais do que o Jesus histórico ("segundo a carne") é o Cristo "segundo o espírito" que rompe todos os limites e até supera e suplanta o próprio ego do apóstolo, porque "já não sou eu que vivo, é Cristo que vive em mim" (Gl 2,20).

Para que o cristianismo seja novamente uma proposta universal no contexto da sociedade global de hoje, a sua cristologia deve, assim como em Paulo, nos Padres da Igreja grega, nos místicos, na espiritualidade franciscana, na teologia espiritual do Oriente cristão e na cosmologia mística de Teilhard de Chardin, apresentar desproporcionalmente um "Cristo maior" do que aquele retratado em muitas das pregações sentimentalmente moralizantes ou escolasticamente secas dos últimos séculos. Uma das tentativas ousadas e inspiradoras de uma cristologia baseada especialmente na teologia e no misticismo franciscano é o conceito de "Cristo universal" no livro de mesmo nome de Richard Rohr.

Na minha opinião, essa visão de um Cristo onipresente e onipotente, no qual se realiza a unidade do divino e do humano e a consumação da encarnação pela cristificação da matéria, harmoniza não apenas com o ensinamento de Teilhard, de Cristo como o Ponto Ômega do desenvolvimento cósmico, mas também com a conhecida teoria de Karl Rahner, dos "cristãos anônimos": encontramos Cristo em todas as pessoas, batizadas e não batizadas, crentes e sem religião. De acordo com Rahner, todas as pessoas já estão conectadas *pela sua humanidade* àquele em que Deus realizou a deificação da humanidade enquanto tal.

A deificação da humanidade por meio de Cristo é uma característica da teologia e da espiritualidade do Oriente cristão em particular. Além disso, esse "mistério natalício" é também pronunciado pelo padre em cada missa na liturgia católica ocidental: como a água se une ao vinho, que a nossa humanidade se una à divindade d'Aquele que assumiu nossa humanidade. Richard Rohr diz: Cristo está em todos os seres (Rohr, 2021).

A concepção de Cristo como o misterioso destino escatológico da história e de cada vida humana abre novas possibilidades para um segundo e terceiro ecumenismo: torna possível a aproximação com outras religiões e com "pessoas não religiosas, mas espirituais". Em um diálogo com o judaísmo e o islamismo, podemos mostrar que a nossa fé não é um culto pagão ao homem Jesus, que tentamos fazer passar por um "segundo deus", e assim ameaçar a pureza da fé no único Deus. Em diálogo com o humanismo secular, podemos novamente mostrar a profundidade mística de nossa reverência pela humanidade. A nossa relação com o humanismo não religioso não deve permanecer uma aliança superficial de conveniência; deve ser teológica e filosoficamente refletida e amadurecida na meditação comum. Só então poderá ser uma contribuição madura para a busca comum de uma resposta à desafiadora questão milenar "o que é o homem?"

* * *

Mas vamos mais longe e mais fundo. A Igreja e a sua fé são cristãs enquanto fé pascal: *morre e ressuscita*. Existem muitas formas de fé, tanto em um nível pessoal (a nossa fé de infância, a fé como mera "herança", também o entusiasmo inicial dos convertidos) quanto no caminho da Igreja ao longo da história, e todas elas devem morrer em algum momento. Quando a sua forma habitual de fé está morrendo, os crentes por vezes experimentam uma escuridão da Sexta-Feira Santa, uma sensação de que Deus os abandonou. Mas aqueles que perseveram nessas noites escuras (as provações da fé pessoal, mas também as noites coletivas da fé na história) podem, mais cedo ou mais tarde, experimentar a luz da manhã da Páscoa e a transformação de sua fé.

O drama da Páscoa inclui um mistério, expresso em uma linha importante do Credo dos Apóstolos: Ele desceu à mansão dos mortos, ou aos infernos. No relato da Paixão, Jesus desce primeiro ao inferno da crueldade e da violência humana e depois a um inferno ainda mais profundo, um inferno do abandono mais profundo, abandono do próprio Deus. A reverência pelas chagas de Jesus faz parte da piedade popular da Sexta-Feira Santa e sobretudo da espiritualidade franciscana; mas não devemos nos esquecer da ferida mais profunda, da chaga no coração, articulada na pungente pergunta: "meu Deus, meu Deus, por que me abandonaste?"

Se na dor e na miséria das pessoas tocamos as feridas de Jesus, então na escuridão da fé traspassada, crucificada e aniquilada de muitas pessoas tocamos essa ferida sem a qual a história da Páscoa não seria completa. Apenas dois dos evangelistas têm coragem de citar essa declaração. Em João, Ele é inundado de luz – sua compreensão da Paixão já relaciona a cruz com a vitória pascal: "em tuas mãos entrego o meu espírito", "está consumado". Mas essa ferida permanece aberta e não cicatrizada na vida de muitas pessoas – a questão do significado do sofrimento continua sem resposta.

Receio que a nossa fé também não seja completa e plenamente cristã, a menos que ouse entrar nessa escuridão da cruz e no silêncio do Sábado Santo. A morte de Jesus na cruz como a "morte de Deus" é o assunto de muitos sofisticados tratados teológicos e filosóficos e da poesia mística. Um pensamento que me ocorre: quando a piedade popular contempla o túmulo de Deus no Sábado Santo, é possível que também saiba de alguma forma sobre a "morte de Deus?"

Nos ícones bizantinos vemos escrito o significado da descida de Jesus aos infernos: Jesus conduz a procissão dos mortos para fora do inferno com um passo de dança. Diante desse ícone, sempre penso que o Cristo ressuscitado está conduzindo, por meio da luz da salvação, também aqueles que nossa fé muito estreita tem enviado para o inferno durante muitos séculos: toda aquela humanidade que "acredita de forma diferente". De fato, nenhum dogma nos proíbe de esperar que, depois da passagem de Jesus pelo inferno, o inferno permaneça vazio. Covardemente, apaguei o título original deste capítulo. Eu pensava em colocar "Jesus no inferno". No entanto, acredito que a frase "desceu aos infernos" é uma parte importante da nossa fé, e que a passagem para o entardecer do cristianismo acontece por meio da escuridão do meio-dia, que inclui a experiência de abandono que Jesus gritou na escuridão do meio-dia no Gólgota e que Ele compartilha com muitas pessoas espiritualmente angustiadas em nosso mundo.

* * *

O cristianismo vivo está em movimento, está acontecendo, está se transformando, ainda está inacabado, está apenas a caminho de sua consumação escatológica. O cristianismo realmente trata do "nascer de novo" (Jo 3,1-21), da transformação (*metanoia*). Compreendo essa transformação de maneira um pouco diferente de muitos cristãos pentecostais "nascidos de novo" ou daqueles que entendem a conversão apenas como uma mudança de mentalidade ou "melhoria moral"; todas essas coisas são, no máximo, apenas aspectos parciais do caminho para "tornar-se cristão". Mais propriamente, representam algo que acompanha naturalmente a conversão; são uma consequência disso, mas a própria conversão não pode ser reduzida a elas. A vida de fé não se reduz à crença, nem à moral, nem à experiência emocional do "segundo nascimento"; *metanoia* é a transformação existencial total do ser humano.

Cristo veio não para oferecer uma "doutrina", mas um caminho no qual aprendemos continuamente a transformar a nossa humanidade, o nosso modo de ser humano, incluindo todas as nossas relações – no que diz respeito a nós mesmos e aos outros, à sociedade, à natureza e a Deus. Esse é o seu "ensinamento" – não uma doutrina, teoria ou ensino "sobre" algo, mas um processo de aprendizagem, de aprender "algo"; essa é a prática educativa e terapêutica de Jesus. O seu "novo ensinamento" é "ensinar com autoridade" (cf. Mc 1,27) – e essa autoridade reside na capacidade de transformar uma pessoa, de mudar seus motivos e objetivos, sua orientação fundamental na vida. Jesus é um mestre de vida (um *Lebensmeister*, para pegar emprestado um termo de Mestre Eckhart), não um rabino, um filósofo ou simplesmente um "professor de moral". A fé que Ele ensina, essa resposta existencial ao chamado à conversão, é a participação no evento sempre contínuo da ressurreição.

A ressurreição de Jesus não pode ser reduzida à "ressuscitação de um cadáver" e a ressurreição dos crentes simplesmente a um evento *post mortem*. Paulo fala da ressurreição dos crentes como sua vida radicalmente nova aqui e agora (Rm 6,3-11). Ressurreição – a ressurreição de Jesus, a ressurreição dos crentes (conversão) e a ressurreição da Igreja (movimentos de reforma e renovação) – não são uma volta ao passado, uma repetição do que já passou.

Ressurreição é sempre uma transformação radical.

A representação do Juízo Final no Evangelho de Mateus nos diz que Cristo passa anonimamente pela história e por nossas vidas, e, somente no limiar do futuro escatológico, Ele envia seus muitos disfarces: sim, as pessoas pobres, nuas, doentes e perseguidas – eram eu! Já em nosso caminho, a *parousia*, sua segunda vinda – e ao mesmo tempo seu julgamento sobre nós – está acontecendo para aqueles que necessitam. A última crise, o último julgamento, serão apenas a consumação desse processo oculto. A nossa vida e a história da Igreja são uma aventura na busca do Cristo escondido. Não fechemos os ouvidos aos gritos dos que sofrem, dos explorados e perseguidos, não fechemos os olhos para as feridas e dores do nosso mundo, não fechemos o coração para os pobres e marginalizados – poderemos ter saudade da voz de Jesus neles. Poderemos sentir falta de Jesus neles.

A ressurreição não termina na manhã seguinte à Páscoa. Assim como existe a criação contínua (*creatio continua*), também podemos falar de *resurrectio continua*, a ressurreição contínua. A vitória de Jesus sobre a morte, também sobre a culpa e o medo, continua na história, na fé da Igreja e nas histórias individuais das pessoas. A vida oculta do Ressuscitado (Jesus não apareceu para "todo o povo" [At 10,41]) é como um rio subterrâneo que borbulha para a superfície nos acontecimentos das conversões individuais e das reformas da Igreja.

Santo Agostinho afirmava que rezar é fechar os olhos e perceber que Deus está agora criando o mundo. Eu acrescento: acreditar, tornar-se cristão, é abrir o coração e perceber que Jesus está agora ressuscitando dos mortos.

12
Deus próximo e distante

A história da fé, da qual a fé cristã é uma parte importante, pode ser imaginada como um rio que corre por meio das paisagens de diferentes culturas. A fé também pode ser comparada a uma memória coletiva na qual são registradas as experiências dos crentes e das comunidades de crentes[52].

Como esse rio flui para as vidas individuais? Como as pessoas, individualmente, se tornam crentes? Quem participa da vida de fé e como? E como se tornam cristãs? A resposta do direito canônico é simples: alguém se torna cristão pelo Batismo. Salvo casos excepcionais, um adulto só pode ser batizado após uma preparação catequética adequada e depois de ter professado a fé. As crianças pequenas só podem ser batizadas se a Igreja – representada na cerimônia pelos pais e padrinhos, e preferencialmente por toda a comunidade paroquial reunida – responder por elas com sua fé. As crianças são batizadas "na fé da Igreja", que depois devem adquirir por meio da educação;

---

52. O conceito de religião como memória coletiva foi particularmente desenvolvido pela socióloga francesa Daniele Hervieu-Léger (2000).

na Igreja Católica, o Sacramento da Crisma, preferencialmente administrado no limiar da idade adulta, é uma espécie de selo do Batismo – uma ocasião em que uma pessoa, batizada quando criança, adere conscientemente a fé da Igreja pela sua fé pessoal.

Um passo significativo no processo de esforços ecumênicos foi a decisão de várias igrejas cristãs de reconhecer mutuamente a validade do Batismo. O teólogo americano David M. Knight recentemente levantou a questão bastante lógica do porquê, então – se se reconhece que pelo Batismo válido vivem os cristãos não católicos, como os católicos "na graça santificadora" – a Igreja Católica não os admite aos outros sacramentos nas mesmas condições que os seus próprios membros (Knight, 2020). Esses sacramentos não são em si mesmos mais valiosos do que suas interpretações teológicas? Eles não poderiam nos unir antes mesmo de esclarecermos aquelas interpretações e antigas disputas que nos dividem – embora para a maioria dos cristãos eles já não tenham nenhum significado?

Outro aspecto de debate teológico sobre o Sacramento do Batismo – o Batismo como condição de salvação – surgiu no início da história da Igreja. Podem ser salvos os catecúmenos que acreditaram em Cristo, mas não receberam o Batismo porque morreram durante o catecumenato – e especialmente aqueles que morreram como mártires? Embora não batizados, eles deram o maior testemunho possível de sua fé, o sacrifício de suas vidas. A Igreja daquela época – dos lábios de São

Cipriano, por exemplo – respondeu a essas perguntas ensinando o "batismo de sangue" e mais tarde também o "batismo de desejo"; ela via essas pessoas como validamente, embora extraordinariamente, batizadas.

A ideia do batismo de desejo, sobre a qual escreveu Tomás de Aquino, por exemplo, foi desenvolvida no século XX pelo teólogo tcheco Vladimír Boublík, durante seu exílio em Roma, com sua teoria dos "catecúmenos anônimos" (Boublík, 2000). Ele a apresentou como uma alternativa à conhecida doutrina de Rahner dos "cristãos anônimos". Assim como Rahner, ele argumentou que havia uma esperança para aqueles que, por vários motivos (pelo menos subjetivamente legítimos), não receberam o Batismo e não foram formalmente admitidos como membros da Igreja, mas cuja consciência os levou a buscar a verdade, a bondade e a beleza no curso de suas vidas. A doutrina da possibilidade de salvação para os não batizados e para os que não têm fé explícita em Cristo tornou-se parte firme do dogma católico por meio dos documentos do Concílio Vaticano II (cf. *Lumen Gentium*, 16; *Gaudium et Spes*, 22).

Assim, a ausência de uma crença explícita não precisa ser entendida como uma rejeição dela. Mesmo uma rejeição verbal de Cristo e da Igreja em alguns casos pode ser (e frequentemente é) apenas uma rejeição das falsas ideias que a pessoa passou a ter (tais como generalizando as próprias experiências pessoais negativas com o ambiente dos crentes). Por outro lado, o jesuíta americano

Leonard Feeney foi excomungado da Igreja Católica pela sua insistência de que os não católicos não poderiam ser salvos – em outras palavras, por invocar radical e explicitamente a frase *extra Ecclesiam nulla salus* (fora da Igreja não há salvação) – muito antes do último Concílio de fato[53]. Questões sobre os limites da Igreja e a relação entre a Igreja visível e invisível têm sido objeto de debates teológicos durante séculos, e esses debates não podem ser simplesmente concluídos por uma única definição dogmática; o espírito de Deus guia a Igreja por meio da história, transformando-a, trazendo-a incessantemente à plenitude da verdade e inspirando sua autorreflexão teológica, incluindo reflexões teológicas sobre suas transformações históricas. Essa ação do espírito na Igreja só terminará com a consumação de sua história no abraço de Deus; negá-lo e não o escutar provavelmente significaria blasfemar contra o Espírito Santo. Jesus advertiu enfaticamente que o amor humano de Deus não é uma espécie de relacionamento exclusivo com um "ser sobrenatural" para além do horizonte do mundo, mas deve assemelhar-se, em sua imensidão e incondicionalidade, ao amor de Deus, que abraça e sustenta tudo o que existe por meio do amor; deve assemelhar-se a Deus, que está presente em tudo com amor e como amor.

---

53. O jesuíta americano Leonard Feeney, inicialmente estudante capelão em Harvard, foi excomungado em 1953 por essa declaração e por desobediência às autoridades da Igreja. Essa situação foi precedida por um parecer do Santo Ofício datado de 8 de agosto de 1949.

Esse mandamento de amor (amor inseparável por Deus e pelo próximo) é um desafio que nunca poderá ser concluído neste mundo e nesta vida; tal como a fé, tem caráter de um convite a um caminho que está sempre aberto. O cristão é chamado a ser como Deus, de cujo amor ninguém é excluído (cf. Mt 5,43-48).

Assim, a graça da fé é derramada na vida de uma determinada pessoa, não principalmente quando essa pessoa dá o seu consentimento racional aos artigos de fé, "quando ele ou ela começa a pensar que existe um Deus" – como muitas pessoas imaginam a conversão – mas sim quando há transcendência (autotranscendência, transcendência do egoísmo e do egocentrismo) em sua vida, ou seja, o que o cristianismo quer dizer com a palavra amor. As convicções de fé (crenças), opiniões sobre Deus, fazem parte do ato de fé apenas na medida em que seu contexto é a prática do amor. Fora desse contexto são apenas "fé morta" (cf. Tg 2,17).

Sem fé, associada ao amor, mesmo a recepção da graça (isto é, a vida de Deus) nos sacramentos seria um ritual vazio, semelhante à magia[54].

* * *

A Igreja há muito define a fé como um ato de vontade humana, realizado pela graça de Deus, que leva a razão a

---

54. Na teologia sacramental católica, isso se expressa ligando o *opus operatum* ao *opus operantis*, os elementos "objetivo" e "subjetivo" na administração e recepção dos sacramentos.

concordar com os artigos de fé apresentados pela Igreja. A fé é assim uma "virtude infundida", na qual o dom de Deus encontra a liberdade do homem; a iniciativa de Deus é primordial nesse caso, mas a liberdade humana também é indispensável. Por mais complexa que seja essa descrição da fé, ela preserva, no entanto, a experiência de que a fé é dialógica, que é um encontro entre o divino e o humano.

A psicologia oferece uma resposta à questão de saber se e em que medida esse modelo teórico corresponde à experiência real das histórias humanas. A psicologia humana tem muitas vezes se concentrado principalmente no período da adolescência, durante o qual a visão das pessoas sobre o mundo geralmente é moldada. Os adolescentes podem *concordar* conscientemente com a fé na qual foram criados; ou podem *rejeitá-la* ou se desviar dela; alternativamente, podem compreendê-la e aceitá-la melhor, de maneira nova e mais madura do que a maneira como lhes foi apresentada na infância. A transição para a idade adulta é quando as conversões ocorrem com mais frequência: um crente pode trocar uma religião por outra ou abandonar a vida religiosa; ou, inversamente, uma pessoa que não acredita em nada, pode abraçar alguma fé. Em nossa civilização, no entanto, mesmo os crentes tradicionais costumam passar por uma "conversão" desse tipo quando percebem que sua religião não é universalmente aceita como algo normal e, apesar disso, optam livremente por permanecer na tradição que receberam. O sociólogo britânico Grave Davie argumenta que, enquanto no passado muitos crentes viam sua frequência às celebrações como uma obrigação inquestionável imposta pela tradição, hoje a frequência à igreja é principalmente para aqueles que querem estar lá por sua própria livre-escolha (Davie, 2000).

A ausência de pressão social para "ir à igreja" e professar a própria fé dissuadiu um certo número de "cristãos culturais"[55] de participar da vida da Igreja (exceto, talvez, para a presença pouco frequente nas celebrações religiosas em feriados importantes ou eventos familiares). No entanto, essa diminuição no número de cristãos tendeu a revigorar as igrejas e a sua fé. Se a religiosidade não é apenas um hábito, se os crentes pensam sobre a fé e fazem dela a sua fé pessoal, então normalmente reinterpretam o seu conteúdo até certo ponto, recontextualizando-a à luz de sua crescente educação e amadurecimento pessoal. Uma fé recebida, a menos que seja *internalizada*, a menos que tenha se enraizado no mundo emocional e intelectual interior da pessoa, dificilmente resistirá às crises que provavelmente encontrará em um mundo secularizado.

No entanto, a psicologia profunda e a psicologia do desenvolvimento influenciada pela psicanálise desafiaram a noção de que a adolescência é o período-chave para a vida religiosa. Erik Erikson cunhou o termo "confiança básica" (*Ur-vertrauen*) para se referir à atitude

---

55. A sociologia usa esse termo para se referir àqueles que reconhecem a religião como parte da cultura, mas não têm fé como uma experiência religiosa pessoal – um relacionamento pessoal com Deus.

subjacente em relação à vida que é formada nos primeiros estágios da vida, quando um recém-nascido entra em contato pela primeira vez com sua mãe ou outras pessoas importantes. Ana-Maria Rizzuto (1979), uma psicóloga de Harvard de origem argentina, produziu uma psicologia do desenvolvimento da religião muito inspiradora. As ideias religiosas das crianças são formadas espontaneamente na mais tenra idade, com base nas primeiras experiências; elas refletem confiança básica ou descrença básica. As ideias religiosas subsequentes podem basear-se nessa confiança básica ou podem corrigir a desconfiança básica. Uma imagem patológica de um deus malvado pode se desenvolver a partir de uma desconfiança básica, e isso pode causar distúrbios mentais e espirituais. A reação psicológica a essa imagem pode ser o ateísmo; como regra, é primeiro um protesto contra um determinado tipo de religião antes de se transformar em uma aversão à religião enquanto tal.

A imagem de Deus espontânea, pessoal, emocional, pouco diferenciada e principalmente inconsciente das crianças, mais cedo ou mais tarde encontra o conceito cultural de Deus, que lhes é mediado pela vida religiosa de uma determinada sociedade, especialmente por meio da educação religiosa na família ou na escola. Durante o processo, a imagem espontânea de Deus na infância pode ser complementada harmoniosamente por essa imagem cultural (que promete uma religiosidade mais robusta na vida adulta) ou as pessoas podem não a aceitar e manter a sua própria imagem de Deus. Em outros casos, ao contrário, as crianças podem rejeitar sua imagem espontânea ou deixá-la em seu inconsciente, aceitando, em vez disso, o conceito oferecido pela cultura.

Penso que essa teoria também possa lançar alguma luz sobre a situação religiosa em países como a República Tcheca, onde a maioria das crianças não foi exposta a nenhum tipo de educação religiosa há gerações (e frequentemente continuam não o sendo). Assim, as pessoas ou têm "o seu próprio deus" ou se tornam ateias quando saem de sua religiosidade infantil espontânea e não encontram nenhuma outra forma de religião depois. A ausência de uma educação religiosa crível – especialmente a incapacidade de interagir com a vida religiosa mitopoética específica da criança – contribui para a expansão dos *nones* [sem religião], assunto discutido no capítulo 8.

* * *

A fé é gradualmente incorporada nas histórias de vida individuais. É um processo dinâmico ao longo da vida: para uma pessoa que passa pela conversão da descrença para a crença na idade adulta, o período anterior de descrença faz parte da história da fé. Teologicamente falando, todos têm uma história de Deus, crentes e não crentes, e Deus está presente em sua crença e em sua descrença. "Sou por acaso um Deus apenas de perto – oráculo do Senhor – e não um Deus de longe?" (Jr 23,23).

O que o texto neotestamentário de Hebreus descreve como tendo acontecido na história da salvação – "Muitas vezes e de modos diversos Deus falou antigamente a nossos pais pelos profetas. Agora, nos últimos dias, falou-nos pelo Filho" (Hb 1,1-2) – também acontece no âmbito pessoal nas histórias de convertidos: Deus já falou a cada pessoa muitas vezes e de muitas maneiras antes que a pessoa desse à mensagem do Evangelho o "sim e o amém" a partir de sua fé pessoal e consciente.

É por isso que a oração é importante para a fé – que é uma busca constante por Deus – não como meio de influenciar Deus a fazer a vontade de alguém, mas como meio de criar um silêncio interior no qual se tenta estar consciente da presença do Deus oculto e discernir a vontade de Deus. Ao contrário da "visão beatífica" (*visio beatifica*) dos santos no céu, a fé não tem a evidência ou a certeza do conhecimento completo e explícito. Se for humanamente autêntica, a fé manterá o âmbito legítimo para questões críticas que a ajudem a crescer e a cooperar mais plenamente com o seu aspecto divino (fé como um dom da graça de Deus). A dúvida que é um corolário saudável da fé e a torna humilde não é a dúvida sobre Deus, nem a dúvida sobre a existência de Deus, mas a dúvida sobre si mesmo, sobre até que ponto, a pessoa como crente, compreendeu bem o que Deus disse.

O mistério mais profundo da fé não está relacionado com a existência de Deus. A rigor, o cristão não acredita em um Deus que não pode existir. Apenas existências contingentes (acidentais), "objetos", são *capazes de não existir*. Um Deus que pode não ser, Deus como uma existência entre as existências, verdadeiramente não existe – tal Deus como objeto seria um ídolo, não Deus. O Deus em que acreditamos enquanto cristãos contém tudo e *transcende* tudo[56]. Não faz sentido perguntar se o todo de tudo existe; mas é natural perguntar qual é o caráter desse todo e se é possível se comunicar com ele de alguma forma, se é infinitamente maior do que todas as nossas afirmações e ideias sobre ele.

A fé não se torna *cristã* por acreditar que Deus existe; nós nos tornamos crentes cristãos não por acreditarmos na existência de Deus, mas, como diz a Escritura, pelo fato de que "nós conhecemos o amor que Deus tem por nós, e nele acreditamos" (1Jo 4,16). A objeção de que devemos primeiro acreditar na existência de Deus antes de podermos acreditar no amor de Deus contradiz a lógica do Evangelho: *só quem ama pode compreender o que significa a palavra "Deus"* (cf., p. ex., 1Jo 4,8).

O amor não é um dos atributos de Deus, mas sim a essência de Deus, o próprio nome de Deus. Talvez uma das razões pelas quais foi proibido falar o nome de Deus tenha sido pelo fato de que o amor não pode ser encapsulado em palavras. O amor só pode ser expresso por meio

---

56. Embora o cristianismo rejeite o panteísmo, a identificação de Deus com o mundo; a Bíblia tem passagens importantes que se aproximam do "panteísmo", segundo as quais Deus abrange e simultaneamente transcende tudo o que foi criado.

da própria vida. Palavras de amor, não validadas pela própria vida, equivalem a tomar o nome de Deus em vão – pecaminosamente.

* * *

Já mencionei o desafio de Jesus: Tende fé em Deus (Mc 11,22). Tenha a fé que Deus tem! Deus nos ama e confia em nós, então devemos participar dessa fé confiando nela. O conteúdo de nossa fé não são opiniões sobre a existência de Deus, mas a resposta de nossa confiança à confiança de Deus, a resposta de nosso amor ao amor de Deus. A fé é, portanto, inseparável do amor, e temos fé e amor apenas na forma de esperança e desejo, não de posse.

Eu acredito para entender (*credo ut intelligam*) – mas ao mesmo tempo preciso de um certo tipo de compreensão para proporcionar um espaço no qual a fé possa viver (*intelligo ut credam*)[57]. Mas a própria fé, como experiência existencial específica, é uma espécie de compreensão e interpretação do mundo e da vida. Entre a fé e o entendimento, bem como entre a fé e o amor, existe um círculo hermenêutico: eles se interpretam mutuamente e não podem ser separados.

---

57. *Neque enim quaero intelligere ut credam, sed credo ut intelligam* (Não busco o entendimento para crer, mas creio para entender) – com essa frase na obra *Proslogion*, Anselmo de Cantuária complementa a declaração *credo ut intelligam* de Santo Agostinho (de seu *Comentário sobre o Evangelho de João*). A ideia de Agostinho de que a fé busca o entendimento vem da tradução latina de Is 7,9, qual seja: *nisi credideritis non intelligetis* (a menos que acredite, não compreenderá) (cf. o Sermão 43, de Agostinho).

Jesus prometeu aos seus apóstolos que se tivessem uma fé do tamanho de um grão de mostarda, realizariam coisas inimaginavelmente grandes (Mt 17,20). Essa frase é geralmente entendida como uma repreensão aos apóstolos por sua fé insuficiente. Em um dos meus livros, apresentei uma interpretação provocativamente diferente: nossa fé pode ser incapaz de fazer grandes coisas porque não é suficientemente pequena (Halík, 2012). Muitas coisas incidentais – nossas ideias e desejos – têm sido colocadas sobre ela. Somente a fé nua, livre de todo lastro, é "a fé de Deus". Pois sabemos a partir de São Paulo que o que é grande aos olhos humanos é insignificante aos olhos de Deus, e vice-versa (1Cor 1,25-29).

No Evangelho de João, Jesus diz que o grão de trigo deve primeiro morrer antes de poder produzir qualquer fruto; se não morre, permanece em si mesmo e perece sem frutos (Jo 12,24). Não é assim também com a nossa fé? A nossa fé não deve imitar a quênose de Jesus, morrer à sua condição anterior e tornar-se vazia, a fim de que possa ser preenchida com a plenitude de Deus?

Assim como celebramos a Páscoa repetidamente ao longo da vida e ao longo de nossa história para entender seu significado mais profundamente ano após ano, também a nossa fé deve revisitar o mistério pascal de morte e ressurreição. As noites escuras da fé, como os místicos bem sabiam, são as escolas de seu amadurecimento. Isso é obviamente verdade tanto em nossas histórias de fé quanto em sua história. Não tenhamos medo dos momentos em que nossa fé é pregada na cruz da dúvida, quando desce aos infernos da dor e do abandono e algumas das suas formas desaparecem e são colocadas na sepultura. Por vezes Deus fala em uma tempestade pentecostal, por vezes em uma brisa silenciosa, quase inaudível, como ao Profeta Elias no Monte Horeb (1Rs 19,12).

Às vezes, nossas crises pessoais de fé coincidem com as da história, uma vez que nossas histórias de vida se entrelaçam no fluxo da história. Nossa fé pessoal participa não apenas da luz e das alegrias da fé da Igreja, mas também das suas horas escuras. Carl Gustav Jung confessou que durante uma das suas mais profundas depressões e crises pessoais, foi ajudado pela percepção de que sua crise antecipava de alguma forma a crise de nossa civilização, a Guerra Mundial (Jung, 2011b). Talvez nós também possamos ser ajudados pelo conhecimento de que as dores da nossa fé são uma participação misteriosa nas dores da Igreja e, portanto, no mistério permanente da cruz de Jesus. São Paulo escreveu que as nossas tristezas são o que resta para ser completado na história dos sofrimentos de Cristo (Cl 1,24); assim, além de *creatio continua* e *resurrectio continua*, o primeiro e maior dos teólogos cristãos apresenta a doutrina da *passio continua*.

O chamado para *sentire cum ecclesia* (pensar e sentir com a Igreja) é geralmente apresentado como um apelo à obediência em relação à autoridade da Igreja; mas também o entendo como um chamado para colocar minhas perguntas, dores e dúvidas, minhas noites de fé, em um contexto mais amplo, na fé de toda a Igreja. Enquanto comunidade de fé, a Igreja é também uma comunidade de experiência compartilhada no caminho pelo vale escuro das sombras. Não apenas nossas histórias pessoais de fé, mas a história da Igreja tem suas primaveras e seus invernos longos e frios.

* * *

De que maneira a Igreja participa da plenitude da verdade de Deus, dessa certeza de todas as certezas? Como e até que ponto ela derrama essa água da vida nos corações e mentes dos crentes individualmente? Penso que aqui podemos usar o verbo *subsistit* (permanece, habita, está contido). Essa palavra conferiu uma importante dimensão ecumênica à doutrina da Igreja nos documentos do último Concílio. Durante o acalorado debate do Concílio, na frase que afirma que a Igreja Católica é a Igreja de Cristo, o verbo *est* (é, é igual a) foi substituído pelo verbo *subsistit*. Na Igreja Católica empírica que existe aqui e agora, está presente (*subsistit*) a Igreja de Cristo, aquela misteriosa noiva de Cristo cuja plena glória e beleza só serão reveladas no horizonte escatológico da eternidade.

Isso implica também que essa Igreja Católica Romana específica não "preenche todo o espaço" da Igreja de Cristo, que continua a existir um lugar legítimo para outras igrejas cristãs. Esse importante alicerce teológico do ecumenismo cristão foi arrancado de uma vez por todas no Concílio, embora declarações posteriores do Magistério tenham equilibrado cautelosamente essa generosidade com o adendo de que nessas outras igrejas a Igreja de Cristo *subsists* de uma maneira um tanto diferente, mais modesta, do que na Igreja Católica Romana[58].

Por analogia, poderíamos possivelmente dizer que a verdade, que é o próprio Deus, *subsists* na doutrina do Magistério, sem, contudo, em nenhum momento da história, esgotar completamente a plenitude do mistério de Deus. A afirmação de que o magistério oficial da Igreja apresenta a revelação de Deus de forma autêntica e em grau suficiente para a salvação, e que nenhuma outra revelação deve ser esperada, certamente não significa que a Igreja queira proibir o Espírito Santo de exercer mais influência. Sempre há espaço para o fluir livre do Espírito, que, até o fim da história, vai gradualmente conduzindo os discípulos de Cristo à plenitude da verdade. No entanto, o ponto é que a abertura a novos dons do Espírito não significa perda ingrata e imprudente do respeito pela importância e natureza vinculativa do tesouro dos dons anteriores do mesmo Espírito; Jesus elogiou a sabedoria dos pais de família que tiram coisas novas e velhas desse tesouro (Mt 13,52).

Da mesma forma, na fé de um cristão individual ou de um determinado grupo cristão (por exemplo, uma es-

---

58. A declaração *Dominus Iesus*, emitida pela Congregação para a Doutrina da Fé em agosto de 2000 e aprovada pelo Papa João Paulo II, procura inclusive preservar o termo "Igreja" apenas para a Igreja Católica Romana; outras comunidades cristãs são consideradas "igrejas" em um sentido diferente do da Igreja de Roma.

cola teológica), *subsists* a fé de toda a Igreja, a plenitude da doutrina da fé; mas a fé e o conhecimento de um cristão individual ou de um determinado grupo cristão sempre tem seus limites humanos (históricos, culturais, linguísticos e psicológicos), de modo que revela a incapacidade de absorver toda a fé da Igreja em sua plenitude. É por isso que crentes individuais e escolas particulares de fé e espiritualidade também precisam de toda a Igreja e do seu múnus de ensinar para completá-los e eventualmente corrigi-los. Cada crente participa da fé da Igreja na medida em que sua capacidade pessoal limitada permite incorporar o tesouro da fé em sua compreensão, pensamento e ação. Santo Tomás de Aquino já ensinou sobre a fé implícita: nenhum crente pode englobar tudo aquilo em que a Igreja acredita; pode compreender e aceitar apenas parte da fé da Igreja explicitamente. Os crentes participam implicitamente naquilo que está para além de sua compreensão e conhecimento por meio do ato de confiança em Deus, na revelação de Deus e na Igreja que apresenta essa revelação. Essa consciência deve levar à humildade e ao reconhecimento da necessidade da comunicação e do diálogo na Igreja.

Além disso, a fé cristã nunca (mesmo com os santos e místicos) preenche completamente todo o espaço da alma humana – a parte consciente e inconsciente da psique. É nesse sentido que interpreto a afirmação do Cardeal Jean Daniélou de que "um cristão é sempre um pagão parcialmente batizado". O Batismo tem natureza de um sinal indelével (*signum indelibilis*) e de uma participação real no corpo místico de Cristo, mas a graça do Batismo atua dinamicamente nas pessoas, fazendo-as crescer e amadurecer na fé, na medida em que abre o espaço de sua liberdade a todos os níveis de sua experiência. Se a fé da Igreja realmente *subsist* na vida espiritual dos crentes, mas o conhecimento religioso que eles receberam não preenche todo o espaço de sua vida espiritual, então resta um espaço legítimo em suas mentes e corações para a busca, questionamento crítico e dúvida honesta. É saudável para eles questionarem humildemente se o seu caminho de fé é autêntico, fiel à tradição, mas também fiel à forma como Deus os guia na sua consciência. Portanto, o destinatário final das suas questões não pode ser apenas a autoridade eclesiástica, mas Deus, presente no santuário de suas consciências, Deus que lhes fala não apenas nos ensinamentos da Igreja, mas também nos sinais dos tempos e nos acontecimentos das suas vidas.

O dom da fé, seja mediado pela educação, pela influência do ambiente ou recebido como fruto de uma busca pessoal, é um dom imensamente precioso da graça de Deus, mas igualmente preciosa é aquela "inquietação do coração humano" de que fala Santo Agostinho. Essa inquietação não permite que a pessoa descanse em nenhuma forma particular de fé recebida ou alcançada, mas sim que esteja sempre buscando e desejando ir além. Mesmo questões críticas, dúvidas e crises de fé podem ser um estímulo valioso nessa caminhada. Também podem ser vistas como um dom de Deus, uma "graça auxiliadora". O espírito de Deus não apenas ilumina a razão das pessoas, mas também atua como "intuição" nas profundezas de seu inconsciente – esse conhecimento é valioso para a reflexão sobre a "fé das pessoas sem religião"; mesmo pessoas que não tiveram acesso à proclamação da Igreja, ou que não a receberam de uma forma que possam honestamente aceitar, podem ter uma certa "intuição de fé", e o diálogo da fé da Igreja com essa "fé intuitiva" de pessoas distantes da Igreja pode ser mutualmente útil.

"Maior do que o nosso coração é Deus", lemos na Primeira Epístola de São João (3,20). Mas o "nosso coração" é maior do que aquilo que a nossa razão, as nossas crenças religiosas ou o nosso ato de fé consciente e reflexivo e a nossa profissão de fé sabem sobre Deus. Mas tenhamos cuidado para não estreitar o conceito de coração que encontramos na Bíblia, em Agostinho (e em Pascal) à mera emocionalidade[59].

C.G. Jung argumentou que o componente consciente e racional da nossa psique é como uma pequena parte de um *iceberg* que se projeta do mar; a parte muito mais poderosa e importante está no inconsciente, não apenas no pessoal, mas também no coletivo: o inconsciente é o lugar onde nascem as ideias, inspirações e segundas intenções para as nossas ações. Talvez se possa dizer que a

---

59. David Steindl-Rast (2021, cap. 2) chama o coração de órgão para a percepção do significado.

psicologia profunda esteja descrevendo a experiência dos místicos de que "não há fundo para a alma" apenas em palavras diferentes ou a partir de uma perspectiva diferente: a profundidade do ser humano é penetrada pela profundidade da própria realidade, a qual chamamos de Deus; nas palavras do Salmo 129: "das profundezas eu clamo a Vós".

A psicologia da religião, baseada na psicologia profunda, argumenta que a fé – como uma *confiança* existencial naquela profundidade da realidade que está completamente fora do nosso controle – permeia a totalidade da existência humana e está psicologicamente enraizada dentro do inconsciente. A teologia espiritual, refletindo sobre a experiência mística, complementa essa visão do outro lado no seguinte sentido: Deus se dirige à pessoa inteira, mas o que a psicologia profunda chama de inconsciente, e o que a Bíblia e os místicos, de Agostinho a Pascal e os escritores espirituais de nosso tempo descrevem com mais frequência usando a metáfora do coração, é mais capaz de compreender Deus do que nossa *mera* racionalidade. O papel da razão na vida da fé não deve ser subestimado nem superestimado.

A "graça da fé" é obviamente um dom maior e mais dinâmico do que a forma como normalmente entendemos a "fé". A fé atinge as camadas mais profundas do nosso ser e vai muito além do que "pensamos" ou de como "exercemos" nossa fé na prática religiosa comum – ir à Igreja e cumprir os mandamentos. Especialmente em tempos de turbulência (por exemplo, quando é impossível frequentar a igreja durante epidemias de doenças infecciosas ou quando as pessoas se encontram em situações de vida extraordinárias nas quais os habituais livros de moral e as lições estereotipadas no púlpito pouco ajudam), isso não é suficiente. Cumprir fielmente a vontade de Deus, especialmente em situações limítrofes, requer algo mais – o cultivo constante da própria consciência, criatividade, coragem e responsabilidade pessoal. E a situação geral da humanidade atualmente não é uma situação limítrofe?

Se Deus, que "é maior do que os nossos corações", entra em nossa vida, Ele expande infinitamente a profundidade e a abertura do nosso ser, que descrevemos pela metáfora do coração. Algo mais significativo e maior do que podemos compreender e do que podemos "captar" e "esgotar" com a nossa prática religiosa regular está acontecendo dentro de nós. Portanto, é importante não ficar preso ao enquadramento, não ficar satisfeito com a forma habitual, mas continuar buscando, mesmo que essa busca seja acompanhada de crises e que surjam questões difíceis que vão além do conjunto de respostas de catecismo oferecidas pela tradição.

O jovem, que tinha guardado todos os mandamentos desde a sua juventude, foi olhado com amor por Jesus – mas provavelmente também com tristeza, pois o jovem era muito rico.

Talvez ele não fosse apenas rico em bens materiais, mas também em piedade e justiça no sentido da Lei de Moisés. Ele não era interiormente livre o suficiente para deixar toda essa riqueza para trás para seguir Jesus (cf. Mc 10,17-22). Nossa piedade e nossas virtudes, especialmente se tivermos orgulho delas, também podem se tornar uma armadilha e um escudo – aquela pesada armadura de Saul que o jovem Davi teve de remover pare enfrentar Golias. Isso é verdade em três partes do escudo brilhante e pesado da teologia, que supostamente nos protege de todas as perguntas que ela não pode responder. Lembremo-nos novamente de Mestre Eckhart: devemos encontrar Deus "como os nus encontram os nus".

No rito de admissão ao catecumenato, abençoamos os ouvidos, os olhos, as bocas, os corações e os ombros daqueles que creem e estão a caminho da jornada na pia batismal; abençoamos seus sentidos externos e internos, seus corpos e almas; rezamos para que estejam abertos e atentos à ação de Deus, à variedade de carismas discretos que Deus preparou para eles e que muitas vezes estão escondidos nas pequenas coisas surpreendentes, nos acontecimentos ordinários da vida cotidiana. Eles os encontrarão mais facilmente e os usarão mais abundantemente se os buscarem e os receberem, sabendo que esses diferentes aspectos do dom da fé lhes são dados para servir aos outros, para serem os olhos ou os ouvidos, a boca ou o coração da comunidade dos crentes.

13
Espiritualidade como paixão da fé

Em muitas igrejas ainda se ouvem lamentações, pânico e alarme sobre o perigo de um "tsunami de secularismo e liberalismo". Mas o humanismo secular ateu há muito deixou de ser um grande concorrente do cristianismo eclesial tradicional; hoje está igualmente envelhecido, enfraquecido e sem fôlego. Em ambos os casos, é mais facilmente discernível em sua linguagem: a perda de vitalidade espiritual é sempre traída pela primeira vez por um uso enfadonho da linguagem, por um discurso desordenado com uma infinidade de clichês e platitudes.

O principal desafio para o cristianismo eclesial hoje em dia é *como passar da religião para a espiritualidade*. Enquanto as formas institucionais tradicionais de religião muitas vezes se assemelham a leitos secos de rios, o interesse pela espiritualidade de todos os tipos é uma corrente crescente que destrói as antigas margens e abre novos canais. Mesmo o Concílio Vaticano II parece ter sido principalmente para preparar a Igreja para se alinhar com o humanismo secular e o ateísmo, além de ter dado a impressão de não ter previsto uma grande expansão do interesse pela espiritualidade. As igrejas tradicionais não foram preparadas para a fome de espiritualidade, e muitas vezes ainda são incapazes de responder adequadamente a tal questão.

Vamos explicar um dos principais argumentos deste livro: o futuro das igrejas depende em grande parte de se, quando e até que ponto elas compreendem a importância dessa mudança e como podem responder a esse sinal dos tempos. A evangelização – tarefa central da Igreja – nunca será suficientemente "nova" e eficaz se não penetrar na dimensão profunda da vida humana e da cultura humana, que é o *habitat* da espiritualidade. Se a evangelização consiste em lançar a semente da mensagem do Evangelho em bom solo, então esse solo deve ser algo mais profundo do que o componente racional e emocional da personalidade humana. Tem de ser aquela região mais interna que Agostinho chamou de *memória*, Pascal chamou de *coração* e Jung chamou de *si-mesmo*; é o ventre a partir do qual as pessoas devem – no espírito das palavras de Jesus a Nicodemos – "nascer de novo" (Jo 3,3-6).

A tarefa que aguarda o cristianismo no entardecer de sua história consiste em grande parte no desenvolvimento da espiritualidade – e uma espiritualidade cristã recém-concebida pode fornecer uma contribuição significativa para a cultura espiritual da humanidade de hoje, mesmo muito fora dos limites das igrejas.

* * *

Isso suscita todo um conjunto de questões. Qual é a causa do atual interesse pela espiritualidade? Que desafio esse fenômeno representa para o cristianismo e para a Igreja? Quais são os riscos e armadilhas dessa tendência? O interesse pela espiritualidade é evidência de uma revitalização da religião, ou é, ao contrário, um substituto para uma religião em declínio? Qual é a relação da espiritualidade com a fé e a religião?

Tais perguntas são difíceis de responder porque dependem de diferentes definições e concepções de religião, fé e espiritualidade; é claramente irreal esperar definições universalmente aceitas nessa área. No que diz respeito sobre saber se a espiritualidade pertence à esfera da religião, se é uma dimensão da religião, ou se faz parte da esfera secular e é mais uma "substituta da religião", remeto para uma palestra recente e inspiradora. De acordo com o pesquisador israelense Boaz Huss, a espiritualidade é um fenômeno separado que não pertence nem ao campo da religião nem ao mundo secular (Huss, 2018). A partir de seu estudo sobre espiritualidade, Boaz Huss questiona a relevância dos conceitos de religião e laicidade: ele argumenta que tanto o conceito de religião quanto o conceito de laicidade (e, portanto, a teoria da relação entre as esferas religiosa e secular) surgiram exclusivamente no contexto cristão europeu, no limiar da Modernidade, na época da Reforma, da colonização, do surgimento dos estados-nação e da sociedade capitalista. Esses conceitos e teorias foram posteriormente adotados para descrever a situação no mundo não europeu, para o qual, no entanto, essa divisão é completamente estranha e cujas linguagens carecem de um equivalente adequado, seja para o conceito de religião, seja para o conceito de laicidade. Huss argumenta que a importância dessas categorias é limitada não apenas localmente (geopoliticamente), mas também cronologicamente. Elas denotam fenômenos pertencentes a uma era que já passou, mesmo no Ocidente, e, portanto, não são mais adequadas para descrever a situação ocidental. No entanto, na opinião desse autor, o termo "espiritualidade", mesmo sendo também um produto da cultura ocidental moderna e posterior aos termos religião e laicidade, é adequado para descrever a situação espiritual atual.

Essa teoria também é corroborada por numerosos estudos a respeito dos sem religião, incluindo o projeto de pesquisa internacional *Faith and beliefs of "nonbelievers"* [Fé e crenças dos "não crentes"], no qual tenho trabalhado com colegas da República Tcheca e do exterior. Conforme mencionei anteriormente, não apenas os conceitos de religioso e secular, mas também as categorias análogas de crentes e "não crentes", teístas e ateus, se mostram inadequadas para descrever a situação espiritual de hoje. A transformação da religião na era da globalização relativizou até mesmo essas fronteiras; a sociedade contemporânea não está dividida segundo essas linhas. As pessoas hoje em dia, pelo menos na civilização ocidental, raramente são totalmente claras em seus pontos de vista. Não apenas para além dos limites das igrejas, mas também entre os seus membros, há um número crescente daqueles que poderiam ser chamados de *simul fidelis et infidelis* – em seu mundo interior há uma mistura de fé e ceticismo, de confiança básica e dúvida, de questões críticas e incertezas.

Dessa forma, o mundo interior de um grande número de nossos contemporâneos reflete e cocria a mentalidade predominante da sociedade e o cenário cultural "externo". A cultura pós-moderna tem em seus genes tanto o cristianismo quanto a Modernidade e a secularidade que surgiu a partir do cristianismo, e essa herança está extremamente mesclada. A grande maioria dos cristãos praticantes no Ocidente é profundamente influenciada culturalmente pela sociedade secular moderna. No entanto, a maioria dos ateus também poderia ser descrita como (culturalmente) "ateus cristãos", tendo em vista que carregam consigo muito mais da herança da cultura cristã do que normalmente gostariam de admitir[60].

Durante séculos as autoridades eclesiásticas procuraram controlar a espontaneidade e a vitalidade da vida espiritual, guardar a ortodoxia dos credos, controlar as expressões formais de crença e disciplinar a moral dos fiéis. A espiritualidade, como dimensão interior dinâmica e forma de fé, escapou mais facilmente desse controle. É também por isso que, ao longo da história, essas autori-

---

60. André Comte-Sponville (2009) escreveu explicitamente sobre isso.

dades muitas vezes trataram essa forma de fé com cautela e desconfiança, querendo restringi-la a um espaço limitado (especialmente dentro dos muros dos mosteiros) e a um tempo designado (por exemplo, tempos prescritos de contemplação no estilo de vida do clero). As autoridades eclesiásticas tentaram disciplinar e institucionalizar os movimentos espirituais não conformistas – tais como o de Francisco de Assis e seus seguidores – tanto quanto possível. No entanto, a espiritualidade monástica muitas vezes irradiava dos mosteiros para os leigos – e essa irradiação assumiu a forma institucionalizada de irmandades e ordens terceiras.

Muitos dos pioneiros das novas correntes espirituais, que posteriormente foram proclamados santos pela Igreja, como Teresa de Ávila, João da Cruz e, inicialmente, Inácio de Loyola, também enfrentaram desconfiança, assédio e repressão por parte da Igreja. Mas, como a psicanálise nos ensina e como muitos exemplos da história têm demonstrado, tudo o que é suprimido e deslocado regressa sempre sob alguma forma alterada.

Muitas vezes, em tempos de crise da religião institucional, houve um grande renascimento da espiritualidade nos círculos cristãos leigos. Por exemplo, quando a forma da Igreja estava em profunda crise na Alta Idade Média, e várias tensões cresciam dentro da Igreja, bem como conflitos entre a Igreja e as autoridades seculares, a hierarquia fazia uso excessivo do interdito, uma espécie de greve geral do aparato eclesiástico, como punição. Quando o funcionamento da Igreja, incluindo a celebração dos sacramentos, parou, os cristãos leigos foram forçados a buscar caminhos alternativos – e uma forma foi o renascimento da espiritualidade pessoal. Isso contribuiu, entre outras coisas, para a individualização da fé que se desenvolveu na Reforma Protestante e na espiritualidade secular. Em tempos de crise na Igreja medieval estritamente hierárquica, cresceram as irmandades laicais e um silencioso pietismo foi disseminado, bem como, em outros momentos, uma espiritualidade revolucionário-quiliástica de apaixonada resistência anticlerical[61].

O renascimento do interesse pela espiritualidade no fim do segundo milênio do cristianismo também pode estar relacionado, em certa medida, à crise culminante de poder, autoridade e influência das instituições religiosas tradicionais e de sua credibilidade. Precisamente porque a espiritualidade – de todo o amplo espectro dos fenômenos religiosos – é a menos controlável pela autoridade eclesiástica, é a área que mais facilmente se emancipa da forma eclesiástica de religião. Hoje em dia, a relação da espiritualidade com a religião é objeto de muito debate.

Se a arte e muitos outros fenômenos culturais gradualmente se libertaram do abraço da religião, por que a espiritualidade não deveria seguir o exemplo e estabelecer-se como um domínio separado governado pelas suas

---

61. Uma delas, por exemplo, foi o movimento hussita na Boêmia.

próprias regras? Se a Igreja, nos documentos do Concílio Vaticano II, reconheceu a legítima autonomia da ciência, da arte, da economia e da política, e renunciou às suas aspirações de domínio desses setores da vida, não deveria ela também reconhecer a emancipação da espiritualidade da religião em sua forma eclesiástica? Mas o que restaria da Igreja e da vida religiosa sem espiritualidade? "A fé sem obras é morta", disse o apóstolo (Tg 2,14-26). Mas a fé sem espiritualidade também é morta.

* * *

A espiritualidade, fé viva, precede a reflexão intelectual (o aspecto doutrinário) e as expressões institucionais da fé; as transcende e por vezes as revive e as transforma em momentos de crise. Os impulsos que animaram o pensamento teológico e levaram às reformas da Igreja, na maioria das vezes emanaram de centros de espiritualidade. Trágicas convulsões na Igreja ocorreram sobretudo quando as autoridades eclesiásticas não souberam e não quiseram ouvir os impulsos desses centros[62], tratando-os *a priori* com a desconfiança e por vezes a arrogância daqueles que são detentores da verdade e do poder.

Na virada do terceiro milênio (na época por vezes referida como a nova Era Axial), várias circunstâncias

---

62. Tradicionalmente, esses centros de renovação localizavam-se mais na periferia, como por exemplo a missão hiberno-escocesa. Sob o pontificado do Papa Francisco, importantes impulsos de reforma vieram diretamente da Sé de São Pedro, tornando-a um notável sinal dos tempos.

contribuíram para a vitalidade e atratividade da espiritualidade, não apenas nos círculos cristãos leigos, mas também para além dos limites das igrejas. Um dos motivos foi certamente a necessidade de compensar o barulho, o estresse e a superficialidade de um estilo de vida muito tecnologizado, mergulhando no silêncio, na interioridade e na profundidade. Vários mosteiros contemplativos começaram a abrir suas portas para retiros de silêncio por tempo limitado com a possibilidade de acompanhamento espiritual para os interessados. Experimentar a vida monástica durante algum tempo é agora uma das ofertas mais populares da Igreja em países fortemente secularizados. Muitas comunidades monásticas estão envelhecendo e morrendo; mas a exceção tende a ser a mais rigorosa, puramente contemplativa – aqueles que oferecem algo que "o mundo" não pode dar. E esses mosteiros, o monasticismo e o eremitério não estão perdendo seu apelo para as pessoas do mundo (e não apenas para as almas românticas).

Novos movimentos e comunidades religiosas encontraram um lar em alguns dos edifícios históricos abandonados pela vida monástica; em alguns lugares, leigos e clérigos, homens e mulheres, famílias e celibatários temporários ou permanentes vivem juntos. Em vários casos, o silêncio dos eremitérios inspirou a espiritualidade de pessoas que vivem em meio ao barulho das cidades, mas que as experimentam como desertos espirituais, como lugares de desolação no meio da multidão[63]. Um dos primeiros religiosos católicos a alcançar um amplo público no século XX com seus livros escritos em seu eremitério perto de um mosteiro contemplativo em Kentucky foi o trapista americano Thomas Merton[64]. Desde a década de 1960 até os dias atuais, têm surgido cada vez mais autores de livros sobre a contemplação; eles atraem frequentemente o interesse de leitores que podem ser descritos como buscadores, em vez de crentes religiosos que vão à igreja com frequência.

A década de 1960 foi um momento brilhante no surgimento de muitos novos movimentos religiosos e espirituais. Conforme já mencionado, um movimento carismático muito dinâmico surgiu em grupos evangélicos nos *campi* americanos no fim da década de 1960, e, depois de um tempo, surgiu seu correspondente no contexto católico, a Renovação Carismática. Mais tarde, especialmente na América Latina, as igrejas pentecostais começaram a atrair em larga escala membros da tradicionalmente forte Igreja Católica. Enquanto a vida das paróquias tradicionais permanecia estagnada, os grupos pentecostais impressionavam com sua vitalidade e emoção. Enquanto a Igreja Católica negligenciava a educação dos fiéis e a cate-

---

63. Tenho em mente, por exemplo, a espiritualidade dos Irmãozinhos e Irmãzinhas de Jesus (especialmente nos livros de Carlo Carretto) ou a Comunidade carismática de Jerusalém.

64. No fim de sua vida Thomas Merton enriqueceu sua espiritualidade monástica com outros elementos, incluindo o diálogo inter-religioso com o budismo e o hinduísmo e o envolvimento político de esquerda no espírito da Teologia da Libertação.

quese dos adultos, a simples teologia fundamentalista dos evangélicos obtinha rápido sucesso.

O processo de globalização, a interpenetração dos mundos, também contribuiu para o renascimento e enriquecimento da espiritualidade no Ocidente. A virada pós-moderna para a espiritualidade inspirou-se muito na espiritualidade oriental. Essa tendência também foi observada, e em muitos lugares ainda é vista com grande desconfiança por muitas autoridades eclesiásticas e cristãos conservadores, que por vezes até a demonizam. Desde a década de 1960, o interesse pela espiritualidade – especialmente a espiritualidade do Extremo Oriente, como ioga, zen e outras escolas de meditação – encontrou solo fértil nos círculos da psicologia e psicoterapia humanística e transpessoal, bem como em cursos de desenvolvimento pessoal e na cultura não conformista (por exemplo, o movimento Beatnik). A onda colorida dessa subcultura, cuja terra prometida era principalmente a Califórnia, foi posteriormente denominada de movimento da Nova Era. Certamente era compreensível e legítimo que as autoridades eclesiásticas adotassem uma postura crítica em relação ao sincretismo desse movimento; em seu detrimento, porém, deixaram de perguntar a quais necessidades e sinais dos tempos esses movimentos estavam respondendo e se a Igreja era capaz de responder de forma mais competente.

No meio cristão, somente a partir da primeira onda de "ioga cristã" e "zen cristão" houve um renovado interesse pelo estudo dos clássicos da mística cristã, e muitos centros estão surgindo e colocando em prática a meditação cristã. Alguns centros de espiritualidade cristã são de caráter ecumênico e renunciam a qualquer proselitismo – a Comunidade Ecumênica de Taizé, por exemplo, inspirou um movimento mundial de jovens cristãos que alcança muitos "buscadores".

Como se demonstrará adiante, em uma época em que, em muitos países, as igrejas se esvaziam, o número de padres diminui, a rede paroquial se torna cada vez mais fragmentada e não há sinais de que essa tendência se enfraqueça, o acompanhamento espiritual dos buscadores é claramente uma forma de ministério que a Igreja pode oferecer não apenas aos seus fiéis, mas também ao crescente mundo daqueles que são incrédulos. Deixe-me começar dizendo que isso não é uma missão clássica de recrutamento de novos membros da Igreja. Não é muito realista esperar que a maioria dos não crentes encontrem um lar permanente dentro das atuais fronteiras (mentais e institucionais) da Igreja. No entanto, centros de cristianismo aberto, especialmente aqueles dedicados a cursos de meditação, podem expandir essas fronteiras.

O serviço mais valioso para a credibilidade e vitalidade da fé provavelmente será prestado por aqueles cristãos que têm a coragem de ir além dos atuais limites mentais e institucionais das igrejas tradicionais, e, seguindo o exemplo de São Paulo, consigam ser tudo para todos e aventurem-se como buscadores em novos caminhos.

* * *

Quando falamos sobre o crescente interesse pela espiritualidade, é necessário mencionar também as suas desvantagens. O aspecto negativo da popularidade desses caminhos é a tendência de comercializá-los e banalizá--los. Uma manifestação da forma como todos os aspectos da vida acabam mercantilizados na civilização contemporânea é o fato de que o mercado global de bens e ideias respondeu rapidamente à demanda por "espiritualidade" com uma enxurrada de produtos baratos: imitações *kitsch* de espiritualidades orientais, esoterismo barato, ocultismo, magia, charlatães com receitas que prometem esclarecimento instantâneo, cura, experiências extasiantes de felicidade ou poderes mágicos. O pseudomisticismo passou a fazer parte do mercado de drogas de todos os tipos (químicas e psicológicas) e também da indústria do entretenimento. Autoproclamados "mestres espirituais", mágicos e gurus muitas vezes praticaram manipulações espirituais, abusos psicológicos e extorsão de pessoas crédulas em seus *ashrams*. O abuso sexual também prosperou nesse mesmo lugar.

Nos centros de bem-estar espiritual, a "meditação" é praticada como uma atividade de lazer sem compromisso ou como substituta diletante tanto para o cuidado pastoral quanto para a psicoterapia. Essa é a melhor saída para produtos espirituais com rótulos exóticos falsos de "feitos no Oriente". Depois de visitarem um parque de diversões de pseudobudismo ocidental, meus amigos monges budistas japoneses me disseram com triste ironia: "o que essas pessoas erroneamente transmitem como budismo é apenas um cristianismo mutilado – um cristianismo barato, desprovido do que eles não gostam no cristianismo porque exige algo deles; é um cristianismo confortável sem Igreja, sem dogma e sem moralidade cristã. Mas eles não fazem ideia de que o budismo também é um caminho exigente".

Empreendedores inteligentes com "o espiritual" oferecem uma maneira rápida de obter "experiências espirituais" ou a aquisição de habilidades extraordinárias. Em contrapartida, nos mosteiros em que a prática espiritual honesta é cultivada, os interessados na prática espiritual são acolhidos com palavras como: "lembre-se de que você veio aqui não para ganhar alguma coisa, mas para deixar muitas coisas de lado".

Quando passei algum tempo lidando com o *show* de horrores do populismo religioso, tive de me perguntar até que ponto as igrejas cristãs, que por um longo período de tempo apresentaram o cristianismo como uma religião de preceitos e proibições, eram também responsáveis por essa situação. Não conseguiram responder a tempo ao desejo sincero de espiritualidade e dar acesso aos tesouros do misticismo cristão, guardados em um cofre trancado que elas mesmas muitas vezes perderam as chaves. E ao fazê-lo, permitiram o oposto da fé – superstição e idolatria – para inundar esse espaço. O interesse pela espiritualidade – esse grande sinal de esperança para uma transformação positiva do nosso mundo – pode ser uma oportunidade perdida e, em breve, desaparecer novamente se a cultura da vida espiritual for substituída pelo esoterismo, que é uma forma degradada de gnose, equivalente a uma banalização e trivialização da espiritualidade[65].

Não apenas no cristianismo, mas certamente também nas tradições de muitas outras religiões, bem como na cultura secular, existem fontes de espiritualidade extremamente valiosas muitas vezes esquecidas que podem acrescentar profundidade, brilho e poder terapêutico à civilização contemporânea. Se esse potencial for desenvolvido dentro de diferentes religiões, pode abrir um espaço de partilha e enriquecimento mútuo. Observo com grande interesse o encontro de várias religiões que estão engajadas responsavelmente em práticas espirituais sérias e que se valem dos tesouros do misticismo. O cultivo de suas próprias facetas espirituais pode ser o caminho pelo qual essas tradições podem se tornar uma alternativa positiva ao fundamentalismo e à banalização e comercialização da religião, bem como ao abuso ideológico e político da "energia religiosa" para fomentar o nacionalismo, o preconceito, o ódio e a violência.

---

65. Ulrich Beck fala de maneira semelhante sobre esse perigo: "A desdogmatização pragmática da religião é, evidentemente, ambígua, pois abre também as portas para a banalização e trivialização: todo centro de bem-estar ostenta a sabedoria budista; o analfabetismo religioso se espalha; os ateus nem sabem mais em qual Deus não acreditam" (Beck, 2008).

A espiritualidade – mais do que a teologia acadêmica, a liturgia e os preceitos morais – é a fonte do poder da religião há muito subestimada. Mas não a separemos das outras dimensões da fé. Para que o poder despertado da espiritualidade conduza à paz e à sabedoria, não deve ser divorciado da racionalidade, nem da responsabilidade moral ou da ordem sagrada que a liturgia traz à vida.

* * *

Falamos sobre a relação da espiritualidade com a religião e a Igreja. Voltemos à questão sobre qual é a relação entre fé e espiritualidade. Como resposta indireta, citarei o comentário de Agostinho ao Evangelho de São João: "Eu digo que não basta ser atraído pela vontade (*voluntas*); tu és atraído até pelo prazer (*voluptas*)". Nesse caso, Agostinho surpreendentemente escolheu uma palavra que poderia ser traduzida como libido (prazer, paixão, ardor, luxúria, desejo) – e certamente não apenas por causa do trocadilho *voluntas/voluptas*. Ele acrescenta: "Ou será que enquanto os sentidos do corpo têm seus prazeres, a mente fica sem seus próprios prazeres? [...] Dá-me um homem que ame, e ele sente o que eu digo. Dá-me um que anseie, que tenha fome, que viaje nesse deserto e que tenha sede e suspire pela fonte de seu lar eterno; dá-me tal e ele sabe o que eu digo. Mas se eu falo com o frio e indiferente, ele não sabe o que eu digo"[66].

---

66. "*Parum est voluntate, etiam voluptate traheris*" (Agostinho, *Tractatus* 26, 4-6).

Por essa paixão de fé Santo Agostinho não entende justamente aquilo que hoje chamamos de espiritualidade? Não encontramos nessas frases uma resposta à pergunta sobre a relação da fé com a espiritualidade? A espiritualidade confere paixão, vitalidade, atração e ardor à fé; portanto, ao transmitir a fé, a chama da espiritualidade não deve ser esquecida; não deve ser extinta, mas cuidada, a fim de que a fé não se torne uma religião rígida e fria. Não devemos esquecer de que o fogo também é perigoso – assim como a própria vida.

14
A fé dos não crentes e uma janela de esperança

Escrevo este capítulo com grandes dúvidas. Nas próximas páginas, a minha interpretação de crença e descrença será (ainda) mais pessoal e "subjetiva" do que no restante deste livro. Mas os teólogos, de Agostinho a Gerhard Ebeling, ou os filósofos religiosos como Martin Buber não nos ensinaram que a autêntica linguagem de fé é necessariamente pessoal? Agostinho demonstrou o círculo hermenêutico entre autoconhecimento e conhecimento de Deus, e escreveu seu livro teológico mais influente – um dos livros religiosos mais influentes de todos os tempos – sob a forma de uma autobiografia. Ebeling alertou contra uma linguagem "naturalista", objetivista e orientada para objetos sobre Deus; argumentou que a linguagem da teologia cristã deve vir da própria consciência a partir da escuta de Deus – deve envolver comprometimento pessoal (Ebelling, 1959). Ao ler os livros de Martin Buber, compreendi que se Deus não é um "Tu" pessoal para nós, mas apenas um "Ele" ou um "isso" – um objeto sobre o qual podemos falar de forma impessoal, com desapego, sem envolvimento pessoal, "objetivamente" – então não estamos falando de Deus, mas de um ídolo.

Não escondo minha proximidade com a filosofia e a teologia existencialistas ou meu desdém pela neoescolástica. Investiguei cuidadosamente de onde vem minha alergia ao "realismo metafísico". Minhas experiências pessoais traumáticas com alguns dos neoescolásticos e com a faculdade teológica neoescolasticamente moldada em Praga no início dos anos de 1990 têm algo a ver com isso? Foi então que essa tentativa de teologia "científica e objetiva" começou a me lembrar tanto do "ateísmo científico" do marxismo quanto da pretensão arrogante, porém ingênua, do positivismo científico do "conhecimento objetivo da realidade". A teologia, elaborada sob a forma de um sistema pretensamente coerente e fechado de silogismos, no qual não há vestígios do drama da busca pessoal de Deus ou da luta entre fé e dúvida, sempre me pareceu tão fria e inerte quanto um corpo morto sem alma.

A pretensão de conhecer e apresentar a "verdade objetiva" é algo de que sempre suspeitei como sendo orgulho e mesquinhez, como uma pretensão ingênua e insolente de assumir a "posição de Deus", como uma incapacidade de reconhecer humildemente os limites da própria perspectiva limitada. Sempre temi os "detentores da verdade" que não deixam espaço para dúvidas, questionamentos críticos ou novas buscas. Um dos motivos que me fazem respeitar Nietzsche – e porque não temo o suposto "relativismo" do pós-modernismo – é a sua percepção de que toda a nossa visão já é, em si mesma, uma interpretação. Fui, em certa medida, reconciliado com a noção de objetividade na filosofia da ciência pelo meu amigo, o filósofo e cientista natural, Zdeněk, com sua frase: "a objetividade é a virtude da subjetividade", que é a virtude da imparcialidade e da justiça (Neubauer, 2007). No âmbito da teologia, entendo essa virtude como sendo quênose, o colocar entre parênteses e relativizar a própria experiência e perspectiva, porque essa "abnegação" nos ajuda a ouvir melhor a experiência dos outros e a buscar uma plataforma de mútua compreensão. O relativismo também não deve ser absolutizado.

Eu diria que outra razão para a minha extrema reticência e suspeita do "positivismo na teologia" e suas reivindicações de objetividade como "verdade impessoal" é que a arte foi a chave para minha compreensão do mundo – e do mundo da fé. De fato, a literatura, em particular, oferece a possibilidade de participar da experiência dos outros. A arte, mais do que a ciência, me conduziu ao caminho da busca incessante pela verdade. Na história da filosofia, estive mais próximo daqueles pensadores que também foram grandes escritores: os existencialistas e seus dois grandes predecessores, Nietzsche e Kierkegaard. Cresci na família de um historiador literário, e uma das razões pelas quais intuitivamente escolhi estudar Sociologia e Psicologia é provavelmente o fato de os melhores escritores em ambos os campos atuarem na interseção da ciência e da literatura.

Foi o aspecto estético que primeiro me atraiu para o mundo da religião; para mim, a primeira porta para o mundo da fé foi a arte: a arquitetura das antigas igrejas de Praga, aqueles tesouros de obras de arte e música sacra – aqueles traços indeléveis do sagrado em meio ao uniforme cinzento da ideologia materialista primitiva imposta pelo Estado. Minha iniciação intelectual ao cristianismo, que só aconteceu depois desse encantamento emocional, não se deu por livros teológicos ou catecismos, mas pela literatura: os ensaios de G. K. Chesterton e os romances de Dostoiévski, Graham Greene, Heinrich Böll, George Bernanos, François Mauriac, Leon Bloy e muitos outros, bem como os poemas de poetas católicos tchecos, especialmente Jan Zahradníček e Jakub Deml. Desde os primeiros anos do meu ímpeto missionário como convertido, apresentei a muitos dos meus amigos e colegas o então proibido mundo do catolicismo, sobretudo por meio desse tipo de literatura, bem como por meio de meditações sobre obras de arte com temas religiosos em galerias, ou ouvindo juntos músicas que vão desde canto gregoriano, Johann S. Bach e Georg F. Handel, até Igor Stravinsky e Olivier Messiaen. Foi muito mais tarde, pelas frestas da cortina de ferro da censura comunista, que tive acesso à literatura teológica e filosófica contemporânea, que é hoje minha principal leitura e meu mundo espiritual.

    Anos mais tarde eu também colocaria catecismos nas mãos de potenciais convertidos, mas sempre com a condição de cautela de que nem o perfeito conhecimento dos artigos de fé, nem mesmo o consentimento intelectual a eles – que os consideramos verdadeiros – podem ser considerados fé, mas no máximo a sua antecâmara. Passei então a estudar a dogmática, a arquitetura catedrática da cultura católica, com grande prazer intelectual, mas com o benefício da história do dogma, que permite conhecer o contexto histórico e as lutas a partir das quais nasceram os artigos de fé. Mas se o estudo da dogmática não for acompanhado pelo cultivo de uma espiritualidade forte e saudável, se o trabalho do intelecto não for acompanhado pelo "intelecto do coração", então essa catedral é para nós apenas um museu, não uma casa viva de Deus. Alguns dos estudantes de Teologia e aspirantes ao sacerdócio que conheci me pareciam pessoas capazes de dedicarem dias às partituras de óperas, mas eram pessoas que nunca ouviram música e nunca foram a um teatro.

* * *

Em alguns países pós-comunistas submetidos tanto à secularização dura sob o regime comunista quanto à secularização cultural moderada antes e depois dele – especialmente na República Tcheca e no território que foi a Alemanha Oriental –, ainda é muito fácil para as pessoas identificarem-se como ateístas. O ateísmo tende a ser mais uma manifestação de conformidade com a mentalidade da maioria do que a expressão de uma opinião claramente definida e de uma posição cuidadosamente ponderada. A frase "sou ateu" na maioria das vezes significa "sou *normal*, não sou membro de nenhuma sociedade obscura; sou quase como todos ao meu redor; não tenho nada contra a religião, mas considero que é algo que há muito é um 'acordo feito' e ultrapassado, algo que não me diz respeito pessoalmente de maneira alguma".

Depois de um esforço inútil para encontrar ateus interessantes para debater, pareceu-me que eu poderia encontrar o ateu em mim mesmo e falar comigo mesmo. Foi então que finalmente me dei conta de que o pré-requisito para um diálogo frutífero com o ateísmo é primeiro descobrir o ateu, o duvidoso ou o inconformista dentro de si – e se envolver em uma conversa honesta com essa pessoa. Nietzsche afirmou ter "duas opiniões sobre tudo". Acostumei-me a um diálogo interno entre diferentes perspectivas sobre a fé. A fé – como a Igreja, a Bíblia e os sacramentos – é um encontro do divino e do humano, tem ambos os aspectos. Como sociólogo e psicólogo, eu estava mais interessado no lado humano da fé; como teólogo, no lado divino: a fé como dom, como graça, como a vida de Deus no homem. Sempre achei interessante e útil o diálogo interno entre as duas perspectivas.

O livro *In jedem Menschen steckt ein Atheist* [Existe um ateu em cada ser humano] de J. B. Lotz (1981) fortaleceu-me na minha busca para saber se um ateu também se escondia em mim. Embora não tenha encontrado em mim um ateu, várias experiências traumáticas com a Igreja provocaram não só uma crise na minha relação com a Igreja, mas também uma certa crise de fé, acompanhada de muitos questionamentos críticos e dúvidas. A solidariedade com a Igreja perseguida foi uma das madrinhas da minha conversão; em outras palavras, meu amor pela fé estava profundamente ligado ao meu amor pela Igreja. Se um desses amores fosse ferido, o outro também seria ferido e sofreria. Mas essa crise levou a minha fé para um nível mais profundo, levou-a para uma maior maturidade e para uma relação mais adulta com a "Igreja Mãe".

Aos poucos, aprendi a perceber a fé e a dúvida como duas irmãs que precisam uma da outra, que devem apoiar-se mutuamente para não caírem da ponte estreita no abismo do fundamentalismo e da intolerância – no qual a dúvida ajuda a fé – ou no abismo do ceticismo amargo, do cinismo ou do desespero – nesse caso, a fé como uma espécie de confiança básica nos ajuda. Digo que encontrei o meu caminho para a fé por meio da dúvida; se formos consistentes no caminho da dúvida, então esse caminho nos ensinará a duvidar de nossas dúvidas também.

Quando a enxurrada de literatura sobre religião, espiritualidade e esoterismo nas prateleiras das livrarias (sobretudo nos países de língua inglesa) começou a ser acompanhada por livros dos "novos ateus", especialmente o popularizador da ciência de Oxford, Richard Dawkins, esperei ansiosamente por uma oportunidade para um diálogo interessante; porém, me decepcionei. Parece-me que o ateísmo militante de alguns apóstolos do neodarwinismo representa um ateísmo ingênuo semelhante ao ateísmo científico vulgar dos marxistas-leninistas. Baseia-se principalmente em um mal-entendido, em um alvo errado: esses militantes ateus confundem religião com fundamentalismo, e a crença em um Deus criador com a hipótese primitiva da ciência natural do ramo vulgar dos criacionistas. Depois de um tempo, Dawkins atenuou sua retórica militante e começou a se passar por agnóstico, alegando simplesmente que Deus "provavelmente não existe". Eu teria adotado uma atitude muito mais radicalmente ateísta em relação à noção de Deus de Dawkins do que ele: estou convencido de que essa construção do Iluminismo, "Deus como uma hipótese da ciência natural", é realmente apenas uma ficção, que o Deus de Dawkins felizmente não "existe" de fato. Ele existe apenas na imaginação dos crentes fundamentalistas e dos ateus fundamentalistas. Será que os militantes do "novo ateísmo" – que, além disso, não acrescentaram nada de "novo" ao antigo ateísmo de Ludwig Feuerbach e aos materialistas da Modernidade tardia, exceto talvez a retórica militante – já encontraram uma fé cristã madura e uma teologia contemporânea competente?

Felizmente, alguns anos depois, encontrei um livro de um autor que defendia o ateísmo, não o agnosticismo, mas cujo pensamento e abordagem pessoal da religião eu podia respeitar. O livro é de autoria de André Comte--Sponville e tem o seguinte título: *The book of atheist spirituality* [O livro de espiritualidade ateia] (2009).

* * *

André Comte-Sponville teve uma educação católica e é consciente – e admite abertamente – que ainda conserva muitos dos valores morais, espirituais e culturais que herdou do cristianismo; ele conhece e descreve sem preconceitos as opiniões de seus amigos crentes, quem ele respeita e valoriza. Foi no limiar da idade adulta que perdeu sua fé em Deus e seu apego à religião e, embora sua educação religiosa não tenha sido traumática, sentiu essa perda da fé como uma libertação. Ele provavelmente experimentou algo que muitas pessoas que passaram a adolescência dentro de uma religião sofreram e guardaram em sua caixa de memórias da infância. Comte-Sponville acrescenta que conhece pessoas que passaram por uma conversão à fé na mesma idade e que experimentaram essa conversão como uma libertação; essa também é a experiência do autor deste livro.

Em seu livro, Comte-Sponville escreve como ficou surpreso quando um velho padre o agradeceu após uma palestra sobre o ateísmo e disse que concordava com a grande maioria do que ele havia dito. Comte-Sponville listou imediatamente para o padre vários artigos de fé em que não acreditava, mas o padre lhe disse que não se tratava de uma questão importante. Ao ler esse parágrafo, tive vontade de dizer ao autor que pelo menos algum outro padre idoso teria dito algo semelhante a ele. As diferenças e semelhanças entre crença e descrença são encontradas em outros lugares e são muito mais profundas do que o nível da opinião religiosa.

Comte-Sponville cita uma anedota sobre dois rabinos em um longo debate à noite que chegaram à conclusão de que Deus não existia. Pela manhã, um deles viu o outro rezando; perguntou-lhe surpreso porque estava rezando, já que eles tinham concordado que Deus não existia. "O que isso tem a ver?", perguntou aquele que estava rezando surpreso com a mudança. Não tenho certeza se interpretei a história da mesma forma que Comte-Sponville. Vejo-a como um bom exemplo da importante distinção entre mera crença religiosa e prática religiosa, a experiência da fé. Em um debate intelectual, os meus argumentos religiosos – as minhas crenças religiosas – podem entrar em colapso total. A prática da oração, no entanto, baseia-se em algo muito mais profundo do que as minhas opiniões religiosas: a fé como confiança básica. Não sei por que deixaria de rezar se alguém me mostrasse a inadequação intelectual de toda a minha teologia, de tudo o que penso sobre Deus; talvez isso seja um motivo para rezar ainda mais.

Não deveria ser tão surpreendente saber que alguns "ateus" rezam. Não me refiro apenas a orações em situações de emergência da vida (em situações liminares da vida, muitos ateus rapidamente perdem suas convicções e começam a clamar a Deus em sinceras súplicas) ou a suspiros espontâneos de admiração e gratidão com situações de "beleza divina". Muitas pessoas que, por várias razões, não entendem a linguagem religiosa e não pensam em termos religiosos, entendem o que é oração, meditação e oração – e as praticam, às vezes de maneira bastante espontânea, embora talvez com um nome diferente. Mesmo muitos daqueles que não aderem a nenhuma religião não são "surdos" em relação a essa dimensão da vida espiritual; eles também sentem necessidade de expressar de alguma forma sua gratidão pelo dom da vida, que não pode ser dado como certo, pelo milagre do amor e pela beleza do mundo.

Mesmo a fé dos crentes cujas convicções religiosas estão em crise e atravessam o "vale das sombras", pode continuar a viver na experiência da oração. Não me refiro à experiência da "oração respondida", como pode ser usada para superar dúvidas, sendo percebida como prova salvadora da existência de Deus. É a oração não respondida, muito mais do que a oração respondida, que é para mim uma escola de fé. É a experiência de que Deus não é um autômato para conceder os nossos desejos, que a sua existência não consiste em "operar" de acordo com as nossas noções. Em outra sábia anedota judaica, um rabino conta a uma mulher que se queixa que, por muitos anos, Deus falhou em responder às suas orações para ganhar na loteria: "Mas, senhora, Deus já lhe respondeu! Sua resposta foi 'não'".

Só porque Deus não nos responde da maneira que gostaríamos, não significa que Ele não nos responda de forma alguma. É precisamente a oração não respondida que nos ajuda a compreender o que é um verdadeiro diálogo com Deus: a resposta de Deus não se encontra na superfície ou nas coisas individuais que escolhemos, desejamos ou "ordenamos"; a resposta de Deus é a realidade como um todo, toda a nossa vida. Deus é "Deus em todas as coisas" e deve ser continuamente buscado e encontrado, passo a passo, e depois buscado novamente dentro e como um todo; um todo que inclui e transcende o mundo inteiro.

Inclusive, Comte-Sponville fala desse todo com um fascínio quase místico na parte final de seu livro, em sua proposta de espiritualidade para os ateus. Tanto aqui quanto na leitura do *Book of atheist spirituality* [O livro de espiritualidade ateia] não posso deixar de me perguntar que conceito de Deus (e que experiência pessoal) parece ser um obstáculo tão grande para o nosso autor que o leva a negar esse todo em seu nome tradicional: o nome de Deus.

Comte-Sponville fala da totalidade da realidade como um mistério que pode ser contemplado sem palavras – e nisso concordamos. Mas ao resistir com tanto esforço para se referir a esse mistério pela palavra "Deus" (e afirmando que fazê-lo seria acrescentar a esse mistério da realidade algum outro mistério inventado), ele mostra que *já tem uma ideia do Deus em que não acredita* – e provavelmente não acredita nesse Deus porque ele não corresponde à ideia do Deus que ele mesmo construiu.

Mas, se realmente quisermos nos abrir ao mistério absoluto que nós crentes chamamos de Deus, devemos primeiro "deixar de lado" todas as ideias que formamos anteriormente sobre Deus.

O Deus da minha fé não é um ser objetificado; portanto, não tem nenhum "mistério adicional". Ao referir-me ao mistério do todo como Deus, assim analogamente como uma "pessoa" (de uma forma conscientemente "antropomórfica", metafórica), articulo a minha experiência de oração: quando escuto a realidade da vida, percebo a vida como um chamado e respondo a Ele na oração. Certamente isso não é uma evidência para convencer um descrente da existência de Deus; é uma interpretação da minha experiência que escolhi livremente. Viktor Frankl admitia que às vezes quando rezava se perguntava se estava falando apenas com seu "eu superior", mas essa dúvida não enfraquece sua fé no sentido de confiança; ele escreve: "Se existisse um Deus, então Ele não levaria a mal se alguém o confundisse consigo mesmo e o renomeasse a partir disso" (Frankl; Lapide, 2011). Acrescento ainda: certamente Deus pode ser humilde o suficiente para vir às pessoas e falar com elas por meio de seu eu superior.

* * *

O tipo de oração que torna possível a fé viva, mesmo na escuridão das incertezas intelectuais sobre a natureza da existência de Deus e às vezes sobre a própria existência, é a oração especialmente contemplativa. De uma mente que foi dominada por visões céticas e até ateístas, a fé pode se mover para uma profundidade a partir da qual as palavras do salmo podem ser pronunciadas com sinceridade e fervor contra todas as possibilidades: Eu vos amo, meu Deus, minha força! O amor tem o seu próprio tipo especial de conhecimento e certeza, razão pela qual pode viver e respirar mesmo na escuridão da incerteza e da dúvida. Existe um amor que precede e sobrevive às nossas palavras, aos nossos sentimentos e às nossas opiniões; é o amor humano que é amadurecido, renovado e curado pela "graça" – o amor de Deus.

No diálogo entre a teologia mística e a psicologia profunda, isso pode ser expresso da seguinte forma: nossas crenças, até mesmo nossas crenças religiosas, estão constantemente girando em torno do nosso ego, circulando naquela camada estreita e superficial de nossa psique que é apenas consciente e racional. Mas os dons da graça – amor, fé e esperança – expressos na oração, vêm daquele centro mais profundo, do si-mesmo (*das Selbst*), daquela centelha divina que, segundo o testemunho dos místicos, habita no interior. A fé, como João Paulo II e Bento XVI em particular ressaltaram não há muito tempo, precisa de uma dimensão racional: a racionalidade na teologia é uma salvaguarda importante contra o fundamentalismo e o fideísmo sentimental. Contudo, toda a cultura moderna, incluindo a teologia moderna (especialmente o já mencionado neoescolasticismo), superestimou o componente racional e consciente da vida espiritual humana, incluindo a esfera da fé. Ao considerar o componente humano da fé, a teologia de hoje deve levar em consideração o que a psicologia e a neurofisiologia contemporâneas nos dizem sobre a primazia dos elementos extrarracionais na psique humana, nos domínios da percepção, motivação, tomada de decisões e da ação. *Ego cogito* não é um mestre tão soberano na casa da vida humana como Descartes e o Iluminismo pensavam.

A psicologia profunda uma vez me deu a resposta para a pergunta agonizante de por que muitas vezes me relaciono melhor com alguns "descrentes" do que com alguns crentes. Se a fé, como um dom de Deus, permeia todas as camadas de nossa psique, então uma parte substancial dela vive naquela parte muito mais profunda e significativa que chamamos de inconsciente. Entre os lados consciente e inconsciente de nossas atitudes religiosas pode não haver qualquer harmonia – e muitas vezes não há. Essa é uma das razões pelas quais podemos falar da "fé dos incrédulos" e da "incredulidade dos crentes". Embora seja certamente verdade que "só Deus vê o coração", observadores experientes e perspicazes podem sentir o que "emana" além das palavras de seus parceiros de diálogo. Existem "crentes" cuja consciência e cujas declarações estão transbordando de religião, mas é possível sentir que, embora isso deva ser meramente uma pretensão consciente hipócrita, é superficial e não subscrito por nenhuma vida espiritual. Esse é frequentemente o caso não apenas de alguns convertidos entusiastas, mas também de profissionais religiosos bem-sucedidos.

A contradição entre uma religiosidade consciente, verbalmente expressa e emocionalmente experimentada, por um lado, e algo totalmente diferente, quase demoníaco, que dorme dentro de tal pessoa, por outro, é mais evidente no caso de fanáticos religiosos. Eles tentam eliminar suas dúvidas projetando-as nos outros – e aí tentam silenciá-las, preferencialmente pela destruição moral ou mesmo física de adversários reais ou percebidos, hereges e céticos. Podemos ser curados da intolerância pelo método aparentemente fácil, mas na prática difícil, recomendado por Jung: temos de olhar para aqueles com quem lutamos como um espelho capaz de nos mostrar nossos próprios traços não reconhecidos, nossa sombra, nossa outra face. A atitude extremista esconde frequentemente um outro limite inconsciente que instintivamente anseia por uma compensação.

Há pessoas que afirmam ser ateias e têm problemas com a religião em termos de seu eu consciente. Elas a rejeitam, achando-a estranha, inaceitável e até bastante ofensiva. No entanto, por vezes – em um instante inesperado, em um momento de verdade – se mostram fortemente atraídas pelo "sagrado". Alguns resistem a essa atração não reconhecida – os biógrafos de Freud escrevem sobre como ele resistiu ao místico "sentimento oceânico" de ouvir música, temendo a vertigem que a intensa experiência da beleza poderia infligir em seu ego racional e cético. Se estudarmos cuidadosamente as atitudes em relação à religião de muitos de seus críticos "ateus" incisivos, descobriremos frequentemente uma certa ambivalência, "*Hassliebe*" – uma relação de amor e ódio. Sentimos isso especialmente no ateísmo inquieto, por vezes até apaixonado, de tais "lutadores contra Deus", como

Nietzsche. Essa atitude não está mais próxima de Deus do que a indiferença morna?

Os "cristãos anônimos" são outro grupo – pessoas que por algum motivo rejeitam a fé, mas das quais se poderia dizer o que o Pastor Oskar Pfister escreveu a Freud: "Eu diria que nenhum cristão melhor do que você já viveu!" (Pfister, 1963). Também conheci convertidos ao cristianismo cuja "conversão" consistiu apenas na descoberta surpreendente de que o cristianismo, do qual quase nada sabiam, era simplesmente um nome para o que há muito viviam "anonimamente", para o que acreditavam ser verdadeiro e certo.

* * *

Para retornar ao livro de Comte-Sponville: o que eu particularmente aprecio em seu "ateísmo" é que ele procura o que precisa ser preservado do cristianismo depois de a religião ter terminado. É uma postura que o coloca em sintonia com uma série de ateus humanistas, de Ludwig Feuerbach até Ernest Bloch, Milan Machovec, Erich Fromm e Slavoj Žižek. Todos eles argumentam contra um certo tipo de religião (que corre o risco de degenerar em infantilismo, fundamentalismo, intolerância e fanatismo), mas ao mesmo tempo sabem que o monoteísmo judaico e cristão tem conteúdo extremamente valioso, o que seria insensato, irresponsável e muito perigoso perder. Até agora tudo bem – compreendo e compartilho dessa opinião. O anateísmo de Richard Kearney ou a "segunda ingenuidade" de Paul Ricoeur, bem como o apelo feito neste livro, caminham na mesma direção: uma transição dos destroços do cristianismo matinal para uma forma vespertina mais madura.

No entanto, há opiniões diferentes sobre o que deve ser abandonado (ou o que já está morto de qualquer maneira) e o que deve ser mantido. Comte-Sponville pensa que o que deve ser abandonado é a fé (*foi*) e o que deve ser mantido é a fidelidade (*fidelité*). Ambos os termos derivam do latim, *fides* (fé), denotando algo muito semelhante, mas que pode e deve ser separado. "É claro que fé e fidelidade podem andar de mãos dadas – isso é o que chamo de piedade, que é o objetivo legítimo dos crentes. Contudo, elas também podem vir separadas. Isso é o que distingue a impiedade (ausência de fé) do niilismo (ausência de fidelidade). Seria um erro confundir os dois. Quando se perde a fé, a fidelidade permanece. Quando se perdem ambas, apenas o vazio permanece – ou a calamidade" (Comte-Sponville, 2009, p. 22). O próprio Comte-Sponville perdeu a fé (e observa que a fé está enfraquecendo na sociedade), mas defende a fidelidade. Sem a fidelidade, descemos à barbárie – ou ao ateísmo, que leva ao niilismo e ao egoísmo desenfreado, ou ao fanatismo, que leva à violência.

Parece-me que a diferença entre a minha posição e a de Comte-Sponville é meramente terminológica. O que eu chamo de *fé*, ele chama de fidelidade (*fidelité*). O que ele chama de fé (*foi*), chamo de visão de mundo, uma (religiosa) convicção (crença). Inquestionavelmente existem visões de mundo religiosas que a humanidade superou, bem como crenças e ideologias religiosas perigosas e destrutivas. Elas devem ser separadas do que chamo de fé e do que o nosso autor chama de fidelidade.

Quando Comte-Sponville diz que é contra a "crença em Deus", eu ainda posso segui-lo, porque ele critica sobretudo aqueles conceitos "objetificados" de Deus, os quais também considero como ídolos a serem abandonados. Quando ele fala daqueles conceitos de Deus que são caros para mim, como Deus sendo ele mesmo, Deus como mistério incognoscível, o Deus do misticismo e da teologia apofática, ele os deprecia educadamente: ele não sabe por que deveriam ser designados pela palavra Deus, ou porque deveríamos nos preocupar com o incognoscível. Ele escreve: "Se Deus é inconcebível, nada justifica que o concebamos como sujeito, pessoa, criador, protetor ou benfeitor, como personificação da justiça e do amor. [...] mas um Deus sem nome não seria mais Deus. A inefabilidade não é um argumento. O silêncio não é uma religião" (Comte-Sponville, 2009, p. 22).

Nesse ponto eu discordo veementemente. Talvez "nada nos justifique" *pensar* tudo isso no sentido de supor, mas nada nos impede de *acreditar*, de ousar confiar. Aqui está a diferença entre nós: para Comte-Sponville, fé é uma suposição, uma opinião (*crença*), para mim, é confiança e esperança. Acredito no Deus da Bíblia, que é Deus sem nome, cujo nome não deve ser pronunciado; um Deus que tivesse um nome pelo qual pudesse ser invocado seria apenas um dos ídolos ou demônios. O silêncio diante de um mistério indescritível pode não ser "religião" no sentido pagão da palavra, mas é um ato de fé, esperança e amor para com o Deus de quem a Bíblia escreve e em quem nós, cristãos e judeus, acreditamos.

Comte-Sponville afirma que ele não é apenas um *descrente* (um "ateu negativo" que não acredita em Deus). Ele se descreve como um genuíno ateu "positivo" que *acredita na inexistência de Deus* (Comte-Sponville, 2009). A fé, tal como a entendo, não é uma mera crença, mas um ato inseparavelmente ligado à esperança e ao amor; também tem a paixão do desejo. Amar, repito junto com Agostinho, significa *volo ut sis –Quero que sejas* (Halík, 2018). Em uma situação em que a existência e a natureza de Deus não são evidentes, podemos olhar para as profundezas de nossos corações e perguntar se *queremos* que Deus seja ou não, *se esse é o desejo profundo do nosso coração.*

Eu aprecio esse desejo do coração humano pelo amor absoluto. Comte-Sponville é extremamente desconfiado nesse aspecto: ele o considera como um forte argumento contra a fé; ele acredita, junto com Freud, que a busca e o desejo geram ilusões. Mas por que a sede deveria questionar a existência da fonte? Por que o desejo de Deus deveria ser menos verdadeiro do que o desejo de que Deus não existisse? Comte-Sponville escolhe livremente uma *crença* na inexistência de Deus, e ele reúne argumentos contra uma livre-escolha contrária, e rejeita o desejo e a esperança da fé.

Ao mesmo tempo, porém, Comte-Sponville condena veementemente o agnosticismo pela sua alegada indiferença em relação às questões persistentes que a religião e a fé levantaram e continuam a levantar. Nesse contexto, ele considera sua livre-escolha do ateísmo muito mais próxima da livre-escolha da fé do que da fria "neutralidade" dos agnósticos (Comte-Sponville, 2009, p. 22). (Aqui, novamente, talvez principalmente terminologicamente, diferimos: ao lado do "agnosticismo friamente indiferente", sempre apreciei o agnosticismo do silêncio educado, honesto e humilde à porta do Mistério, enquanto entendi o ateísmo como um passo ulterior, como uma resposta negativa injustificadamente dogmática, incapaz de paciência diante do Mistério).

Quanto à *palavra* "Deus", reconheço, juntamente com Rahner, que é uma palavra tão carregada de ideias problemáticas que poderia ser útil dispensá-la, pelo menos temporariamente. Mas o inefável Mistério a que chega a teologia apofática, destruindo todas as afirmações positivas e, em última análise, também negativas sobre Deus, eu defenderia até o meu último suspiro. Estou convencido – ao contrário do nosso ateu e, nesse sentido, ao contrário de Nietzsche – de que ignorar ou rejeitar explicitamente essa dimensão transcendente não tornaria a nossa relação com a nossa vida terrena mais vibrante, mais plena e mais autêntica – mas o contrário. Com outro ateu contemporâneo que é próximo do cristianismo, Slavoj Žižek, eu defendo que "o humanismo não é suficiente" (Žižek; Hauser, 2009); que aqueles para quem "este mundo" em sua presente forma corrompida é realmente suficiente estão empobrecendo e banalizando sua percepção e experiência deste mundo e desta vida. Certamente eu abandonaria muitas "noções religiosas", *mas jamais perderia a esperança*, inclusive a esperança de uma vida além da morte.

Das três virtudes divinas, Comte-Sponville favorece apenas o amor. Em sua perspectiva exegética do "hino ao amor" de Paulo em sua Primeira Carta aos Coríntios – uma das passagens mais poderosas em seu livro – ele invoca a afirmação de São Paulo (também de Agostinho e Tomás de Aquino) de que a fé e a esperança passam, enquanto apenas o amor é eterno. Só nesse aspecto, ele vai tão longe com Paulo a ponto de admitir que o amor, em certo sentido, relativiza até mesmo a morte.

Ele sabe que, para Paulo, Agostinho e Tomás de Aquino, a extinção da fé e da esperança e a realização do amor não acontecem até a eternidade; mas o nosso autor transforma o ateísmo em um "paraíso na terra"; já aqui, nesta vida, ele vê o *kairos* em que a fé e a esperança se revelarão desnecessárias, e o amor tomará o seu lugar. Para ele, este mundo já é aquele céu em que, segundo o Apocalipse de João, "não haverá mais templo" (Ap 21,22). Comte-Sponville invoca os teólogos escolásticos, que sustentavam que Jesus não tinha fé nem esperança – não precisava delas porque era Deus: Ele era apenas amor. A nossa *imitatio Christi* (seguimento de Cristo) consiste em ser como Cristo – em outras palavras (estou terminando o que nosso autor não expressa plenamente, mas decorre da lógica de sua interpretação), *ser como Deus*? Essa é uma pergunta muito complexa, mas como um leitor diligente do Livro do Gênesis, sou bastante cauteloso com esse fruto oferecido por um ateu simpático.

* * *

Compartilho com o nosso autor, mas também com muitos agnósticos, um humilde "não sabemos" no que diz respeito à vida após a morte, ou, mais precisamente, um distanciamento crítico de nossas noções demasiado humanas de céu. No entanto, vejo com fé e esperança que a morte não terá a última palavra, que a vida de cada um de nós e a história de toda a humanidade não terminarão como um mergulho no vazio, mas sofrerão alguma transformação inimaginável para nós aqui e agora em algo muito importante; importante também para a nossa vida aqui. Vejo não só o amor, mas também a esperança e a fé, aquela santa inquietação do coração que ainda não encontrou repouso em Deus, como uma abertura para aquilo que transcende, aprofunda e expande nossa vida e o mundo aqui e agora. A esperança também é transcendental por natureza, é autotranscendente – se quisermos limitá-la e espremê-la nas dimensões deste mundo, se lhe negarmos um espaço totalmente livre para o seu pleno desenvolvimento, prejudicamos não apenas a ela, mas também a nós mesmos e ao mundo. A questão é que, quando confundimos essa virtude essencialmente escatológica com a ideologia de esperar "o paraíso na terra" (seja na forma de promessas comunistas de uma sociedade sem classes ou projetos capitalistas de uma sociedade de riqueza e consumismo ilimitado), sobrecarregamos nossa vida neste mundo com demandas e expectativas irrealistas. Ao tentar saciar nossa fome de eternidade com a comida de nossa mesa atual, preparamos para nós mesmos um ciclo de tensões e subsequentes frustrações. Mais uma vez, à luz da custosa experiência histórica de nossa parte do mundo, eu emitiria uma advertência urgente contra todos aqueles que prometem o céu na terra. Certamente concordo que não devemos saciar a esperança com noções muito terrenas e muito humanas de um paraíso celestial; neste ponto, voltemos ao "nós não sabemos". Mas esse "nós não sabemos" deve deixar a porta aberta para a esperança e para o desejo.

Também não posso seguir o nosso autor em sua rejeição da fé. Para mim – e é aqui que eu divirjo fundamentalmente de Comte-Sponville – amor, fé e esperança são inseparáveis. Há momentos em que a fé passa pela escuridão. Teresa de Lisieux, na hora de sua morte dolorosa, confessou que sua fé se tornou vazia e escura, como se tivesse morrido; mas ela acrescentou que, nesses momentos, se relacionava com Deus por amor, *unicamente por amor*. Sem dúvida, esse testemunho poderia ser mais um argumento para o conceito de Comte-Sponville de amor em substituição à fé nesta vida, embora no caso de Teresa tenha sido um período entre a vida e a morte. Comte-Sponville, no entanto, rejeita a ideia de um Deus escondido e silencioso. Aparentemente, ele mesmo "perdeu a fé" em algum momento de silêncio de Deus em sua própria vida. Mas é possível perder a fé como se perdem chaves? Aqueles que viveram verdadeiramente pela fé e na fé podem perder "ilusões religiosas" e ideias (ou seja, o que ele chama de *foi*). Muitos "ex-crentes" podem "encontrar a fé" novamente no curso de outra jornada de vida – embora de uma maneira muito alterada. Afinal, Comte-Sponville permanece fiel ao que ele chama de "fidelidade" (*fidelité*) – e já levantei a hipótese de que a sua *fidelité* está muito próxima do que eu chamo de fé neste livro e do que experimento e professo como fé em minha própria história de vida. Tenho um forte argumento a favor dessa afirmação de nossa afinidade: o ingrediente essencial da fé, tal como eu a entendo, é a espiritualidade; eu o chamei de seiva e paixão da fé, aquilo que a nutre e a reaviva constantemente, aquilo que é a abertura por meio da qual a graça, a própria vida divina, pode ser derramada em minha fé pessoal.

Comte-Sponville rejeita a fé e a esperança, mas quer preservar a espiritualidade; ele defende a espiritualidade até mesmo para os "ímpios", para aqueles ateus provavelmente piedosos (em sua terminologia, fiéis) – ateus não dogmáticos que *sabem que eles não sabem* que Deus não existe, assim como não sabem se Deus existe. O ateísmo deles, ele admite honestamente, é fé, não conhecimento; nisso se assemelha à fé dos crentes não dogmáticos, que é o que eu afirmo ser. Nós também não "sabemos", não temos provas de que Deus "é", nem "sabemos" o que significa "ser" no caso de Deus. Se existe um Deus, então Deus é indiscutivelmente "diferente" de como as coisas são ou de como nós, mortais, somos. Mesmo a nossa fé é "meramente" fé – embora eu nunca associe a palavra "meramente" a essa virtude divina.

Ambos concordamos que estamos todos na situação da aposta de Pascal, ambos não estamos convencidos com as tradicionais "provas da existência de Deus". Nossas crenças e descrenças são escolhas livres. Mas é aqui que nos separamos: Comte-Sponville ousa apostar no ateísmo, eu na fé. Ambos concordamos com o "não sabemos"; no entanto, o meu "não sabemos" é bem diferente do "não sabemos" dele. Para nós dois, "não sabemos" é uma defesa contra o fanatismo e o fundamentalismo, bem como contra o niilismo, contra o "saber" ilusório e fácil (em que não podemos "saber"), bem como contra a resignação.

No entanto, vivo em um "não sabemos" que tem a janela aberta da palavra "talvez". Assim, o ar fresco da esperança flui livremente em minhas perguntas e escuridão. Repito: eu nunca, em circunstância alguma, fecharia essa janela. Receio que os ateus, pela sua livre-escolha, ou seja, pela sua rejeição de Deus, da fé e da esperança, fechem a janela do "não sabemos". Estou convencido de que a rejeição da esperança torna o mundo dos não crentes mais pobre e mais desconfortável. Receio que nesse espaço fechado, o espaço para a espiritualidade logo fique sem ar, que sem fé e esperança, a espiritualidade ateia fique, mais cedo ou mais tarde, sem fôlego.

Comte-Sponville é estranhamente persistente em sua rejeição explícita e reiterada da esperança. Ele invoca o budismo, para o qual a esperança é uma forma de desejo, um anseio que é a expressão e a causa da infelicidade. Ele invoca Nietzsche, para quem a esperança é deslealdade à terra, à vida terrena aqui e agora. Minha esperança, no entanto, não é uma fuga para um outro mundo, *Hinterweltlichkeit*. Não estou revogando o "não sabemos" que honestamente compartilhamos em favor de um contrabando desonesto de supostas certezas, afirmações sobre quando, onde e como minha esperança será realizada. Eu realmente "*não sei*" em que espaço e tempo existe o reino de que Jesus fala, eu apenas *confio* em sua palavra e rezo pela sua vinda. Não identifico esse reino prometido apenas como uma outra vida após a morte; o Evangelho nos diz que o Reino de Deus está "entre nós" (Lc 17,20-21), que veio com Jesus e que se entra nele quando se une a própria vida a Cristo pela fé, amor e esperança. Eu confio na palavra de Jesus, que Ele é a ressurreição e a vida, eu acredito que Ele é o amor encarnado de Deus, que é mais forte do que a morte. Comte-Sponville fala também de como a vida, transformada pelo amor, relativiza a morte; esse ateu não hesita em falar do Absoluto. Ele afirma que só quer livrar esse Absoluto de suas características antropomórficas – nesse ponto todos nós que fomos iluminados pela teologia apofática mística o aplaudimos. Mas volto a perguntar: por que o Absoluto, despojado de seus traços antropomórficos, deixaria de ser Deus?

Confesso que a minha fé e a minha esperança não privam o meu amor da fidelidade à terra, ao hoje e ao presente, não privam o mundo de sua beleza, nem a vida de sua solenidade e responsabilidade. Quando, por meio de um humilde "talvez", o Absoluto insufla esperança em nossa vida, Ele mais a fortalece do que a enfraquece. Quando um raio do sagrado brilha em nossa vida cotidiana, ele a enriquece com beleza, alegria, liberdade e profundidade. Em resposta a Nietzsche, declaro que o Deus em que acredito já se despiu de sua pele moral, Ele não cheira a "moralina" e sabe dançar[67]. Os amigos de Deus que se tornaram meus amigos para além dos limites da morte já "parecem redimidos" e me ensinam essa dança da liberdade[68]. Apesar de todas as minhas críticas às igrejas, confesso conhecer cristãos que foram testados no fogo de grandes provações; Comte-Sponville nomeia alguns deles e acrescenta que, por causa dos seus testemunhos, ele não pode jamais desprezar sua fé cristã. No fim das contas, até Nietzsche declarou que um cristianismo digno de respeito já existia no mundo: ocor-

---

67. Nietzsche menciona que mesmo depois da "morte de Deus" nós poderemos vê-lo novamente "quando ele tiver se despido de sua pele moral". Ele chamou a moralidade heterônoma de "moralina", um neologismo e alusão à palavra naftalina. Ele alegou que só poderia acreditar em um Deus "que soubesse dançar" (Halík, 2018; Nietzsche, 2005).

68. Nietzsche disse aos cristãos: "para que eu acredite no seu Salvador: mais como os salvos teriam os seus discípulos de me aparecer" (Nietzsche, 1961).

reu em Jesus, um "espírito livre", e isso ainda hoje é possível (Nietzsche, 2005).

* * *

Ernst Bloch uma vez afirmou que apenas um verdadeiro cristão pode ser um ateu e apenas um verdadeiro ateu pode ser um verdadeiro cristão (Bloch, 1973). Penso que agora compreendo o que ele estava tentando dizer, embora eu perceba de maneira diferente: o ateísmo pode ser benéfico para os crentes cristãos, mas perigoso para os ateus. O ateísmo é como o fogo: pode ser um bom servo, mas um mau patrão. O crente cristão é um "ateu" para muitos tipos de teísmo problemáticos; os cristãos foram considerados ateus durante vários séculos por causa de sua oposição à religião oficial da Roma pagã, e ainda hoje existem muitos tipos de teísmo aos quais a fé cristã se opõe com razão. Quando a fé de um crente passa pelo fogo purificador da crítica ateísta, pode entrar no espaço vago como uma fé mais profunda, pura e madura.

O ateísmo crítico é relativo em relação a um certo tipo de teísmo. Mas se o ateísmo adota uma postura absolutista e quer ser mais do que uma crítica a um determinado tipo de religião, então ele se torna uma "religião" em si, muitas vezes uma religião dogmática e intolerante. Experimentei de perto uma dessas religiões ateístas e não recomendo esse "paraíso" a ninguém.

Ainda não encontrei um ateísmo que preencha o espaço deixado por uma religiosidade decadente e por um teísmo com algo que possa ser considerado mais inspirador do que uma fé madura. Eu não trocaria a fé cristã pela deificação do homem no ateísmo humanista de Feuerbach, nem pelo paraíso terrestre marxista de uma sociedade sem classes, nem pela espiritualidade "anonimamente cristã" de Comte-Sponville, que substitui o infinito ou o absoluto pela palavra Deus. Parece-me que as utopias ateístas também precisam ser completamente "desmistificadas".

No espaço restrito da religião dogmática, em que o pensamento livre tem dificuldade para respirar, o ateísmo crítico abre uma salutar janela de ceticismo. Se o ateísmo que resiste à tentação de se tornar dogmático, deixa aberta a janela do "talvez", uma janela de esperança, então o mesmo Espírito que conduz às profundezas do Mistério, a um tesouro inacessível a todo dogmatismo e rigidez, pode soprar através de ambas as janelas – fé humilde e ateísmo autocrítico.

15
A comunidade do caminho

Na década de 1920, a poetisa alemã Gertrud von Le Fort escreveu uma coleção de poemas intitulada *Hymnen an die Kirche* ["Hinos à Igreja"]. Tratava-se de textos imbuídos do fascínio de uma convertida pelo seu mundo espiritual recentemente descoberto (Le Forth, 1924). Será que, hoje, alguém se atreveria a publicar um livro com um título semelhante?

Em um dos meus livros, comparei a Igreja com Dulcineia de Toboso. Encontramos essa personagem no famoso romance de Cervantes a partir de uma dupla perspectiva. Dom Quixote a vê como uma senhora nobre, enquanto seu criado Sancho Pança a vê como camponesa desajeitada. Se abordado superficialmente, o leitor se identifica imediatamente com o realismo de Sancho: o criado vê o que é real; o iludido Quixote está preso em suas alucinações. Mas não foi sem razão que Quixote – o tolo de Deus – foi chamado por Miguel de Unamuno (2010) de verdadeiro cavaleiro cristão. Sua visão de mundo é realmente uma tolice no mundo do realismo de Sancho. Este diz o que vê com os seus olhos e compreende com o seu bom-senso. Quixote, porém, vê na moça *o que ela poderia ser*; em seus olhos, a "feminilidade eterna", que ela também tem, brilha por meio de sua miséria (Halík, 2009b).

A visão que a mídia e o grande público têm da Igreja e do seu atual estado desagradável é a visão de Sancho – realista e demonstrável: esta é a Igreja, desacreditada por tantos escândalos e pecados. Mas para mim a chave para todas as reflexões sobre a Igreja é o paradoxo expresso pelo Apóstolo Paulo: "Trazemos, porém, este tesouro em vasos de barro..." (2Cor 4,7). Neste livro, portanto, não estou apenas discutindo com insensata esperança os muitos aspectos da atual crise da Igreja, mas também buscando a forma oculta à qual a Igreja foi chamada e que, de acordo com a nossa fé, florescerá no fim dos tempos – aquele tesouro escondido nos vasos de barro frágeis, empoeirados e maltratados, que é o que nós, que constituímos a Igreja, somos.

O rio da fé se afastou de suas margens antigas; a Igreja perdeu o seu monopólio da fé. As instituições da Igreja não têm mais o poder de controlar e disciplinar a fé; tentar fazê-lo significaria correr o risco de uma maior perda de influência e autoridade moral. Mas a Igreja, enquanto comunidade de crentes, comunidade de memória, narrativa e celebração, tem uma missão duradoura de servir a fé, tanto pela sua experiência histórica quanto, sobretudo, pela força do Espírito que habita e opera também dentro de "vasos de barro".

Acredito no caráter *Mariano* da Igreja – a Igreja é *Christotokos* e *Theotokos*, a mãe, dando à luz e levando ao mundo o Verbo de Deus encarnado[69]. Mas a Igreja ainda pode cumprir essa missão, ou terá chegado o tempo em que a fé cresceu e se tornou independente do ventre materno? O papel materno pode assumir muitas formas diferentes; a relação entre mãe e filho muda ao longo da vida. Que forma a Igreja pode assumir hoje que seja benéfica e até mesmo necessária para a vida de fé? E qual é a forma mais provável de sufocar a fé e mantê-la infantil? Que forma de Igreja pode responder às necessidades da fé de hoje e aos sinais atuais dos tempos?

Atualmente, vejo sobretudo quatro conceitos eclesiológicos que podem e devem ser construídos, que precisam ser teologicamente pensados mais profundamente e colocados em prática gradualmente. Em primeiro lugar, a concepção da Igreja como povo de Deus que caminha ao longo da história; em segundo, a concepção da Igreja como escola de sabedoria cristã; em terceiro, o conceito de Igreja como hospital de campanha; em quarto, a ideia da Igreja como lugar de encontro e conversa, um ministério de acompanhamento e reconciliação.

* * *

A primeira definição da Igreja como povo de Deus, a caminho da história, é um elemento central da eclesiologia do Concílio Vaticano II. Essa imagem é retirada da

---

69. A antiga disputa eclesiástica sobre o fato de Maria ter direito ao título de *Christotokos* (mãe ou portadora de Cristo) ou também *Theotokos* (Mãe de Deus) foi decidida em 431 pelo Concílio de Éfeso contra Nestório em favor da legitimidade do título *Theotokos*.

Bíblia hebraica, onde se refere a Israel, o povo escolhido cuja autocompreensão foi moldada pela experiência do êxodo – a jornada da terra da escravidão para a terra prometida da liberdade. A Igreja, nessa concepção, é parte do rio que nasce em Israel; nas palavras de Paulo, é um ramo enxertado na oliveira do povo eleito.

Essa imagem descreve a relação entre a Igreja e Israel sem recorrer ao perigoso modelo de substituição da nação e da religião judaicas pelo cristianismo. É preciso ficar claro que o cristianismo não negou ao judaísmo a sua legitimidade ou o seu direito de existir; que o velho antijudaísmo cristão teve consequências trágicas, abrindo caminho para o antissemitismo neopagão[70]. Quando, nos primeiros séculos da Igreja, ela decidiu aceitar a Bíblia hebraica, a Bíblia de Jesus, como a Palavra vinculante de Deus, isso foi o mesmo que declarar a memória do povo de Israel como parte da memória histórica da própria Igreja. A memória de Israel, a Bíblia hebraica, faz parte da memória da Igreja. No que se refere à teologia pós-Auschwitz, os escritores cristãos enfatizam que a Igreja não deve ser indiferente a toda a história dos judeus, incluindo a tragédia do Holocausto.

Nós, cristãos, nunca devemos nos esquecer de que compartilhamos raízes comuns com os judeus; se perdêssemos o respeito pelo judaísmo, estaríamos negando

---

70. O Apóstolo Paulo é claro quanto ao fato de Israel ser o povo escolhido. "Portanto, os dons e o chamado de Deus são irrevogáveis" (Rm 11,29); essa declaração em particular é a base para a rejeição pelo Concílio Vaticano II da noção de que a Igreja suplanta Israel.

o Senhor e a linhagem de Jesus. Além disso, por meio da Eucaristia, sinal da Nova Aliança, por meio do sangue judeu de Jesus, que é derramado por todos, somos "parentes de sangue" do povo da Aliança original. O judaísmo de Jesus e a sua fé judaica pertencem inseparavelmente à sua humanidade, à sua "natureza humana", que segundo a célebre definição do Concílio de Calcedônia, está ligada "sem confusão" e "sem separação" à sua "natureza divina", à sua unidade com o Pai. Talvez possamos dizer, por analogia, que pelo menos para nós, cristãos, o judaísmo, a fé de Jesus e a "religião de Jesus" estão ligados "sem confusão" e "sem separação" ao nosso cristianismo, à nossa fé cristã. Essa última é tanto a fé de Jesus quanto a nossa "fé em Jesus" – ou seja, a confiança de que em Jesus Cristo o divino e o humano estão unidos ("sem confusão" e "sem separação"); portanto, pode unir até mesmo os "circuncidados e os não circuncidados": "Ele é a nossa paz, ele que de dois povos fez um só, derrubando o muro de separação, a inimizade, em sua própria carne" (Ef 2,14-16).

Essa interconexão irrevogável, que é certamente desejada por Deus, pressupõe, no entanto, aquela "não confusão" – o respeito pela alteridade de cada um sem tentar substituir, apropriar ou colonizar. Afinal, o que estou dizendo aqui sobre a relação entre cristianismo e judaísmo se aplica por analogia à relação entre o cristianismo tradicional e seu filho indesejado, o secularismo moderno. Tanto a relação entre o judaísmo e o cristianismo quanto a relação entre o cristianismo e a Modernidade secular assemelham-se, tanto pela sua fatalidade quanto por uma certa ambivalência e tensão, relações dinâmicas dentro das famílias. Genes compartilhados e território compartilhado oferecem inúmeras possibilidades positivas, mas não garantem uma harmonia sem problemas.

Mas voltemos à definição de Igreja como povo de Deus que caminha ao longo da história. Essa imagem representa a Igreja em movimento e em processo de constante mudança. Deus molda a forma da Igreja na história, revela-se nela e ensina-a por meio dos acontecimentos da história. Deus acontece na história. Essa concepção dinâmica de Deus na perspectiva da teologia do processo é o incentivo para uma compreensão dinâmica da Igreja. Tanto a forma institucional da Igreja quanto seus conhecimentos teológicos evoluem no decorrer da história. Em relação a nenhum momento da história e nenhuma forma histórica de Igreja e teologia podemos dizer de acordo com o *Fausto* de Goethe: "Fique um pouco! Você é tão linda!" (Goethe, 1955, p. 91). Ao longo de sua história, a Igreja esteve ao longo do caminho, não em um destino. O objetivo de sua história é escatológico; o encontro antecipado com Cristo, as "bodas do Cordeiro", ocorrerão apenas além do horizonte do tempo histórico. Se a nossa teologia, a nossa reflexão constante sobre a fé, perdesse o seu caráter aberto e peregrino, tornar-se-ia uma ideologia, uma falsa consciência[71].

---

71. A noção de ideologia como falsa consciência foi uma das ideias de Marx que não estava errada.

Pode-se dizer da Igreja como povo de Deus a caminho o que o Papa Francisco diz das pessoas em sentido geral: "A categoria 'povo' é aberta. Um povo vivo, dinâmico e com futuro é aquele que permanece constantemente aberto a novas sínteses assumindo em si o que é diverso. E fá-lo, não se negando a si mesmo, mas com a disposição de se deixar mover, interpelar, crescer, enriquecer por outros; e, assim, pode evoluir" (*Fratelli Tutti* 160).

Além disso, os principais atributos da Igreja – unidade, santidade, catolicidade e apostolicidade – não podem ser perfeitamente cumpridos na história; em sua forma perfeita, são o objeto da esperança escatológica. A história da Igreja é um processo de amadurecimento, mas não uma progressão unidirecional para coisas maiores e melhores. É a mistura da unidade com a diversidade, da concordância com a discórdia, da santidade com o pecado, da universalidade católica com um "catolicismo" estreito e culturalmente circunscrito, da fidelidade à tradição apostólica com um labirinto de heresias e apostasias. Devemos abrir o nosso mundo, os nossos corações, a nossa história e os nossos relacionamentos à luz do Reino de Deus, ao triunfo final da vontade de Deus ("como no céu, assim na terra") por meio da oração e do trabalho; mas devemos estar vigilantes e humildemente conscientes de que a história não é o céu, de que a história não é Deus. No caminho histórico da busca de Deus, não podemos escapar da constante tensão entre o "já" e o "ainda não". Não podemos esquecer e negar nossa experiência da história do século XX, ou seja, que as ideologias que prometiam o céu na terra transformaram a terra em inferno.

A tradição da Igreja faz distinção entre três tipos de Igreja – *Ecclesia militans*, a Igreja terrena militante, *Ecclesia poenitens*, a Igreja sofredora e penitente com as almas no purgatório, e *Ecclesia triumphans*, a Igreja triunfante dos santos no céu. Negligenciar a distinção escatológica, confundir a Igreja terrena com a vitoriosa e triunfante Igreja celestial, gera triunfalismo. *Ecclesia militans*, a Igreja terrena, consiste antes de tudo em lutar contra suas próprias tentações, fraquezas e pecados – incluindo as tentações do triunfalismo. Se sucumbe à tentação do triunfalismo e se torna uma instituição de religião militante, então luta antes de mais nada com outros, com aqueles que são diferentes, bem como com aqueles que são incômodos em suas próprias fileiras (Halík, 2009a). O triunfalismo, uma mistura de orgulho e cegueira, é uma doença da Igreja – Jesus o chamou de fermento dos fariseus, e o Papa Francisco o chamou de clericalismo.

* * *

A segunda visão da Igreja é uma escola – *uma escola de vida e uma escola de sabedoria*. Vivemos em uma época em que nem a religião tradicional nem o ateísmo dominam o espaço público de muitos países europeus, e em vez disso, o agnosticismo, o apateísmo e o analfabetismo religioso tendem a prevalecer. Em número mais fraco, mas muito expressivas, estão duas minorias, o fundamentalismo religioso e o ateísmo dogmático. Esses arrogantes detentores da verdade se assemelham de muitas maneiras; também compartilham praticamente da mesma concepção primitiva de Deus, fé e religião. Diferem apenas na medida em que um leva a sério essa caricatura de Deus e a defende, enquanto o outro a rejeita sem ser capaz de oferecer uma relação diferente e mais profunda com o que os crentes querem dizer com a palavra Deus. Ambos se decidiram sobre Deus e não ouvem nem compreendem o desafio duradouro: "*Buscai* ao Senhor". A fé é uma jornada, um caminho de busca; o dogmatismo religioso e ateu e o fundamentalismo são becos sem saída ou mesmo prisões.

Neste momento é urgente que as comunidades cristãs se transformem em "escolas" segundo o ideal originário das universidades medievais[72]. As universidades foram criadas como comunidades de professores e estudantes; eram comunidades de vida, de oração e de aprendizagem. A ideia por trás delas era: *contemplata aliis tradere* – só podemos transmitir aos outros aquilo que nós mesmos primeiro meditamos, digerimos internamente e desfrutamos (não é coincidência que o termo latino para sabedoria – *sapientia* – seja derivado do verbo *sapere*, que também significa saborear e desfrutar).

Desde o início, as disputas, algumas delas sob a forma de torneios intelectuais públicos, faziam parte das

---

72. Nicolhas Lash (2004, p. 5) apresenta uma imagem semelhante da Igreja.

universidades; eram governadas pela convicção de que a verdade é alcançada por meio do livre-debate de acordo com regras lógicas. É tempo de renovar essa cultura do diálogo com Deus e entre os cristãos – vinculando a teologia com a espiritualidade e a educação religiosa com o cultivo da vida espiritual – nas atuais comunidades eclesiais, paróquias, comunidades religiosas e movimentos internos da Igreja.

Qual deve ser o principal objeto de estudo e oração hoje? Acredito que, em meio à multiplicidade de temas que precisam ser estudados e refletidos, bem como meditados e discutidos, nunca devemos esquecer do próprio coração do cristianismo: as três "virtudes divinas", fé, esperança e amor. Essa é a forma como Deus está presente em nosso mundo. Precisamos redescobri-las: para distinguir a fé da convicção religiosa, a esperança do otimismo e o amor da mera emoção. A educação para uma fé ponderada e madura não tem apenas um aspecto intelectual e moral, mas também terapêutico; tal fé protege contra as doenças contagiosas da intolerância, do fundamentalismo e do fanatismo.

Todas as grandes tradições religiosas são escolas com características próprias; oferecem diferentes métodos para superar o egoísmo, para refinar os instintos (especialmente o instinto de agressão) e para ensinar a arte da convivência justa e pacífica em sociedade; mas, sobretudo, oferecem, a partir do tesouro das suas tradições, experiências novas e antigas de como podemos nos abrir ao mistério de Deus. Essas tradições podem certamente inspirar umas às outras de diversas maneiras.

* * *

A terceira visão da Igreja é a analogia frequentemente mencionada pelo Papa Francisco: a Igreja como hospital de campanha. O papa se refere ao ideal de uma Igreja que não permanece atrás dos muros de suas certezas em esplêndido isolamento do mundo exterior, mas sai com sacrifício e coragem para lugares onde as pessoas estão física, social, psicológica e espiritualmente tentando curar as feridas.

O hospital de campanha precisa da infraestrutura de um hospital moderno adequado, que tenha as suas próprias instalações de pesquisa, forneça diagnósticos de qualidade e se dedique à prevenção, à terapia e à reabilitação. Como hospital, a Igreja deve ter diante dos olhos não apenas o sofrimento dos indivíduos, mas também os males coletivos das sociedades e civilizações de hoje. Durante muito tempo a Igreja adotou principalmente uma abordagem moralista para os males da sociedade; sua tarefa agora é descobrir e exercitar o potencial terapêutico da fé.

A função de diagnóstico deve ser desempenhada pela disciplina já mencionada, para a qual cunhei o termo "kairologia" – a arte de ler e interpretar os sinais dos tempos, a hermenêutica teológica dos acontecimentos na sociedade e na cultura. A kairologia deve dar atenção especial aos momentos de crise e às mudanças nos paradigmas culturais. Deve vê-los como parte da "pedagogia divina", como um momento oportuno para refletir mais profundamente sobre a fé e renovar sua prática. Em certo sentido, a kairologia desenvolve o método de discernimento espiritual que é uma parte importante da espiritualidade de Santo Inácio e seus discípulos; aplica-o ao contemplar e avaliar o estado atual do mundo e nossas tarefas nele.

O papel da prevenção é semelhante ao que às vezes é chamado de "pré-evangelização": cultivar o solo cultural e moral no qual a semente da fé pode ser plantada para criar raízes. A questão de por que às vezes e em certos lugares a fé é vital e em outras vezes murcha e não dá bons frutos é respondida pela parábola do semeador mencionada anteriormente: depende muito de onde a semente cai. A semente da fé precisa de um ambiente favorável. Esse ambiente é tanto a vida inteira dos crentes quanto o contexto cultural e social de suas histórias de vida. O terreno bom, pedregoso ou espinhoso de que fala a parábola pode ser considerado tanto como corações humanos individuais quanto como diferentes culturas e ambientes sociais.

O respeito pelos direitos humanos, a luta pela justiça social ou a preocupação pela estabilidade da vida familiar também fazem parte da "pré-evangelização", constituindo uma intrínseca "parte terrena da fé". Se a Igreja não aceitasse sua corresponsabilidade pelo mundo e se esforçasse pelo cultivo da sociedade, mas se dedicasse apenas a "atividades explicitamente religiosas", tornaria essas atividades inautênticas e estéreis. A *vita activa* e a *vita contemplativa* existem conjuntamente; para tomar emprestada a linguagem do dogma cristológico do Concílio de Calcedônia, elas pertencem uma à outra "sem confusão" e "sem separação" – separar uma da outra é danificar ambas.

Trata-se da prevenção das enfermidades espirituais e morais da sociedade, do fortalecimento do sistema imunológico da sociedade e da criação de um clima favorável ao desenvolvimento saudável da pessoa humana e da sociedade, da *ecologia integral*. Nesse campo, os cristãos devem trabalhar em solidariedade com muitas instituições e iniciativas seculares; não podem reivindicar o monopólio da cura do mundo.

O que poderíamos chamar de cuidados de *reabilitação* é principalmente o trabalho de crentes em sociedades há muito feridas por conflitos sociais e políticos, ou por guerras ou regimes ditatoriais, em que o capital social de confiança e solidariedade foi esgotado. Onde persistem por muito tempo traumas, culpas não aliviadas e relacionamentos rompidos entre pessoas e grupos humanos, cabe aos cristãos aplicar sua experiência à prática do arrependimento, da reconciliação e do perdão[73].

Nas sociedades pós-comunistas, décadas após a queda da Torre de Babel do comunismo, suas ruínas impuras

---

73. Um exemplo positivo é o trabalho das comunidades cristãs na África do Sul após o fim do Apartheid e em muitos outros países onde foi necessário "curar cicatrizes do passado".

permanecem e as ervas daninhas prosperam sobre elas; as duras lições da história recente são repreensivelmente esquecidas rapidamente e muitas pessoas correm como ratos atraídos por flautistas políticos demagógicos. Sem dúvida, as igrejas também têm nesse sentido a sua parcela de culpa, por se dedicarem demais aos seus interesses institucionais no espaço proporcionado pela liberdade e negligenciarem sua missão terapêutica para toda a sociedade. Igrejas em países pós-comunistas gostam de culpar o "*tsunami* do liberalismo" e a mídia pouco amistosa pela indiferença ou hostilidade à religião em sua forma eclesial; mas a maior culpa recai sobre eclesiásticos que foram corrompidos pelas promessas dos políticos e pela sua falsa boa vontade. Alguns líderes da Igreja até se detiveram à lealdade acrítica para com o *establishment* e ao silêncio covarde em momentos em que era necessário chamar o mal de mal com a presciência dos profetas e a coragem dos verdadeiros pastores. A nostalgia de alguns dignatários da Igreja em relação aos dias em que o trono e o altar estavam unidos paralisou a sua capacidade de compreender os novos tempos e os seus desafios. Quando as autoridades eclesiásticas começaram a forjar uma aliança profana com representantes populistas do poder estatal, começaram gradualmente a se assemelhar a eles. Por vezes isso me lembrava a famosa cena final de *A fazenda dos animais* de Orwell: era impossível distinguir os dois lados.

É uma pena que o chamado Pacto das Catacumbas tenha caído tão rapidamente no esquecimento; nesse pacto, ao fim do Concílio Vaticano II, um grupo de Padres Conciliares comprometeu-se, em seu estilo de vida, a renunciar aos ornamentos feudais, às vestimentas e aos títulos, e convocou seus irmãos no episcopado a fazerem a mesma coisa. Quando o Papa Francisco decidiu morar em um apartamento modesto em vez do Palácio Apostólico, enviou um sinal inequívoco para as fileiras da Igreja e para o mundo ao seu redor: o estilo de vida externo e o ambiente que as pessoas escolhem e criam ao seu redor também expressam e influenciam retroativamente seus pensamentos e atitudes morais. Se a Igreja quer ajudar a curar as cicatrizes do passado e a superar os atuais fenômenos patológicos da sociedade da qual faz parte, não pode fazê-lo simplesmente por meio de discursos moralizadores; deve fazê-lo sobretudo pelo exemplo prático.

* * *

O quarto modelo da Igreja, que creio ser necessário para os dias atuais e especialmente para o futuro, está estreitamente relacionado com os dois últimos – o escolar e o hospitalar – e também se inspira nas sugestões do Papa Francisco. A Igreja precisa criar centros espirituais, lugares não apenas de adoração e contemplação, mas também de encontro e conversa, onde experiências de fé possam ser compartilhadas.

Muitos cristãos estão preocupados com o fato de que em vários países a rede de paróquias, que foi criada há vários séculos em um contexto sociocultural e pastoral completamente diferente e dentro de uma diferente autocompreensão teológica da Igreja, está sendo cada vez mais dividida. Não é realista esperar que esse processo pare (como importar padres do exterior, por exemplo). Mesmo que a Igreja Católica Romana se aventure a ordenar homens casados como padres (*viri probati*), dê ainda mais espaço aos leigos e, especialmente, para usar o carisma das mulheres na liturgia, na pregação e na liderança das comunidades eclesiais – passos que provavelmente acontecerão mais cedo ou mais tarde – não é realista esperar que isso permita que a rede de pastoral territorial seja restaurada à forma que assumiu na sociedade pré-moderna.

As lideranças da Igreja já deveriam considerar não apenas um ministério pastoral alternativo em um mundo em mudança, mas também uma reforma na mesma linha da educação e do treinamento daqueles a quem ela elege e prepara para os ministérios. Estou convencido de que os principais pontos focais do cristianismo no crepúsculo de sua história não serão as paróquias territoriais, mas centros de espiritualidade e de acompanhamento espiritual.

Há alguns anos, o livro de Rod Dreher, *The Benedict option*, atraiu grande atenção (Dreher, 2017). Seu autor, um cristão conservador que se converteu do catolicismo romano à ortodoxia russa, recomenda que os cristãos devem se retirar da sociedade secular contemporânea e formar comunidades à maneira dos antigos mosteiros beneditinos. Ao contrário de muitos outros escritores cristãos conservadores que gastam centenas de páginas expressando indignada e chorosamente uma única ideia, a saber, que o ontem acabou e o hoje não se parece com ele – uma observação indubitavelmente verdadeira, mas um tanto banal – Dreher não se contenta em simplesmente observar isso, mas tenta oferecer uma saída. Ele exorta os cristãos a criarem uma *polis* paralela, citando Václav Havel e Václav Benda, que uma vez usaram o termo para descrever as atividades da Igreja e a dissidência política durante o tempo da perseguição comunista. No entanto, isso demonstra graficamente a pobreza do tradicionalismo, que ignora as mudanças do contexto histórico: o que era uma necessidade na época de um regime policial repressivo teria consequências devastadoras nos dias de hoje em uma sociedade livre e pluralista. Se a Igreja Católica tivesse seguido esse conselho, teria se transformado em uma seita com todos os concomitantes de tal transformação[74].

O livro bem-intencionado de Dreher, embora contenha algumas percepções e ideias parciais valiosas, é verdadeiramente herético na sua mensagem básica: o que estimula é uma negação do próprio significado do catolicismo. Quando a Igreja integrava a forma monástica radical do cristianismo, foi uma escolha fundamental para a catolicidade da Igreja não exigir que a Igreja como um todo (a maioria dos cristãos) adotasse esse estilo de vida.

---

74. Dreher exorta explicitamente os cristãos a "construírem um modo de vida cristão que permaneça como uma ilha de santidade e estabilidade em meio à maré alta da modernidade líquida" (Dreher, 2017). Mas nem mesmo os mosteiros beneditinos eram ilhas fechadas no meio de um mundo hostil.

O convite para fugir da constante necessidade de tomar decisões nas exigentes condições de liberdade para um gueto – um *skanzen* artificial do passado – fugir da tarefa ordenada por Deus de viver no presente é uma tentação muito sedutora, especialmente hoje, e aumenta a atratividade das seitas. A tempestade do medo coloca em perigo a chama da fé – a coragem de procurar continuamente a Deus de modo novo e mais profundo.

Como qualquer heresia, no entanto, *The Benedict option* de Dreher contém uma parte da verdade, e uma parte que tem sido tristemente negligenciada, a saber, que a Igreja de hoje precisa urgentemente de centros espirituais que se baseiem na missão espiritual e cultural dos mosteiros beneditinos do início da Idade Média. A Igreja precisa de um oásis de espiritualidade e de pessoas que dediquem a vida aos seus cuidados. É um ministério necessário para a maioria dos cristãos que não pode e não deve se isolar da sociedade e da sua cultura, por mais multifacetada que seja essa cultura, pois tende a expressar e refletir o horizonte da vida em vez da vertical íngreme da espiritualidade radical. A Igreja em sua totalidade não deve formar uma ilha de contracultura dentro da sociedade.

É claro que há ocasiões na história em que a Igreja tem de recuar para as catacumbas, mas a incapacidade de emergir em tempo hábil das catacumbas para o areópago da cultura e da sociedade contemporânea torna essa Igreja obsoleta e mofada: cristãos barricados dificilmente podem ser o sal e o fermento da sociedade. Os cristãos não devem criar guetos; seu lugar é no meio do mundo; eles não devem lutar por uma sociedade paralela e travar guerras culturais.

Antes de receberem o nome de cristãos em Antioquia, os discípulos de Jesus eram conhecidos como "o povo do caminho". Hoje, no limiar entardecer do cristianismo, a Igreja deve voltar a ser *comunidade do caminho*, desenvolvendo o caráter peregrino da fé a fim de cruzar esse novo limiar. Mas também precisa construir centros espirituais vivos, centros de onde se possa extrair coragem e inspiração para a jornada vindoura. Os cristãos precisam recorrer a esses centros, mas não podem retirar-se permanentemente para eles ou erguer "três tendas" acima das preocupações mundanas da vida, como os apóstolos no Monte Tabor desejavam fazer.

16
Uma comunidade de escuta e compreensão

De acordo com uma antiga lenda tcheca, o construtor de uma das igrejas góticas de Praga ordenou que os andaimes de madeira fossem incendiados após a conclusão da construção. Quando o fogo começou e o andaime caiu estrondosamente no chão, o construtor entrou em pânico e cometeu suicídio, pensando que sua construção havia desabado. Tenho a impressão de que muitos cristãos que estão em pânico neste momento de mudança estão sucumbindo a um erro semelhante. O que está desmoronando pode ser apenas o andaime de madeira; quando ele queima, a igreja certamente será chamuscada pelo fogo, mas os elementos essenciais, que por muito tempo estiveram ocultos, ainda estão por ser revelados.

* * *

Para que a Igreja seja de fato uma Igreja e não se torne uma seita autônoma, ela deve realizar uma mudança radical em sua autoconcepção, em sua compreensão de seu serviço a Deus e às pessoas neste mundo. Precisa repensar e desenvolver mais plenamente a sua catolicidade e a universalidade de sua missão, lutar para ser verdadeiramente "tudo para todos" (1Cor 9,22). Eu repito: é chegado o momento da *autotranscendência do cristianismo*.

Se a Igreja quer ir além de seus limites e servir a todos, então esse ministério deve estar ligado ao respeito pela alteridade e liberdade daqueles a quem ela se dirige. Deve estar livre da pretensão de espremer todos em suas fileiras e exercer controle sobre eles, de "colonizá-los". Deve confiar no poder de Deus, levando a sério o fato de que o Espírito está trabalhando para além dos limites visíveis da Igreja.

Até agora, a Igreja concentrou-se principalmente no cuidado pastoral de seus fiéis e nas missões destinadas a aumentar seu número. Outra área, desde os primórdios do cristianismo, é a diaconia, a caridade; foi principalmente nesse campo que os cristãos aprenderam a servir todas as pessoas em situação de dor e necessidade, cumprindo assim o chamado de Jesus ao amor universal e à misericórdia sem limites ou intenções de proselitismo. Nesse sentido, os cristãos deram e continuam a dar testemunho por meio de atos sem palavras – por meio da solidariedade do amor e da demonstração de um envolvimento próximo. No espírito da parábola do bom samaritano, eles não perguntam: "quem é o meu próximo?" (e quem não é mais o próximo) como foi perguntado pelo fariseu "querendo justificar-se" (Lc 10,25-29), querendo justificar os limites estreitos de sua vontade de amar e ajudar. Eles sabem que devem "fazer-se próximos" – estar próximos dos outros, especialmente dos necessitados. Essa proximidade e solidariedade terapêutica assumiu e assume múltiplas formas, mas também tem uma dimensão política.

Conforme já foi dito, a Igreja como hospital deve zelar pela saúde da sociedade, pela prevenção e diagnóstico das doenças que atacam sociedades inteiras, bem como pela posterior terapia e reabilitação; deve se esforçar para superar "pecados sociais" e estruturas distorcidas dentro dos sistemas sociais. Durante décadas, a doutrina social da Igreja indicou que o pecado não é apenas uma questão individual; estamos todos cada vez mais emaranhados em uma rede confusa de relações econômicas e políticas, onde o mal frequentemente assume uma aparência suprapessoal e anônima.

Uma das muitas razões pelas quais os confessionários e as capelas penitenciais se esvaziaram é que a consciência da responsabilidade pessoal se confundiu com o pano de fundo do que sabemos sobre os muitos fatores biológicos, psicológicos e sociais que influenciam fortemente nossas ações. Podemos sempre nos esconder em um emaranhado de desculpas e justificativas. "Como pode uma pessoa, afinal, ser culpada? Somos todos seres humanos aqui, ninguém é diferente de ninguém", disse Josef K. em *O processo* (Kafka, 2019, p. 227). Mas a conformidade e a superficialidade da vida também são censuráveis, talvez mais do que muito do que as pessoas sussurram na escuridão dos confessionários. Um número considerável de cristãos suspeita que o que os separa de Deus são realidades muito mais profundas e também mais sutis do que aquelas enumeradas pelos tradicionais "espelhos confessionais", a lista de pecados em que esses pecados "mortais" são marcados com um asterisco.

Durante os meus 43 anos de ministério sacerdotal, ouvi dezenas de milhares de confissões. Por muitos anos, além do Sacramento da Penitência, ofereci conversas espirituais que não são mais longas e profundas do que a forma ordinária do sacramento permite, e que se relacionam com o contexto mais amplo da vida espiritual. Essas conversas por vezes são assistidas pelos não batizados e por muitos que seriam ou poderiam ser considerados como não religiosos, mas ainda assim espiritualmente fundamentados ou em busca. Ampliei minha equipe de colaboradores desse ministério para incluir leigos com formação em teologia e psicoterapia. É minha forte convicção que o ministério de *acompanhamento espiritual pessoal* será o papel pastoral crucial da Igreja na próxima tarde da história cristã, e o mais necessário.

Ao mesmo tempo, é o ministério no qual mais aprendi, no qual a minha teologia e a minha espiritualidade, bem como minha compreensão de fé e da Igreja, sofreram uma certa transformação. Quando o meu bispo, Cardeal Dominic Duka, se recusou resolutamente a falar com as vítimas de abuso sexual por parte do clero (incluindo membros do mosteiro do qual ele era superior na época) e encaminhou-os para a polícia, me envolvi em longas conversas tarde da noite com muitos deles, depois das quais eu passava a noite sem dormir. Não aprendi muito mais do que já tinha sido exposto, mas olhei nos olhos dessas pessoas e segurei suas mãos quando choraram. E foi uma experiência muito diferente da leitura dos relatórios de depoimentos prestados à polícia ou em um tribunal.

Trabalhei durante anos como psicoterapeuta e sei quão próximas e interligadas são as dores mentais e espirituais, mas isso foi algo diferente da mera psicoterapia; senti a presença de Cristo ali com todo o meu coração, de ambos os lados: nos "menores, doentes, presos e perseguidos" e também no ministério de escuta, consolação e reconciliação que me foi permitido realizar.

Vários de meus colegas universitários, que respeito pessoalmente e de cujas piedade e boa vontade não duvido, endossaram um documento fariseu intitulado *Correctio filialis de haeresibus propagatis*, repreendendo o Papa Francisco por ter apresentado em sua Exortação Apostólica *Amoris Laetitia*, a necessidade de uma abordagem pastoral misericordiosa, individual e inteligente em relação as pessoas em situações ditas irregulares, como homossexuais e pessoas divorciadas e casadas de novo em cerimônia civil. Não me surpreendeu que os duros julgamentos foram proferidos por pessoas que nunca se sentaram em um confessionário e ouviram as histórias dessas pessoas. Talvez se eu olhasse para o mundo através das lentes dos manuais de moral neotomistas, em que os argumentos individuais se encaixam suave e logicamente como uma máquina fria, mas contornam completamente as complexas realidades da vida, eu abordaria os problemas das pessoas com julgamentos igualmente simples, preto no branco, e pouco caridosos. Provavelmente eu também me ofenderia com um papa que nos lembra que a Eucaristia não é uma recompensa para os católicos exemplares, mas *panis viatorum*, pão para a jornada do amadurecimento – alimento e remédio para os fracos e debilitados (cf. *Evangelii Gaudium*, 47).

Já ouvi inúmeras histórias de mulheres, abandonadas de maneira imprudente por seus maridos, que, anos depois, tendo encontrado apoio para si e para seus filhos em um novo casamento bem-sucedido, estavam, sob a atual lei da Igreja, banidas para sempre da mesa de Cristo, daquela mesa para a qual Jesus, para indignação dos fariseus, convidava as pessoas em "situações irreligiosas" e não lhes impunha antecipadamente quaisquer condições difíceis. Disse que eram elas, porque podiam apreciar o dom gratuito do perdão e aceitação incondicional, que precederiam seus orgulhosos juízes e acusadores no Reino dos Céus. Jesus sabia que apenas a experiência do acolhimento e do perdão incondicionais poderia provocar uma transformação de vida, uma conversão. Poucas coisas eram tão estranhas a Jesus quanto o pensamento legalista de seus maiores oponentes entre os fariseus. Aqueles que apelam para as palavras de Jesus sobre a indissolubilidade do casamento devem perceber que o que Jesus quis dizer com essas palavras foi para defender as mulheres da imprudência dos homens que poderiam facilmente descartá-las por motivos mesquinhos, simplesmente emitindo uma "carta de divórcio", e certamente Ele não pretendia impor encargos adicionais sobre as vítimas de tal comportamento, ou seja, as mulheres divorciadas[75].

Quando um clérigo, em um sermão inflamado em uma catedral de Praga, advertiu sobre a dominação global por homossexuais e teóricos de gênero que removeriam à força crianças de famílias comuns e as venderiam como escravas, e enviariam católicos devotos para campos de extermínio, percebi que essas *más notícias* de medo não representavam a minha religião – e, sobretudo, não eram o *Evangelho* (Boa-nova), a religião de Jesus. Ouvi dezenas de relatos de cristãos que discerniram sua orientação homossexual não escolhida e, depois de se assumirem, sofreram um linchamento psicológico por parte de seu meio piedoso, incluindo frequentemente seus próprios pais e familiares. Alguns deles tentaram suicídio, desesperados por serem rejeitados pela sua comunidade. Devo forçar essas pessoas, quando finalmente encontram um parceiro para a vida, a comprometerem-se a renunciar ao desejo de intimidade ao longo da vida, ou na melhor das

---

75. Aqueles que afirmam que as declarações de Jesus nos evangelhos sobre o divórcio não podem ser alteradas ou mitigadas de forma alguma, nem exceções feitas, devem saber que o próprio Novo Testamento o faz, quando o Evangelho de Mateus faz uma exceção: "exceto em caso de 'porneia' [termo que pode ser traduzido por prostituição]" (Mt 5,32), corrigindo assim as declarações intransigentes anteriores nos evangelhos de Marcos e Lucas (Mc 10,2-12 e Lc 16,18) que não reconhecem qualquer exceção.

hipóteses "generosamente" rotular o seu amor como um "mal menor" do que a solidão ou a promiscuidade?

Durante muito tempo os manuais de moral católica obscureceram os problemas individuais das pessoas, para mim inclusive, e hoje me envergonho disso. Quão grande é a tentação para nós, confessores, detentores da autoridade da Igreja, de nos tornarmos os fariseus e os escribas contra os quais Jesus tão insistentemente advertiu – aqueles que impõem pesados fardos às pessoas e não movem um dedo para ajudá-las! (cf. Lc 11,42-46). Evidentemente, é muito mais fácil e rápido julgar as pessoas arbitrariamente, referindo-se aos parágrafos da lei canônica, do que fazer o que o Papa Francisco pede: perceber a singularidade de cada pessoa e ajudá-la – tendo em conta precisamente a singularidade de sua situação de vida e o seu grau de maturidade pessoal – a encontrar uma solução responsável dentro das possibilidades reais de que dispõe (cf. *Amoris Laetitia*, 300, 303, 312).

Quando finalmente ocorrerá uma mudança em nossa Igreja, deixando para trás o "catolicismo sem cristianismo" e a justiça sem misericórdia, em direção à "nova leitura do Evangelho" ensinada e exortada pelo Papa Francisco?[76]

* * *

---

76. Na Carta de Tiago lemos: "Falai e procedei como quem há de ser julgado pela lei da liberdade. Pois sem misericórdia será julgado quem não agiu com misericórdia. A misericórdia, porém, triunfa sobre o julgamento" (Tg 2,12-13).

Costumo voltar a uma história que é uma espécie de mini-evangelho no meio do Evangelho de Mateus, a história da mulher que sofreu de uma hemorragia durante doze anos, depois de ter tentado muitos médicos e ter usado todo o seu dinheiro em vão em tratamentos. Essa mulher foi obviamente ferida no próprio santuário de sua feminilidade; ela carregava dentro de si algum trauma grave em uma região íntima, em sua sexualidade. De acordo com a Lei judaica, uma mulher que está sangrando é ritualmente impura e não está autorizada a participar de serviços religiosos, além de ninguém poder tocá-la. O seu desejo compulsivo por contato humano levou-a a fazer algo que violava o isolamento prescrito: ela tocou em Jesus.

Ela tocou-o furtivamente, de forma anônima, por trás, escondida na multidão. Mas Jesus não queria que ela alcançasse sua cura dessa maneira. Ele procurou seu rosto – de certa forma, "a chamou pelo nome", como chamou o atônito Zaqueu; Ele anulou o anonimato dela. A mulher se apresentou – e após anos de isolamento, ela "disse toda a verdade" na frente de todos. E nesse momento de verdade, ela foi libertada de sua doença (Mc 5,25-34).

Mas o próprio toque dela, aquele gesto imprudente de desejo e confiança, foi a manifestação de sua fé – a fé que Jesus disse tê-la curado. Foi um ato pelo qual ela transgrediu a Lei, pois com seu toque tornou Jesus ritualmente impuro – um pecado de acordo com as interpretações estritas da lei. E, no entanto, Jesus compreende o que ela expressou com o seu toque, e pela sua interpretação, concede à ação um significado redentor. Ela completou o que havia expressado em sua linguagem corporal – que até então se manifestava em sangue e dor – prostrando-se diante dele e "dizendo toda a verdade"[77].

Foi isso que vivi nas conversas com vítimas de abuso sexual e psicológico na Igreja. Sua dor reprimida, sua desilusão com a Igreja e seus rancores frequentemente não reconhecidos contra Deus, que muitas vezes se transformavam em culpa própria ou dificuldades psicossomáticas, precisavam ser expressos. Exigia aquele espaço seguro de aceitação incondicional.

É aí que se revela a verdade – e é uma compreensão da verdade muito diferente daquela dos "detentores da verdade". Sonho com uma Igreja que crie um espaço seguro assim – um espaço de verdade que cura e liberta.

* * *

Acredito que a vanguarda desse ministério da Igreja – o ministério do *acompanhamento espiritual* – é o chamado cuidado pastoral categórico: o ministério dos capelães nos hospitais, nas prisões, no exército e na educação; pode também assumir a forma de acompanhamento espiritual de pessoas em todo o tipo de situações difíceis da vida, ou de apoio àqueles que estão envolvidos em um ministério igualmente exigente em relação aos outros e que correm o risco de esgotamento.

---

77. Cf. tb. Halík (2009b, p. 170-172).

O ministério dos capelães é destinado a *todos*, não apenas aos fiéis. Difere tanto do ministério pastoral tradicional do clero, como os párocos, que visitam seus paroquianos nos hospitais e administram os sacramentos, quanto da missão no sentido de "converter os não crentes" e ganhar novos membros para a Igreja. Difere também do trabalho dos psicólogos e assistentes sociais. É um ministério *espiritual*, um acompanhamento espiritual. O ministério espiritual é baseado no pressuposto de que o universo espiritual é uma constante antropológica, que é intrínseco ao ser humano e ajuda a moldar sua humanidade. O espiritual preocupa-se com o *sentido*, tanto o "sentido da vida" quanto o sentido de uma situação particular da vida. As pessoas precisam não apenas saber na teoria, mas também experimentar o fato de que sua vida, com todas as suas alegrias e dores, tem sentido; a necessidade de significado e a consciência do significado estão entre as necessidades existenciais básicas das pessoas. No entanto, em situações exigentes de vida, a consciência do significado tende a ser quebrada e precisa ser ressuscitada.

O pior que nos ameaça em momentos de provações e crises da vida, quando experimentamos medo e abandono em momentos de dor, tristeza profunda, perigo e sofrimento de todos os tipos, é o que Kierkegaard chamou de "doença para a morte": desespero, perda de esperança, perda do sentido da vida. Precisamos de consciência do sentido da vida tanto quanto precisamos de ar, comida e bebida; não podemos viver permanentemente na escuridão interior e na desorientação. Desde tempos imemoriais, as pessoas exigem que a religião e a filosofia as ajudem a lidar com a contingência – com desastres; as ajudem a processar e integrar novos e perturbadores acontecimentos. Precisam receber um nome e um lugar na imagem que as pessoas têm do mundo e em sua compreensão da vida.

O ministério do acompanhamento espiritual estende-se pela fronteira entre as esferas religiosa e secular: pode recorrer aos tesouros espirituais da religião, mas vive em um espaço não eclesial e secular e deve se expressar de maneira que seja compreensível para esse ambiente. A partir desse ponto de vista, esse ministério específico tem um *status* e uma tarefa semelhantes ao da teologia pública, que mencionei no segundo capítulo deste livro. Deve transcender os limites do jogo de linguagem da Igreja.

Após uma formação especial, que inclui alguma competência em psicoterapia, as igrejas enviam seus clérigos e teólogos leigos desse ministério também para pessoas que não se identificam com as igrejas ou como "crentes". Seu trabalho é ouvi-los e conversar com eles, fomentar sua confiança, esperança e sua própria busca de sentido; não é sua tarefa "converter" essas pessoas à sua fé ou fazer com que se tornem membros das suas igrejas. Os assistentes espirituais devem ter uma capacidade bem desenvolvida de empatia e respeito pelos valores das pessoas acompanhadas por eles.

Há momentos em que mesmo o "não crente" pede oração e situações em que é apropriado usar o poder terapêutico da linguagem religiosa, dos símbolos e rituais, incluindo os sacramentos, ao ministrar para pessoas que não estão totalmente "inseridas" no espaço espiritual da religião tradicional. Em outras ocasiões, no entanto, o acompanhante deve renunciar a todos esses elementos. Os capelães em enfermarias hospitalares, celas prisionais, campos militares ou clubes universitários não podem utilizar muitas das típicas expressões tradicionais de fé, não apenas por questões que envolvem o politicamente correto, mas principalmente porque a maioria de seus fiéis não compreenderia essa linguagem. Em um diálogo de parceria com aqueles que "acreditam de forma diferente", os conceitos e símbolos tradicionais de fé devem ser usados com muita parcimônia. Nessas situações, os capelães raramente falam explicitamente sobre Deus e Jesus Cristo com aqueles que não pertencem à sua denominação religiosa. Eles se encontram no universo de um jogo de linguagem diferente. Isso não significa, no entanto, que Deus não esteja presente. Ao contrário do trabalho missionário tradicional ou da terapia tradicional, esse ministério de proximidade tem um caráter dialógico e recíproco. Como cristãos, não devemos considerar aqueles "que não seguem em nossa companhia" meramente como alvos para a conversão missionária ou como potenciais opositores ou inimigos. Jesus nos ordenou a amar todas as pessoas, a nos tornarmos próximos. Uma das faces do amor é o respeito pela alteridade do outro: o amor é o espaço de liberdade que abrimos para os outros, para que possam ser verdadeira e plenamente eles mesmos, sem artificialidade e sem ter de ganhar constantemente a nossa aprovação. O amor é um espaço de confiança, de segurança, de aceitação; um espaço que permite aos clientes desenvolverem o que há de mais precioso em si mesmos, tornarem-se eles mesmos. Somente quando experimentamos ser aceitos e amados, tal como somos, é que aprendemos a aceitar e amar os outros.

A estrada real do acompanhamento espiritual, seu alfa e ômega, é o cultivo de uma atitude contemplativa em relação ao mundo e à própria vida. O acompanhamento espiritual não pode ser útil a ninguém, a menos que ensine a prática da sintonia interior, a arte de se desligar da vida na superfície e "ir mais fundo", de alcançar livremente o desprendimento, de perceber e experimentar a própria vida a partir de uma perspectiva mais ampla. A missão do assistente espiritual é dizer às pessoas o que Jesus disse quando se dirigiu pela primeira vez aos seus futuros discípulos: lançar-se ao fundo e esperar em silêncio. Mas eles também devem ser ensinados a fazê-lo, ou seja, devem ser iniciados na arte da contemplação. Pois só assim podem encontrar o contato com o *sentido* e restabelecer o equilíbrio e a direção em suas vidas em situações liminares e de crise.

Para desenvolver um ministério benéfico para quem recebe o acompanhamento e para a comunidade em geral, os assistentes precisam ser contemplativos, ou seja, pessoas que meditam regularmente. Sua tarefa é ensinar a arte do discernimento espiritual, sem a qual as pessoas hoje estão totalmente perdidas no barulhento e superlotado mercado global. Os assistentes espirituais não têm de ser "espirituais" no sentido de "ministros ordenados da Igreja", mas devem ser *pessoas espirituais* – pessoas que não vivem apenas na superfície da vida, mas que alcançam suas profundezas interiores.

* * *

Com essas reflexões, chegamos perto de responder à pergunta escondida no título deste livro. Qual é a função do entardecer – o entardecer da vida humana individual, o entardecer da história humana, o entardecer do cristianismo, o entardecer da história da fé? O que deveria ter morrido naquela longa crise histórica das certezas, naquela crise do meio-dia, cujos vislumbres sentimos em muitas crises do nosso tempo? O que devemos amadurecer e qual deve ser o conteúdo dessa tarde?

Para expressar a experiência dos místicos – pois eles, em particular, podem nos dar uma orientação competente nesse assunto – é possível usar a linguagem da psicologia profunda: é uma transição do egocentrismo, do egocentrismo do "pequeno *self*" para uma nova identidade, para um "novo *self*" mais profundo, mas também mais amplo. Essa transformação – a mudança de ênfase do ego para o *self* – é muitas vezes expressa em metáforas espaciais como uma jornada para as profundezas, uma jornada interior. As palavras profundidade e interior denotam aqui o oposto de superficialidade. "Ir às profundezas" não significa afastar-se do mundo da nossa vida cotidiana e das nossas relações com os outros. Na medida em que trazemos o centro de gravidade de nossas vidas para esse centro interior, encontramos Deus de uma maneira nova e mais plena, assim como outras pessoas e toda a orquestra da criação. Deus como a profundidade da realidade é "Deus em todas as coisas".

Essa transformação do indivíduo humano também é tema dos caminhos místicos e da metáfora do entardecer como momento da vida nos escritos de C.G. Jung. Tentei mostrar que essa transformação está acontecendo hoje não apenas em histórias individuais (como vem acontecendo ao longo da história), mas também no desenrolar de nossa história, incluindo a história do cristianismo. A crise das igrejas representa o *kairos*; um tempo bendito de transição do egocentrismo das igrejas para uma participação consciente na história contínua dos mistérios do Natal e da Páscoa, *incarnatio continua*, *crucifixio continua* e *ressurectio continua*[78].

A Igreja também deve abandonar sua fixação em seu "pequeno si-mesmo", sua fixação apenas em sua forma institucional em um dado momento da história ou em seus interesses institucionais. Os termos "clericalismo", "fundamentalismo", "integralismo", "tradicionalismo" e "triunfalismo"

---

78. Encarnação, crucificação e ressurreição contínuas.

denotam várias manifestações do egocentrismo da Igreja, da sua fixação no que é superficial e externo. Sucumbir à nostalgia de um passado idealizado, da manhã da história cristã, é ficar preso a uma forma muito estreita de cristianismo (e muitas vezes mesquinha), é um sinal de imaturidade. Se a Igreja não pode oferecer outra forma de cristianismo que não a da manhã, ou mais precisamente, a da saudade da manhã ou várias tentativas de reconstruí-la ou imitá-la, não é de se estranhar que muitos acreditem que a única alternativa que resta é abandonar o cristianismo e a fé.

A suposição ainda sobrevive em alguns lugares em que a única alternativa a uma religião que perdeu sua vitalidade e poder de persuasão é o ateísmo de um tipo ou de outro. Mas Hegel provavelmente estava certo ao considerar o ateísmo como um mero momento de transição na história do Espírito. Não devemos deixar o espaço desocupado por uma religião moribunda para o ateísmo dogmático, nem para a religião como uma ideologia político-identitária, nem para um vago esoterismo. É o lugar e a hora para uma fé madura, mas humilde.

* * *

Qual é o futuro do cristianismo? Se o mistério da Encarnação continua na história do cristianismo, então devemos estar preparados para que Cristo continue a entrar criativamente no corpo da nossa história, em diferentes culturas – e entrar frequentemente com a mesma imperceptibilidade e anonimato que fez uma vez no estábulo de Belém. Se o drama da crucificação continua na história, então devemos aprender a aceitar que muitas formas de cristianismo morrem dolorosamente e que essa morte inclui horas sombrias de abandono, até mesmo uma "descida ao inferno". Se, no meio das mudanças da história, a nossa fé continua a ser uma fé *cristã*, então o sinal da sua identidade é a quênose, a autoentrega, a autotranscendência.

Se o mistério da Ressurreição continua na história, então devemos estar preparados para buscar Cristo não entre os mortos, no túmulo vazio do passado, mas para descobrir a Galileia de hoje ("a Galileia dos Gentios"), onde o encontraremos surpreendentemente transfigurado. Ele mais uma vez passará pelas portas fechadas do nosso medo, ele se mostrará por meio de suas feridas. Estou convencido de que essa Galileia é hoje o mundo dos *nones* [não crentes] para além das fronteiras visíveis da Igreja.

Se a Igreja nasceu do acontecimento de Pentecostes, e esse acontecimento continua na sua história, então deve tentar falar de uma maneira que possa ser compreendida por pessoas de diferentes culturas, povos e línguas; deve aprender constantemente a compreender as culturas estrangeiras e as diferentes linguagens da fé; deve ensinar as pessoas a compreenderem-se umas as outras. Deve falar de forma clara, mas não simplista; acima de tudo, deve falar com credibilidade – "de coração para coração"[79]. Deve

---

79. "Coração fala com coração" (*Cor ad cor loquitur*) era o lema heráldico do Cardeal Newman.

ser um lugar de encontro e conversa, uma fonte de reconciliação e paz[80].

Muitos de nossos conceitos, ideias e expectativas, muitas formas de nossa fé, muitas formas de Igreja e teologia têm de morrer – são muito pequenos. A nossa fé deve ultrapassar os muros construídos pelos nossos medos e pela nossa falta de coragem para nos aventurarmos como Abraão por caminhos desconhecidos rumo a um futuro desconhecido. Em nossas jornadas, provavelmente encontraremos aqueles que têm suas próprias ideias sobre a direção e o destino, ideias surpreendentemente desconhecidas para nós, mas mesmo esses encontros são um presente para nós; devemos aprender a reconhecê-los como nossos próximos e nos tornar próximos deles.

O respeito pela diversidade e aceitação do outro na sua singularidade, essa dimensão do amor, que é o critério da sua genuinidade, é necessário não apenas nas relações entre os indivíduos, mas também nas relações entre nações, culturas e religiões. A importante frase na declaração conjunta do Papa Francisco e Imane Ahmed al-Taybed[81], que *o pluralismo e a diversidade das religiões são queridos por Deus em sua sabedoria*, é fruto de milhares de anos de experiência, pagos por inúmeras vítimas de

---

80. Essa é uma das principais mensagens da encíclica do Papa Francisco *Fratelli Tutti*.
81. Verbatim: "O pluralismo e as diversidades de religião, de cor, de sexo, de raça e de língua fazem parte daquele sábio desígnio divino com que Deus criou os seres humanos" (Francisco; Al-Tayyeb, 2019).

guerras religiosas. Essa frase suscitou ressentimento em determinados círculos religiosos: não seria uma traição à reivindicação de nossa religião à sua própria verdade? Não: é a linguagem de uma fé adulta e madura, desprovida do narcisismo coletivo e do egocentrismo daquelas comunidades religiosas incapazes de reconhecer sua condição de peregrinas. Para os muçulmanos, isso significa retornar a uma passagem importante e sábia do Alcorão, que afirma explicitamente que Deus deseja uma diversidade de religiões e que essa diversidade é uma oportunidade de competir para fazer o bem[82]; para os cristãos, significa uma continuação da visão de Nicolau de Cusa de que uma única verdade nos é dada na diversidade (*una religio in rituum varietate*[83]). Não tenhamos medo: a mais alta forma de verdade para o cristianismo é o amor a Deus e à humanidade; onde quer que se realize, Deus, Cristo e a fé cristã estão presentes. Se a Igreja pode hoje atestar a confiança em um Deus que é maior do que todas as nossas ideias, definições e instituições, algo novo e significativo acontece: entramos na tarde da fé.

---

82. É a Surata da Mesa Servida (5,48), na qual se diz aos donos das Escrituras (judeus e cristãos): "A cada um de vós temos ditado uma lei e uma norma; e se Allah quisesse, teria feito de vós uma só nação; porém, fez-vos como sois, para testar-vos quanto àquilo que vos concedeu. Empenhai-vos, pois, na prática de boas ações, porque todos vós retornareis a Allah, o Qual vos inteirará das vossas divergências".

83. Uma religião em uma diversidade de ritos (*De pace fidei*, I,6).

O ecumenismo é uma forma indispensável de amor cristão. É uma das facetas mais credíveis e convincentes do cristianismo. Se a Igreja Católica quiser ser verdadeiramente católica, deve completar a mudança iniciada no Concílio Vaticano II: a mudança do catolicismo para a catolicidade. Todas as igrejas e todos os cristãos que recitam o Credo dos Apóstolos ou o Niceno-Constantinopolitano proclamam assim o seu dever de desenvolver a catolicidade do cristianismo: aquela abertura da Igreja que espelha os braços abertos de Jesus na cruz.

Ninguém está fora do amor de Cristo.

* * *

Neste livro examinamos as várias formas que a fé cristã assumiu ao longo da história. Em particular, examinamos duas versões do cristianismo: a religião cristã como *religio*, a força integradora da sociedade, especificamente o "império cristão" pré-moderno, *Christianitas*, e o cristianismo como *confessio*, a visão do mundo apresentada pela Igreja institucional, ou pelas igrejas. Também foi feita referência a experiências com o cristianismo não religioso.

No fim do capítulo 5, sugeri uma resposta à pergunta sobre que forma o cristianismo do futuro poderia assumir. A palavra religião, *religio*, não precisa ser derivada apenas do verbo *religare* (religar), ou seja, conceber a religião principalmente como uma força integradora na sociedade, mas também pode ser derivada do verbo *rele-*

gere (ler novamente). A Igreja de amanhã pode ser uma comunidade de uma *nova hermenêutica*, de uma nova e mais profunda leitura e interpretação, tanto da Escritura quanto da Tradição (segundo o Concílio de Trento, as duas fontes de revelação divina) e dos *sinais dos tempos*. Para isso, é necessária a arte da contemplação. Por meio da contemplação aprendemos a ler e ouvir de novo, mais profundamente, com mais atenção. Ouvir o que acontece dentro e ao nosso redor – Deus pode falar conosco por meio de ambos os processos.

Penso que é muito útil para crentes de diferentes religiões (mas também para pessoas "sem afiliação religiosa") ler juntos livros sagrados e conversar sobre como eles os entendem[84]. Olhar para os próprios textos fundadores por meio dos olhos de outros pode contribuir para uma compreensão mais profunda deles e também para uma melhor compreensão mútua. O sincretismo fácil ou a busca de algum "esperanto religioso" artificial aceitável por todos é um beco sem saída; é preciso aprender a compreender e respeitar as diferenças dos outros, a não as obscurecer, minimizar ou ignorá-las.

Há alguns anos, fui coautor de uma série de televisão que filmamos em vários continentes: perguntamos aos "crentes comuns" das cinco principais religiões do mundo quais rituais eles usavam para circundar os principais

---

[84]. Uma dessas tentativas foi o diálogo sobre os evangelhos com o Dalai Lama (2006).

acontecimentos e fenômenos da vida – nascimento de uma criança, iniciação à vida adulta, casamento, doença e sofrimento, sepultamento; o que o templo, a peregrinação, a oração e a comida significavam para eles; como eles compreendiam o papel das mulheres; qual era a relação deles com a beleza ou a violência. Ao fazer isso, percebi o quanto é importante não "falar em nome dos outros", não os julgar de fora, mas *falar com eles*, dar-lhes voz e ouvi--los. Em nosso mundo diversificado, em que etnias e culturas se misturam, encontros pessoais com outros já não são uma prerrogativa dos viajantes para terras distantes.

Precisamos da arte de "aquietar nossos corações", de conter nossas reações instintivas imediatas de entusiasmo ou raiva, a fim de que possamos permitir que os acontecimentos da história da qual fazemos parte entrem no santuário de nossa consciência, onde podemos "relê-los" e discernir *inteligentemente* neles as cifras das mensagens de Deus[85].

Quando, em grande parte do mundo, a rede de paróquias locais desmorona como o andaime da igreja na lenda que citei no início deste capítulo, a força espiritual terá de derivar de centros de oração e meditação comunitários, onde a celebração tem lugar, bem como a reflexão e a partilha de experiências de fé. Esses centros abertos precisam ser construídos agora. Neles podemos aprender

---

85. Vale lembrar que a palavra inteligência está relacionada com *inter-legere*: ler nas entrelinhas.

a distinguir entre as estruturas secundárias de apoio que desaparecem no curso da história e o que pode ser usado para construir novamente.

Talvez não apenas a Igreja Católica, mas também outras igrejas cristãs e outras religiões devessem passar pelo "processo sinodal" que o Papa Francisco convocou dentro da Igreja Católica: um processo de ouvir uns aos outros e encontrar, juntos, um caminho a seguir. Acredito que esse processo de "consulta geral sobre a melhoria dos assuntos humanos", *consultatio catholica de rerum humanarum emendatione* – para pegar emprestada a expressão do grande pensador tcheco do século XVII, Jan Amos Comenius – seria um passo importante para a fraternidade universal sobre a qual o Papa Francisco escreve em sua Encíclica *Fratelli Tutti*.

Considero essa encíclica o documento mais importante do nosso tempo, comparável à importância da *Declaração universal dos direitos humanos*. Se estamos à procura de inspiração espiritual para transformar o processo de globalização em um processo de comunicação humana, podemos encontrar na encíclica inspiração e intuições que nos convidam a uma maior reflexão e desenvolvimento.

Na Bíblia, as primeiras palavras que o Senhor diz àqueles a quem se dirige são: "Não tenhas medo". O medo distorce a nossa visão do mundo. Muitos "profissionais religiosos" foram, e frequentemente são, comerciantes medrosos; eles acham que, se assustarem as pessoas primeiro, poderão vender melhor os seus produtos religiosos. No limiar de um novo capítulo da história cristã, deixemos de lado a religião do medo. Não compremos mais dos ambulantes de certezas baratas. No limiar do futuro, não tenhamos medo de dizer "não sabemos" com honestidade e humildade – algo de que nem mesmo a fé pode nos livrar; a fé é a coragem de se aventurar com confiança e esperança na nuvem do mistério.

* * *

Em minhas reflexões neste livro, tenho pensado em uma nova reforma que está sendo cada vez mais vista como uma resposta necessária ao estado atual da Igreja – e até que ponto o fato de a família dos crentes estar inserida em todo o tecido da sociedade humana está relacionado com a transformação da família humana como um todo. Eu me pergunto como podemos evitar que uma nova reforma se transforme em um doloroso cisma e, sobretudo, que não vá suficientemente longe e decepcione as esperanças que suscita. A *Reforma Católica* do século XVI, que foi provocada por místicos como Teresa de Ávila, João da Cruz e Inácio de Loiola, bem como por bispos reformadores, como Carlos Borromeu pode fornecer alguma inspiração.

Em seus Exercícios Espirituais, Inácio indicou quatro estágios de *metanoia*[86]. Primeiro, *deformata reforma-*

---

86. Essas foram as designações de Inácio para as tarefas das quatro semanas de seus exercícios espirituais: *deformata reformare*, refor-

re, reformar o que está deformado. Segundo, *reformata conformare*, é preciso embarcar no caminho do seguimento de Cristo, inspirando-se no exemplo da atividade de Jesus. Terceiro, *conformata confirmare*, tirar forças da cruz de Jesus para caminhar por meio da noite escura do sofrimento. E quarto, *confirmata transformare*, permitir que o que está consolidado seja transformado, seja iluminado pela luz da ressurreição de Jesus, pela presença do Ressuscitado – encontrar Deus em todas as coisas. Não deixemos que os nossos esforços para reformar a Igreja e a sociedade fiquem paralisados na primeira fase, apenas mudando estruturas deformadas e distorcidas. A verdadeira reforma deve assumir a forma de seguimento a Cristo: isso implica buscar sempre o Ressuscitado.

Essa tarefa não será cumprida pelas formas tradicionais de missão pastoral aos crentes, nem pelas formas tradicionais de missão que visam "converter os não crentes". Uma evangelização verdadeiramente nova, digna desse nome, tem hoje uma tarefa difícil: buscar o *Cristo universal*, cuja grandeza é muitas vezes escondida pelas limitações da nossa visão, pelas nossas perspectivas muito estreitas e pelas nossas categorias intelectuais.

---

mar (corrigir) o que está deformado, degenerado; *reformata conformare*, adaptar o que foi corrigido (conforme a vida e as ações de Cristo); *conformata confirmare*, reforçar o que foi conformado pela meditação da Paixão de Cristo, e, finalmente, *confirmata transformare*, transformar o que foi conformado meditando na ressurreição de Jesus e no amor de Deus "presente em todas as coisas".

Buscar o *Cristo universal* é tanto a tarefa quanto o sinal dos nossos tempos. A visão de Teilhard de Chardin do Cristo universal, presente na evolução cósmica, deve ser complementada pela descoberta do Ressuscitado, presente (muitas vezes anonimamente) na evolução da sociedade. Vamos procurá-lo "pela sua voz", como Maria Madalena; procuremos por Ele em errantes na estrada, como fizeram os discípulos no caminho de Emaús; procuremos por Ele nas feridas do mundo, como fez o Apóstolo Tomé; procuremos por Ele onde quer que passe pelas portas fechadas do medo; procuremos por Ele onde houver o dom do perdão e novos começos.

Temos de completar a reforma do deformado, transformando tudo o que está consolidado; muito daquilo em que nos consolidamos e nos fortalecemos está sendo abalado. Isso abre espaço para encontrar o "Cristo maior". O Cristo cada vez maior (*semper maior*) é Deus, presente em todas as coisas – em todos os acontecimentos de nossas vidas e do nosso mundo.

Chamei este livro de *O entardecer do cristianismo*. O conceito de entardecer não sugere a proximidade da noite, da extinção e da morte? Minha resposta é: no conceito bíblico de tempo, um novo dia começa à noite. Não percamos o momento em que a primeira estrela aparece no céu da noite.

Escrito entre 2015 e 2021 nos Estados Unidos, na República Tcheca e na Croácia; concluído às margens do Adriático em 7 de setembro de 2021.

Agradecimentos

Quero agradecer em particular à Universidade de Notre Dame e à Fundação Templeton por me proporcionarem a oportunidade de uma intensa troca de ideias com vários teólogos, sociólogos e filósofos americanos durante as minhas duas estadias acadêmicas no Institute for Advanced Study em 2015 e 2017. Quero também agradecer à Universidade de Oxford por ter me convidado para participar ativamente de uma estimulante conferência sobre religião na vida pública em 2017. Agradeço à Boston College Jesuit University, onde atuei como professor visitante no início de 2020, e aos professores da Universidade de Harvard por conversas inspiradoras em 2018 e 2020. Também sou grato a outros teólogos, filósofos e líderes da Igreja que me ajudaram a ampliar minha perspectiva durante viagens de estudo e palestras na Europa, Austrália, Estados Unidos, Ásia e África nos últimos anos.

Pelos comentários críticos, agradeço aos amigos que gentilmente leram meu manuscrito e à editora responsável, Barbora Čiháková, pela ajuda na edição final do texto.

Referências

ADORNO, T. W.; HORKHEIMER, M. *Dialectic of Enlightenment*. Nova York: Verso, 1972.

AGOSTINHO. *A cidade de Deus*. Parte I. Petrópolis: Vozes, 2017.

Alcorão Sagrado. Disponível em: https://www.arresala.org.br/alcorao-sagrado. Acesso em: 20 mai. 2023.

ALLPORT, G. *The individual and his religion*: a psychological interpretation. Oxford: Macmillian, 1967.

AMIÉZI, A. C. Père Alain Clément Amiézi: "En Afrique, on produit des baptisés et non des chrétiens, on leur donne les sacrements, sans évangéliser". *La Croix Africa*, 9 jan. 2019. Disponível em: https://africa.la-croix.com/pere-alain-clement-amiezi%E2%80%89-en-afrique-on-produit-des-baptises-et-non-des--chretiens-on-leur-donne-les-sacrements-sans-evangeliser/. Acesso em: 6 out. 2021.

ARENDT, H. *Eichmann in Jerusalem*: A report on the banality of evil. Nova York: Penguin, 2006.

BATSON, C. D.; SCHOENRADE, P. A. Measuring religion as Quest: I. Validity concerns. *Journal for the Scientific Study of Religion*, vol. 30, p. 416-429, 1991.

BAUMAN, Z. *Modernity and the Holocaust*. Ithaca: Cornell University Press, 1989.

BECK, U. *Der eigene Gott. Von der Friedensfähigkeit und dem Gewaltpotential der Religionen*. [s.l.]: Verlag der Weltreligionen, 2008.

BECK, U. *A God of one's own*: Religion's capacity for peace and potential for violence. Cambridge: Polity, 2010.

BERGER, P. L. *A rumor of angels*: modern society and the rediscovery of the supernatural. Nova York: Doubleday, 1969.

BERGER, P. L. *The heretical imperative*: contemporary possibilities of religious affirmation. Nova York: Doubleday, 1979.

BERGER, P. L. *A far glory*: the quest for faith in an age of credulity. Nova York: Doubleday, 1992.

Bíblia Sagrada. 52. ed. Petrópolis: Vozes, 2012.

BLOCH, E. *Atheismus im Christentum*: zur Religion des Exodus und des Reichs. Frankfurt am Main: Suhrkamp, 1973.

BLUMENBERG, H. *Die Legitimität der Neuzeit*. Frankfurt am Main: Suhrkamp, 1996.

BONHOEFFER, D. *Resistência e submissão*: cartas e anotações escritas na prisão. São Leopoldo: Sinodal, 2018.

BOUBLÍK, V. *Teologie mimokřesťanských náboženství*. Kostelní Vydří: Karmelitánské nakladatelství, 2000.

BUBER, M. Zwei Glaubensweisen. In: *Schriften zum Philosophie*. Vol. 1. Munique; Heidelberg: Kösel; Lambert Schneider, 2011. p. 651-782.

CERTEAU, M. *Note sur l'expérience religieuse*. Paris: [s.n.].

ČERVENKOVÁ, D. *Jak se křesťanství stalo náboženstvím*. Praha: Karolinum, 2012.

COMTE-SPONVILLE, A. *The book of atheist spirituality*. Nova York: Bantam, 2009.

CONCÍLIO VATICANO II. *Constituição pastoral Gaudium et Spes sobre a Igreja no mundo atual*. Cidade do Vaticano: Libreria Editrice Vaticana, 1965. Disponível em: https://www.vatican.va/archive/hist_councils/ii_vatican_council/documents/vat-ii_const_19651207_gaudium-et-spes_po.html. Acesso em: 20 mai. 2023.

CONCÍLIO VATICANO II. *Constituição Dogmática Lumen Gentium sobre a Igreja*. Cidade do Vaticano: Libreria Editrice Vaticana, 1964. Disponível em: https://www.vatican.va/archive/hist_councils/ii_vatican_council/documents/vat-ii_const_19641121_lumen-gentium_po.html. Acesso em: 20 mai. 2023.

CONGREGAÇÃO PARA A DOUTRINA DA FÉ. *Declaração Dominus Iesus sobre a unicidade e a universalidade salvífica de Jesus Cristo e da Igreja*. Cidade do Vaticano, 2000. Disponível em: https://www.vatican.va/roman_curia/congregations/cfaith/documents/rc_con_cfaith_doc_20000806_dominus-iesus_po.html. Acesso em: 23 mai. 2023.

DALAI LAMA. *Dobré srdce*: buddhistický pohled na Ježíšovo učení. Praha: DharmaGaia, 2006.

DAVIE, G. *Religion in modern Europe*: a memory mutates. Oxford: Oxford University Press, 2000.

DREHER, R. *The Benedict option*. [s.l.]: Sentinel, 2017.

DREWERMANN, E. *Kleriker*: Psychogramm eines Ideals. Freiburg: Walter, 1989.

DURKHEIM, É. *The elementary forms of religious life*. [s.l.]: Oxford University Press, 2008.

EBELLING, G. *Das Wesen des christlichen Glaubens*. Tubingen: J.C.B. Mohr, 1959.

FAGGIOLI, M. *Um alerta para os teólogos liberais*: a teologia acadêmica precisa da Igreja. *IHU - Unisinos*, 23 mai. 2018. Disponível em: https://www.ihu.unisinos.br/categorias/188-noticias-2018/579249-um-alerta-para-os-teologos-liberais-a-teologia-academica-precisa-da-igreja. Acesso em: 9 jun. 2023.

FOUCAULT, M. *Discipline and punish*: the birth of the prison. [s.l.]: Pantheon, 1977.

FRANCISCO. *Exortação Apostólica Evangelii Gaudium*. Cidade do Vaticano: Libreria Editrice Vaticana, 2013. Disponível em: https://www.vatican.va/content/francesco/pt/apost_exhortations/documents/papa-francesco_esortazione-ap_20131124_evangelii-gaudium.html. Acesso em: 20 mai. 2023.

FRANCISCO. *Carta Encíclica Laudato Si' sobre o cuidado da casa comum*. Cidade do Vaticano: Libreria Editrice Vaticana, 2015. Disponível em: https://www.vatican.va/content/francesco/pt/encyclicals/documents/papa-francesco_20150524_enciclica-laudato-si.html. Acesso em: 20 mai. 2023.

FRANCISCO. *Visita pastoral do Papa Francisco a Prato e a Florença – Encontro com os participantes do V Congresso da Igreja Italiana*. Vatican.va, 10 nov. 2015. Disponível em: https://www.vatican.va/content/francesco/pt/speeches/2015/november/documents/papa-francesco_20151110_firenze-convegno-chiesa-italiana.html. Acesso em: 10 maio. 2023.

FRANCISCO. *Exortação Apostólica pós-sinodal Amoris Laetitia*. Cidade do Vaticano: Libreria Editrice Vaticana, 2016. Disponível em: https://www.vatican.va/content/francesco/pt/apost_exhortations/documents/papa-francesco_esortazione-ap_20160319_amoris-laetitia.html. Acesso em: 20 mai. 2023.

FRANCISCO. *Carta Encíclica Fratelli Tutti*. Cidade do Vaticano: Libreria Editrice Vaticana, 2020. Disponível em: https://www.vatican.va/content/francesco/pt/encyclicals/documents/papa-francesco_20201003_enciclica-fratelli-tutti.html. Acesso em: 20 mai. 2023.

FRANCISCO; AL-TAYYEB, A. *Documento sobre a fraternidade humana em prol da paz mundial e da convivência comum*. Abu Dabhi: Libreria Editrice Vaticana, 2019.

FRANKL, V. E.; LAPIDE, P. *Gottsuche und Sinnfrage*: ein Gespräch. Gütersloh: Haus, 2011.

FRYE, N. *The double vision*: language and meaning in religion. Toronto: United Church Publishing House, 1991.

GABRIEL, K. *Christentum zwischen Tradition und Postmoderne*. Freiburg: Herder, 2000.

GAUCHET, M. *The disenchantment of the world:* A political history of religion. Princeton: Princeton University Press, 2021.

GOETHE, J. W. *Faust*. Praga: Počet stran, 1955.

HALÍK, T. *Stromu zbývá naděje*. Praga: Nakladatelství lidové noviny, 2009a.

HALÍK, T. *Patience with God:* the story of Zacchaeus continuing in us. Nova York: Doubleday, 2009b.

HALÍK, T. *Night of the confessor*: Christian faith in an age of uncertainty. Nova York: Crown, 2012.

HALÍK, T. *A noite do confessor*. Petrópolis: Vozes, 2016a.

HALÍK, T. *Toque as feridas*. Petrópolis: Vozes, 2016b.

HALÍK, T. *Quero que sejas*. Petrópolis: Vozes, 2018.

HALÍK, T. *Čas prázdných kostelů*. Praga: [s.n.].

HALÍK, T. Pseudonáboženství F – příklad náboženské patologie. *Christnet*, 12 nov. 2020b. Disponível em: https://www.christnet.eu/clanky/6471/pseudonabozenstvi_f_priklad_nabozenske_patologie.url. Acesso em: 20 mar. 2023.

HEIDEGGER, M. Dichterisch wohnet der Mensch. *In: Vorträge und Aufsätze (1936-1953)*. Frankfurt am Main: Vittorio Klostermann, 2000 [Gesamtausgabe, vol. 7].

HERVIEU-LÉGER, D. *Religion as a Chain of Memory*. Oxford: Polity, 2000.

HESCHEL, A. *Insecurity of freedom*: essays on human existence. Nova York: Schocken, 1972.

HUNTINGTON, S. P. *O choque de civilizações e a recomposição da ordem mundial*. Rio de Janeiro: Objetiva, 1997.

HUSS, B. *Spiritual, but not religious, but not secular*: spirituality and its new cultural formations. Universidade Europeia de São Petersburgo, 17 nov. 2018.

JASPERS, K. *Vom Ursprung und Ziel der Geschichte*. Munique: R. Piper, 1949.

JASPERS, K. *Die Schuldfrage*. Basileia: Schwabe, 2021.

JOÃO PAULO II. *Carta Encíclica Centesimus Annus*. Cidade do Vaticano: Libreria Editrice Vaticana, 1991. Disponível em: https://www.vatican.va/content/john-paul-ii/pt/encyclicals/documents/hf_jp-ii_enc_01051991_centesimus-annus.html. Acesso em 20 mai. 2023.

JONAS, H. The concept of God after Auschwitz. *The Journal of Religion*, vol. 67, n. 1, jan. 1987.

JUNG, C. G. *Psicologia do inconsciente*. Petrópolis: Vozes, 2011a.

JUNG, C. G. *Memories, dreams, reflections*. Nova York: Knopf Doubleday, 2011b.

KAFKA, F. *O processo*. Petrópolis: Vozes, 2019.

KEARNEY, R. *The God who may be*: a hermeneutics of religion. Bloomington: Indiana University Press, 2010.

KEPEL, G. *The revenge of God*: the resurgence of Islam, Christianity, and judaism in the modern world. Pensilvânia: Penn State University Press, 1994.

KIERKEGAARD, S. *Fear and trembling*. [s.l.]: Cambridge University Press, 2006.

KNIGHT, D. M. Should protestants receive Communion at mass? (A theologian takes a critical look at the Catholic Church's Communion line policies). *La Croix International*, 23 jul. 2020. Disponível em: https://international.la-croix.com/news/religion/should-protestants-receive-communion-at-mass/12797. Acesso em: 10 mai. 2023.

KOESTLER, A. *Darkness at Noon*. Londres: [s.n.].

KÜNG, H. *Wozu Priester?* Eine Hilfe. Colônia: Benziger, 1971.

LASH, N. *Holiness, speech and silence*: reflections on the question of God. Cambridge: Routledge, 2004.

LE FORTH, G. *Hymnen an die Kirche*. Munique: Franz Ehrenwirth, 1924.

LOTZ, J. B. *In jedem Menschen steckt ein Atheist*. Frankfurt am Main: Knecht, 1981.

MARION, J.-L. *L'idole et la distance*. Paris: [s.n.].

MARTEL, F. *In the closet of the Vatican*: power, homosexuality, hypocrisy. Londres: Bloomsbury Continuum, 2019.

MASLOW, A. H. *Religions, values and peak-experiences*. Nova York: Viking, 1967.

McLUHAN, M. *Understanding media*: the extensions of man. Nova York: McGraw-Hill, 1964.

MICKLETHWAIT, J.; WOOLDRIDGE, A. *God is back*: how the global revival of faith is changing the world. Nova York: Penguin, 2009.

NEUBAUER, Z. *O počátku, cestě a znamení časů: úvahy o vědě a vědění*. Praga: Malvern, 2007.

NIETZSCHE, F. *Thus spoke Zarathustra*: a book for everyone and no one. Nova York: Penguin, 1961.

NIETZSCHE, F. *The anti-Christ*. Nova York: Cosimo, 2005.

NIETZSCHE, F. *The joyful wisdom (or: The gay science)*. [s.l: s.n.].

OTTO, R. *O sagrado*. São Leopoldo/Petrópolis: Sinodal/EST/Vozes, 2014.

PATOČKA, J. *Evropa a doba poevropská*. Praga: Lidové noviny, 1992.

PATOČKA, J. *Heretical essays in the philosophy of history*. Chicago: Open Court, 2021.

PAULO VI. *Carta Encíclica Humanae Vitae*. Cidade do Vaticano: Libreria Editrice Vaticana, 1968. Disponível em: https://www.vatican.va/content/paul-vi/pt/encyclicals/documents/hf_p-vi_enc_25071968_humanae-vitae.html. Acesso em: 20 mai. 2023.

PETRUSEK, M. *Společnosti pozdní doby*. Praga: Sociologické nakladatelství (SLON), 2006.

PFISTER, O. Carta de 29 de outubro de 1918. *In*: FREUD, E. L.; MENG, H. (orgs.). *Psychoanalysis and faith*: the letters of Sigmund Freud and Oskar Pfister. Nova York: Basic Books, 1963.

RATZINGER, J.; MESSORI, V. *Ratzinger report*: an exclusive interview on the state of the Church. São Francisco: Ignatius, 1985.

RIZZUTO, A.-M. *The birth of the living God*. Chicago: University of Chicago Press, 1979.

ROHR, R. *The universal Christ*. Nova York: Convergent, 2021.

RUSTER, T. *Der verwechselbare Gott*: Theologie nach Entflechtung von Christentum und Religion. Freiburg: Herder, 2001.

SÃO JOÃO DA CRUZ. *Noite escura*. Petrópolis: Vozes, 2014.

SHARP, E. J. *Understanding religion, London 1997*. Londres: Duckworth, 1997.

SOKOL, J. De non-aliud. *In*: FLOSS, P. (org.). *Mikuláš Kusánský: život a dílo*. Praga: Vyšehrad, 1977. p. 281-285.

SÖLLE, D. *Christ the representative*: an essay in theology after the "death of God". Londres: SCM, 1967.

STEINDL-RAST, D. *O caminho do silêncio*. Petrópolis: Vozes, 2021.

TAYLOR, C. *Catholic Modernity?* Charles Taylor's Marianist award lecture. Oxford: Oxford University Press, 1999.

TAYLOR, C. *A secular age*. Cambridge: Harvard University Press, 2007.

TEILHARD DE CHARDIN, P. *The divine milieu*: an essay on the interior life. Nova York: Harper, 1965.

TEÓFILO DE ANTIOQUIA. *Ad Autolycum*. Oxford: Clarendon, 1970.

TIEFENSEE, E. Kirche hat eine Stellvertreterfunktion (Interview mit Felizia Merten). *Herder Korrespondenz*, vol. 70, n. 12, p. 17-21, 2016.

TILLICH, P. *The courage to be*. [s.l.]: Yale University Press, 2008.

TÖNNIES, F. *1880-1935: Gemeinschaft und Gesellschaft*. Vol. 2. Berlim: De Gruyter, 2019.

TRAER, R. *Faith, belief and religion*. Aurora: Davies Group Publishers, 2001.

UNAMUNO, M. *Del sentimiento trágico de la vida*. Madri: Alianza, 2010.

VV. AA. *Correctio filialis de haeresibus propagatis*. S.l., 2017. Disponível em: https://www.correctiofilialis.org/wp-content/uploads/2017/09/

Correctio-filialis_Portuguese.pdf. Acesso em: 20 mai. 2023.

WELLS, H. G. *A guerra dos mundos*. São Paulo: Suma, 2016.

ZAHRADNÍČEK, J. Znamení moci. *In*: TRÁVNÍČEK, M.; ZEJDA, R. (orgs.). *Dílo II*. Praga, 1992.

ŽIŽEK, S.; HAUSER, M. Humanism is not enough. *International Journal of Žižek Studies*, vol. 3, n. 3, 2009.

ZULEHNER, P. M. *Pastoraltheologie*. Vol. 1. Düsseldorf: Patmos, 1989.

Conecte-se conosco:

f facebook.com/editoravozes

⊙ @editoravozes

𝕏 @editora_vozes

▶ youtube.com/editoravozes

☏ +55 24 2233-9033

www.vozes.com.br

Conheça nossas lojas:

www.livrariavozes.com.br

Belo Horizonte – Brasília – Campinas – Cuiabá – Curitiba
Fortaleza – Juiz de Fora – Petrópolis – Recife – São Paulo

EDITORA VOZES LTDA.
Rua Frei Luís, 100 – Centro – Cep 25689-900 – Petrópolis, RJ
Tel.: (24) 2233-9000 – E-mail: vendas@vozes.com.br